◎ 高等院校经济与管理核心课经典系列教材 ◎

金融学专业

中央银行学

（第二版）

张　强　乔海曙◎主　编

首都经济贸易大学出版社
Capital University of Economics and Business Press
·北　京·

图书在版编目(CIP)数据

中央银行学/张强,乔海曙主编. —2 版. —北京:首都经济贸易大学出版社,2014.3

(高等院校经济与管理核心课经典系列教材 · 金融学专业)

ISBN 978 -7 -5638 -2189 -1

Ⅰ.①中… Ⅱ.①张… ②乔… Ⅲ.①中央银行—经济理论—高等学校—教材 Ⅳ.①F830.31

中国版本图书馆 CIP 数据核字(2014)第 013929 号

中央银行学(第二版)
张 强 乔海曙 主编

出版发行 首都经济贸易大学出版社
地 址 北京市朝阳区红庙(邮编 100026)
电 话 (010)65976483 65065761 65071505(传真)
网 址 http://www.sjmcb.com
E-mail publish@cueb.edu.cn
经 销 全国新华书店
照 排 首都经济贸易大学出版社激光照排服务部
印 刷 北京九州迅驰传媒文化有限公司
开 本 710 毫米×1000 毫米 1/16
字 数 299 千字
印 张 17
版 次 2003 年 7 月第 1 版 **2014 年 3 月第 2 版**
2017 年 7 月总第 8 次印刷
书 号 ISBN 978 -7 -5638 -2189 -1/F · 1248
定 价 29.00 元

修订第二版前言

中央银行是现代金融体系的核心，中央银行学是金融专业的主干课。作为金融经济专业学生的必修课之一，中央银行学是一门以中央银行为研究对象，以宏观为视角，以研究现代经济和金融运行规律为出发点，以研究探讨经济与金融稳定发展机制为核心的重要学科。

20世纪70年代以来，中央银行理论与实务、货币政策理论与实践发展很快，客观上向传统的教学内容提出了挑战。因此，我们在教材的写作过程中，瞄准国际前沿，创新理论体系，跟踪最新发展，收集了大量真实、丰富、来自世界范围的案例和最新资料，将深奥的宏观金融理论尽量化为具体的应用知识，使读者能够轻松掌握中央银行学的全面知识；另外，每章明确了学习目标、配备了学习重点和复习思考题，以帮助读者自学复习，便于学生加深理解与掌握重点；同时，本书大幅度压缩了篇幅，力求精练。

本书的部分内容作为本科生教材，最早在2003年由首都经济贸易大学出版社出版发行，并深受广大师生读者欢迎。2010年编写组推出了由北京师范大学出版社出版的较为简练的版本。多年来的教学实践为本书的修订再版提供了丰富的素材。2012年上半年本书编写组再次启动了教材的修订工作，经过多次征求一线教师的意见，几易其稿，历时一年多修改方得定稿。本次由首都经济贸易大学出版社再版的《中央银行学》（第二版），由张强、乔海曙担任主编，喻旭兰、王忠生担任副主编。作者分工如下：

张强（湖南大学副校长、教授、博士生导师）、吴敏（博士）：第十章

乔海曙（教授、博士生导师）、崔娟（硕士）：第十一章

喻旭兰（副教授、博士）、孙珊珊（硕士）：第一章

喻旭兰（副教授、博士）、董小星（硕士）：第五章

王忠生（讲师、博士）：第九章

龙薇（副教授）：第二章

乔煜峰（博士）、刘晓剑（讲师、博士）：第三章

韩俊莹（博士）、刘晓剑（讲师、博士）：第四章

段进（副教授、博士）：第六章

刘晓兰（讲师、博士）、李晋娴（博士）：第七章

刘晓剑（讲师、博士）、胡荣尚（博士）：第八章

本书既可作为金融学专业本科生的课内教材，也可作为金融学专业硕士研究生以及金融从业人员的参考书，还可以作为经济学专业宏观经济分析的基础理论参考书。

在本书编写过程中，我们参阅了大量教科书、金融论著和学术论文，吸收了有价值的观点，在此特向原作者致谢！本教材的出版，得到了首都经济贸易大学出版社的热情关怀和大力支持，在此深表谢意！

由于水平有限，加之时间仓促，书中难免会有疏漏和不足，恳请同行专家与广大读者予以批评指正。

目　录

第一章

中央银行制度概述

【本章结构】

- 中央银行制度概述
  - 中央银行的产生与发展
    - 中央银行的产生
    - 中央银行制度的形成与发展
  - 中央银行制度的类型和结构
    - 中央银行的制度类型
    - 中央银行的资本结构类型
    - 中央银行的组织结构
  - 我国中央银行制度
    - 中华人民共和国成立以前的中央银行
    - 新中国中央银行的发展和中央银行制度的完善
    - 中国人民银行体制和组织结构

【学习目标】

1. 简要了解中央银行的产生和中央银行制度的形成与发展
2. 了解中国中央银行和中央银行制度的形成
3. 掌握中央银行的制度类型、资本结构类型及其组织结构
4. 了解中国人民银行体制和组织结构

【本章提要】

中央银行制度是在经济和金融发展过程中逐步形成的。当今世界上绝大多数国家都实行中央银行制度。各国的中央银行或类似于中央银行的金融管理机构,均处于金融体系的核心地位,担负着管理商业银行(即存款货币银行)、非商业银行、非银行金融机构以及金融市场的责任,并通过它们对整个国民经济发挥着宏观调控作用。本章讨论中央银行的产生、形成与发展,中央银行的制度类型和组织结构,我国中央银行的形成与发展等问题。

【关键术语】

中央银行　单一式中央银行制度　复合式中央银行制度

准中央银行制度　跨国式中央银行制度

第一节　中央银行的产生与发展

中央银行制度是在经济和金融发展过程中逐步形成的,并在其产生后几百年里对经济与社会的发展发挥着重要作用。当今中央银行制度已作为最基本的经济制度之一,在世界上绝大多数国家实行。各国的中央银行或类似于中央银行的金融管理机构以及跨国货币联盟下的联合中央银行,均处于金融体系的核心地位,享有国家或联盟的特殊授权,承担着特殊的社会责任,如制定和实施货币政策、监督管理金融业和防范金融风险、规范金融秩序及维护金融稳定等,并通过履行这些责任对整个国民经济进行宏观调控。

一、中央银行的产生

中央银行(Central Bank)是一个国家最高的金融管理机构,负责制定和实施货币政策,进行金融监管等,是金融体系的核心。中央银行并不是同银行业一起出现的,它的产生有着特殊的历史背景和客观经济原因。

（一）中央银行产生的历史背景

1. 商品经济的快速发展

在社会发展史上，东方和西方都经过了一个很长的封建社会，但东方封建社会持续的时间比西方更长。欧洲封建社会解体较早，12 世纪开始逐渐兴盛起来的“生产力革命”和科学技术的发展，冲破了宗教神学统治的“中世纪黑暗”，动摇了封建社会基础。西欧在 13～14 世纪时商品经济得到初步发展，15～16 世纪欧洲资本主义制度开始形成，社会生产加快转向商品化，一些手工业开始脱离农业成为独立的新部门，并形成了许多工业中心。这一时期，农业从传统的自给型向商品型转化，出现了一批商品农业区，资本主义因素渗透到广大农村和新兴农业中。到 17 世纪，西欧商品经济已经比较发达，工商企业和新式农业占据了社会生产的主导地位，技术革新和科学发明极大地促进了生产力发展，为资本主义制度的最终确立奠定了坚实基础，并为 18～19 世纪的西方工业革命作了铺垫。经济和社会发展以前所未有的速度迈向现代化社会的快车道，这便是中央银行产生的社会历史背景之一。

2. 商业银行的产生与发展

商品经济的快速发展使银行业也逐步兴盛。银行的产生有两条途径：一是渐进演化的，从旧的货币兑换商和银钱业发展而来；二是植入式的，按资本主义的生产方式直接设立银行。银行业的最初形成是在 13～14 世纪，最先出现在经济贸易比较发达的欧洲。14 世纪末期，一些以“银行”命名的信用机构开始出现。15～16 世纪，随着资本主义生产方式的兴起和欧洲商品经济的快速发展，银行的设立和发展出现了一个高潮。1587 年成立的威尼斯银行（Bank of Venice）、1593 年成立的米兰银行（Bank of Milan）等已具有近代银行的某些特征。17～18 世纪是欧洲资本主义制度确立的时期，也是社会生产力飞速发展的时期。这一时期的银行业在业务活动方面比先前的银行有了很大的进步。为企业开立账户并办理转账、发行银行券、为新兴行业融资并提供服务等使银行真正具有了现代银行的性质。这一时期，新式银行的最典型代表是荷兰于 1609 年成立的阿姆斯特丹银行（Bank of Amsterdam）。新式银行的成功引来了大批效仿者，出现了银行设立的又一次高潮。日后对中央银行的发展产生重要影响的瑞典银行（1656 年）和英格兰银行（1694 年）也都是在这一时期建立的。银行的普遍设立极大地促进了资本主义生产方式的确立和商品经济的发展，也为瑞典银行和英格兰银行由商业银行向中央银行转变创造了条件。

3. 货币关系与信用关系的广泛发展

随着商品经济的迅速发展和银行的普遍设立，整个社会的货币信用关系有了广泛而深入的发展。以货币关系为特征的银行信用逐步替代商业信用成为信用的主要形式。尤其是在现代银行建立后，货币成为信用的主要载体，信用关系演变成货币关系。

现代银行成立之后，一方面，银行通过吸收存款和金融创新手段增加资本来源作为经营资本；另一方面，银行直接向企业提供贷款并对商业票据办理承兑、贴现和抵押贷款等服务，将商业信用转化为银行信用，使信用扩大到整个社会，推动了商品经济的发展和社会化大生产，商品经济的发展反过来又促进了信用关系的扩展和深入。

4. 经济发展中凸显新的矛盾

17 世纪末和 18 世纪初，信用制度和银行体系已成为商品经济运行的重要支撑，但当时的信用制度特别是银行信用体系还比较脆弱，现代银行设立、业务创新以及信用规模的扩展缺乏稳定而有效的制度保证，造成银行体系的不稳定。银行业的快速发展在促进商品经济不断走向繁荣的同时，各自独立、缺少统一协调的银行体系也遇到严峻挑战，新的矛盾也随之产生。发行银行的经营问题和信誉问题使银行券的分散发行被社会接受的程度差异很大，票据交换和清算业务的迅速增长使其交换和清算的速度放慢，银行的破产倒闭使经济运行和信用体系受到冲击，缺少统一规则的竞争使金融秩序出现混乱。信用制度特别是银行信用体系的不稳定严重影响了正在蓬勃发展的商品经济。因此建立一种稳定的信用制度和银行体系就成为当时金融和经济发展最迫切的需求之一。

（二）中央银行产生的客观经济原因

解决上述矛盾的办法便是建立中央银行。要对中央银行产生的历史必然性或导致中央银行产生的基本经济原因有一个清晰的了解，大致可从以下几个方面分析。

1. 统一信用货币发行与流通的需要

银行券作为信用货币，其流通和支付能力取决于它兑换金属货币的能力，即取决于发行银行的信誉。如果发行银行能保证自己发行的银行券及时足额兑换，银行券的发行不会产生很大问题，但事实并非如此。一方面，随着银行数量的增加和银行间竞争的加剧，银行因经营不善而无法及时兑现银行券的情况时有发生，再加上不断有银行破产倒闭，不仅使得银行券的信誉大大受损，也给社会经济的发展带来混乱。另一方面,由于各发行银行的实力、资信状况、经营状况和分支机构设立状况的不同,其各自发行的银行券被接受程度和适用范围也不同,中小银行的银行券往往只能在当地和较近地区流通,这与社会经济的发展很不适应。再者,同一地区可能会有多种银行券同时流通,实力强、信誉好的银行发行的银行券流通性强,被接受程度高;实力小、信誉弱的银行发行的银行券在流通中受到很大的限制。分散发行、多种信用货币同时流通与货币的本质属性——"一般等价物"产生矛盾,给社会的生产和流通带来困难。这在客观上要求信用货币的发行权趋向集中,由资金雄厚并且有权威的银行即中央银行垄断信用货币的发行权,以保证全社会资金的顺畅流通。

2.统一票据交换和清算的需要

随着商品经济的发展和银行业务的不断扩大,银行收授票据的数量也急剧增长,各银行之间的债权债务关系日趋复杂,票据的交换业务变得愈加繁重。不断增长的票据交换和清算业务不仅使异地结算的时间延长,速度缓慢,而且同城结算也遇到很大困难。虽然当时在一些城市已由若干银行联合建立了票据交换所,但不能为更多的银行利用。由单个或少数银行自行处理结算和清算业务,已不能满足商品经济活动和银行业务发展的要求,这在客观上要求建立一个全国统一和公正的权威性清算机构即中央银行,作为金融支付体系的核心,快速清算银行间各种票据流通,保证商品经济的快速发展。

3.银行支付保证能力的需要

在社会化大生产和商品经济快速发展的情况下,工商企业对银行贷款的需求不断增长,同时银行为了自身经营获利的需要,不断扩大贷款业务。虽然银行在从事放款业务时会根据经验使准备金和同业拆借保持在一个固定水平,以满足流动性和盈利性的平衡,但拆借的数量不可能很大,因为其他银行不可能保留很多的支付准备金。加之银行业竞争的加剧,当一家银行遇到支付困难时,也不是其他所有银行都能伸出援助之手的。因此,当困难严重时,银行的破产倒闭在所难免。事实上,随着银行业务规模的扩大和业务活动的复杂化,银行的经营风险不断增加,单个银行支付能力不足和资金调度困难的情况经常出现,因一家银行支付困难而波及数家银行甚至整个金融业发生支付危机的现象也时有发生。为了保护存款人的利益和维持银行以至整个金融业的稳定,客观上需要有一家权威性机构即中央银行来适当集中各家银行的一部分现金准备作为后盾,在银行出现难以克服的支付困难时,充当银行的"最后贷款人"。

4. 政府融资的需要

在资本主义制度确立的过程中,政府的职能越来越重要。政府职能的强化增加了开支,政府融资便成为一个重要问题。在各自独立发展的银行体系中,政府融资要与多家银行建立联系,且这种联系也是极其松散的,这就为政府融资带来不便。为了保证和方便政府融资,建立或发展一个与政府有密切联系、能够直接或间接为政府筹资或融资的银行机构即中央银行,逐步成为政府要着重解决的问题。

5. 监管金融业的需要

随着商品货币经济关系的发展,银行和金融业在整个社会经济关系中的地位和作用日益突出,金融运行的稳定成为经济稳定发展的重要条件。金融的稳定运行需要有一个健全公平的规则和机制。各个银行的运作一般是依据各自的经营原则进行的,尽管在运作过程中各银行之间也形成了某些约定,但这些约定的效力是有限的,这就导致金融活动的无序甚至混乱。为了保证银行和金融业公平有序地竞争,保证各类金融业务和金融市场的健康发展,政府对金融业进行监督管理是极其必要的。由于金融业监督管理的技术性很强,不得不依靠一个具备有一定的操作手段和技术能力的专门机构从事金融业管理、协调及监督,它还要在业务上与银行建立密切联系,以便于制定的各项政策和规定能够通过业务活动得到贯彻实施,这个机构便是中央银行。

二、中央银行制度的形成与发展

(一)中央银行制度的初步形成

商品经济和金融业自身的发展为中央银行的产生提出了内在要求,而国家对经济、金融管理的加强又为中央银行的产生提供了外在动力,这两种力量共同作用的结果便是中央银行的产生。当国家通过法律或特殊规定对某家银行或一家新建的银行即中央银行赋予某些特权并要求其他所有银行和金融机构以及整个经济、社会体系接受该银行的这些特权时,中央银行制度便形成了。

中央银行的产生基本上有两条渠道:一是由信誉好、实力强的大银行逐步发展演变而成;二是由政府出面直接组建中央银行。

从世界范围看,中央银行的产生和中央银行制度的形成与发展已有300多年的历史。总的来看,从17世纪中后期中央银行萌芽到20世纪初第一次世界大战结束,国际社会联合呼吁重建国际货币体系和金融秩序的250多年,正是中央银行和中央银行制度初步形成和发展的时期。

在谈到最早的中央银行时，往往会提到瑞典银行（Sveriges Riksbank）和英格兰银行（Bank of England）。瑞典银行的前身是瑞典里克斯银行，1656 年由私人创建，是欧洲第一家发钞银行。1668 年，政府出面将其改组为国家银行。瑞典国家银行被公认为历史上最早的中央银行之一，是由于瑞典国家银行最先享有发钞特权，最先由国家经营。1897 年，瑞典政府将货币发行权集中于瑞典银行。此后，瑞典银行成为真正意义上的中央银行。英格兰银行成立于 1694 年，比瑞典银行晚，但最早具有中央银行的基本职能和特征，被誉为中央银行的“鼻祖”。

英格兰银行成立时也是私人银行，并且是按股份的形式组建的，它不仅是世界上最早的私人股份银行，而且在企业制度发展史上也具有极其重要的地位。英格兰银行在成立之初就与政府有着密切的联系，该行成立时的股本全部贷给当时的英国政府。同时，政府也给英格兰银行一些特权，如成立时就获准具有不超过其资本总额数量的银行券发行权等。1833 年，英国议会通过一项法案，规定只有英格兰银行发行的银行券具有无限清偿的资格，这是英格兰银行成为中央银行决定性的一步。1844 年，英国议会通过了《英格兰银行条例》，亦称《皮尔条例》。该条例调高了英格兰银行没有金银准备作保证的银行券发行限额，同时限制或减少其他银行的银行券发行量。《皮尔条例》对其他银行的银行券发行金额和数量作了严格限定，以后，英国的私人银行和股份银行逐渐减少。到 1928 年，英格兰银行成为英国唯一的发行银行。在英格兰银行货币发行权逐步扩大的过程中，该行在银行业的地位、社会信誉和资金实力也不断提高，许多商业银行便把自己现金准备的一部分存入英格兰银行，商业银行之间的债权债务关系，大都通过英格兰银行来划拨冲销，而票据交换的最后清偿也通过英格兰银行来进行。到 1854 年，英格兰银行基本取得了清算银行的地位，成为英国银行业的票据交换和清算中心。

19 世纪和 20 世纪初，在当时资本主义经济与金融比较发达的地区，出现了中央银行成立与发展的第一次高潮，许多国家的中央银行相继成立。法兰西银行成立于 1800 年，1848 年政府决定将各省银行并入该行，法兰西银行统一和垄断了货币发行权，并于 19 世纪 70 年代完成了向中央银行的过渡。西班牙银行建立于 1829 年，1874 年独占货币发行权。日本银行成立于 1882 年，1889 年统一并独享货币发行权后逐步成为中央银行。美国早期具有中央银行职能的银行是美国第一银行（1791 ~ 1811 年）和美国第二银行（1816 ~ 1836 年），这两家银行均在成立之初规定的 20 年营业期满之后终止。真正全面具有中央银行职能的美国联邦储备体系于1913年建立,也是这一阶段最后形成的中央银行制度,同时也标志着中央银行初建阶段的基本结束。

(二)中央银行制度的普及与发展

第一次世界大战结束后,许多国家经济与金融发生了剧烈波动。面对世界性金融危机和当时严重的通货膨胀,1920年在布鲁塞尔召开的国际经济会议上,提出了在世界各国普遍建立中央银行制度的必要性。1922年在瑞士日内瓦召开的国际经济会议上,又重申和强调了布鲁塞尔会议形成的决议,并且再次建议尚未建立中央银行的国家尽快建立中央银行,以共同维持国际货币体系和经济的稳定。从此推动了中央银行产生和发展的又一次高潮。

从1921~1942年,世界各国改组或设立的中央银行约有40多家。从1944年国际社会建立布雷顿森林体系到20世纪70年代初该体系解体,中央银行制度的发展主要表现在两个方面:一是欧美国家中央银行以国有化为主要内容的改组和加强;二是亚洲、非洲等新独立的国家普遍设立中央银行。第二次世界大战结束后,欧美国家中央银行的发展主要体现在改组和加强上。美洲少数前期未设立中央银行的国家在这一时期基本上也都建立了自己的中央银行,主要有多米尼加银行(1947年)、古巴国家银行(1950年)、洪都拉斯银行(1950年)、牙买加银行(1960年)、巴西中央银行(1965年)等。亚洲和非洲的中央银行制度形成比欧美晚得多,大多数亚洲和非洲国家的中央银行都是在第二次世界大战结束后成立的。这一时期成立的中央银行绝大部分是由政府直接组建的,并借鉴了欧美中央银行发展的经验,使中央银行具备了比较全面的现代中央银行的特征。亚洲和非洲国家中央银行的普遍设立,完成了中央银行制度在全世界范围内的扩展,目前除极少数的殖民地、附属国外,几乎所有国家都设立了自己的中央银行,中央银行制度普遍成为世界各国的一项基本经济制度。

第二节 中央银行制度的类型和结构

一、中央银行的制度类型

虽然目前世界各个国家和地区基本上都实行中央银行制度,但并不存在一个统一的模式。归纳起来,大致有单一式中央银行制度、复合式中央银行制度、准中央银行制度和跨国式中央银行制度4种类型。

（一）单一式中央银行制度

单一式中央银行制度是指由国家建立单独的中央银行机构并使其全面行使中央银行职能的制度。这种类型分为两种情况。

1. 一元式中央银行制度

单一一元式中央银行制度是指一国只设立一家统一的中央银行，由其行使中央银行的权力和履行全部职责。这种组织形式下的中央银行的特点是权力集中统一、职能完善、分支机构较多。机构设置一般采取总分行制，逐级垂直隶属，其机构自身上下是统一的。目前世界上绝大多数国家都实行这种中央银行体制，如英国、法国、日本等。中央银行的总行或总部大都设在首都，并根据客观经济需要和本国有关规定在全国范围内设立若干分支机构。也有少数国家的中央银行总行不设在首都，而是设在该国的经济金融中心城市，如印度的中央银行印度储备银行总行设在孟买。我国的中央银行——中国人民银行采用一元式组织形式。

2. 二元式中央银行制度

单一二元式中央银行制度是指中央银行体系由中央和地方两级相对独立的中央银行机构共同组成。中央级中央银行和地方级中央银行在货币政策方面是统一的，但是中央级中央银行是金融决策机构，地方级中央银行要接受中央级中央银行的监督和指导。在货币政策的具体实施、金融监管和中央银行有关业务的具体操作方面，地方级中央银行在其辖区内有一定的独立性，与中央级中央银行不是总分行的关系，而是按照法律规定分别行使其职能。这种制度一般与联邦制的国家体制相适应，如目前美国、德国实行这种中央银行制度。

（二）复合式中央银行制度

复合式中央银行制度是指国家不专门设立专司中央银行职能的机构，而是由一家集中央银行与商业银行职能于一身的国家大银行兼行中央银行职能的中央银行制度。这种中央银行制度往往与中央银行初级发展阶段和国家实行计划经济体制相对应，苏联和1990年前的多数东欧国家即实行这种制度。中国在1984年前也实行这种制度。

（三）准中央银行制度

准中央银行制度是指国家不设完整意义上的中央银行，而设立类似中央银行的金融管理机构执行部分中央银行的职能，并授权若干商业银行也执行部分中央银行职能的中央银行制度。新加坡、马尔代夫、沙特阿拉伯、阿拉伯联合酋长国等国家采取这种中央银行组织形式。在这种中央银行制度下,国家设立的专门金融管理机构,其名称和职责在各国也有所不同,如新加坡设立隶属财政部的金融管理局,而将货币发行权授予大商业银行,并由国家货币委员会负责管理,金融管理局全面行使中央银行除货币发行之外的其他各项职能,包括制定和实施货币政策、监督管理金融业、为金融机构和政府提供各项金融服务等。

中国的香港特别行政区也是属于准中央银行制度类型。香港没有中央银行,其货币发行权由渣打银行、汇丰银行和中国银行分别拥有;票据清算职能由汇丰银行履行,成立于 1993 年 4 月的香港金融管理局则专门负责货币政策的制定与实施、金融监管和支付体系的管理职能。香港金融管理局由外汇基金管理局与银行业监理处合并而成。金融管理局的主要职能是:第一,在联系汇率制度的架构内维持货币稳定;第二,促进金融体系,包括银行体系的稳定与健全;第三,协助巩固香港的国际金融中心地位,包括维持与发展香港的金融基础设施;第四,透过稳健投资策略,管理外汇基金。

(四)跨国中央银行制度

跨国中央银行制度是指由若干国家联合组建一家中央银行,由这家中央银行在其成员国范围内行使全部或部分中央银行职能的中央银行制度。这种中央银行制度一般与区域性多国经济的相对一致性和货币联盟体制相对应。第二次世界大战后,一些地域相邻的欠发达国家建立了货币联盟,并在联盟内成立了由参加国共同拥有的中央银行。这种跨国的中央银行为成员国发行共同使用的货币和制定统一的货币、金融政策,监督各成员国的金融机构及金融市场,对成员国的政府进行融资,办理成员国共同商定并授权的金融事项等。实行跨国中央银行制度的国家主要在非洲和东加勒比海地区。

随着欧洲联盟成员国经济金融一体化进程的加快,一种具有新的性质和特点的区域性货币联盟随之产生。欧洲货币联盟的起源可以追溯到欧洲经济合作组织于 1950 年 7 月 1 日建立的"欧洲支付同盟"以及 1958 年取代了该同盟的"欧洲货币协定"。但真正把欧洲货币统一提上日程则是在欧共体建立之后。1969 年 12 月,欧共体正式提出建立欧洲经济和货币联盟(European Economic and Monetary Union)并设计了时间表。1979 年 3 月,欧共体正式开始实施欧洲货币体系(European Monetary System, EMS)建设规划。1991 年 12 月,欧共体 12 个成员国在荷兰马斯特里赫特(Maastricht)签署了《经济与货币联盟条约》。《经济与货币联盟条约》规定最迟在 1999 年 1 月 1 日之前建立经济货币联盟(Economic and Monetary Union, EMU),届时在该联盟内实现统一的货币、统一的中央银行以及统一的货币政策。《马斯特里赫特条约》于 1993 年 11 月 1 日正式生效,与此同时,欧共体更名为欧盟。1995 年 12 月欧盟正式决定欧洲统一货币的名称为欧元(Euro)。1998 年 7 月 1 日欧洲中央银行体系(ESCB, European System of Central Bank)和欧洲中央银行(ECB, European Central Bank)正式成立,1999 年 1 月 1 日,欧元正式启用。欧洲中央银行设在德国的金融中心法兰克福,2002 年 1 月 1 日,欧元的纸币和硬币开始流通,2002 年 7 月 1 日,欧元正式成为欧元区各成员国统一的法定货币。欧洲中央银行的成立和欧元的正式启用,标志着现代中央银行制度又有了新的内容并进入了一个新的发展阶段。

二、中央银行的资本结构类型

中央银行的资本构成是指作为中央银行营运基础的资本金是如何构成的,归纳起来可分为国家所有制中央银行、混合所有制中央银行、私有制中央银行、无资本金的中央银行、跨国共有资本的中央银行 5 种形式。

(一)国家所有制中央银行

国家所有制中央银行是指全部资本属于国家所有的中央银行,是目前中央银行资本所有制中的一种主要形式,为世界多数国家所采用。国有中央银行有两种形式:一是由国家全额投资建立;二是由原先履行银行券发行职能的商业银行经国家收买私人股份,通过国有化改组成立。历史久远的中央银行多数是由商业银行演变而来的。例如,加拿大银行于 1938 年,法兰西银行于 1945 年,英格兰银行于 1946 年,分别被本国政府将其全部股份收归国有。第二次世界大战以后,许多新成立的中央银行直接由国家投资建立。这段时间也是发展中国家建立中央银行的高潮。目前,中央银行资本所有制采用国有化的国家有法国、英国、加拿大、澳大利亚、埃及、新西兰等 50 多个国家。中国人民银行的资本组成也属于国家所有的类型,《中国人民银行法》第 8 条规定:“中国人民银行的全部资本由国家出资,属于国家所有。”

(二)混合所有制中央银行

由国家和私人共同投资组建的中央银行被称为混合所有制中央银行,也称半国有化中央银行。其资本金一部分由国家持股,一般占资本总额的 50% 以上,另一部分的股份由民间普通投资者持有。实施这种制度的国家主要有日本、比利时、厄瓜多尔、委内瑞拉、墨西哥、巴基斯坦等。例如日本银行,由政府认购资本的 55%;比利时、厄瓜多尔、委内瑞拉三国的中央银行国家资本均占到资本总额的50%；墨西哥的中央银行，国家资本占资本总额的51%；巴基斯坦中央银行的股份由国家持有51%。

在采取这种所有制结构的中央银行体制中，民间股东的权限受到很大的限制。例如，只允许有分红的权利，而无经营决策权，其股权的转让也必须经中央银行同意后方可进行。总之，不论国家资本与民间资本的比例关系如何，拥有民间资本的股东不能影响中央银行的宏观金融政策。

（三）私有制中央银行

私有制中央银行其资本全部由私人股东投入，经政府授权执行中央银行的职能。如意大利的中央银行就是由股份公司组织转变为按公法管理的机构，其中30亿里拉的资本金被分成30万股，分别由储蓄银行、公法信贷银行、国民利益银行和社会保险机构集体持有。美国12家联邦储备银行的资本金也都是由联邦储备银行各会员银行出资的，即各会员银行认购其所参加的联邦储备银行的股票，数额相当于本身实收资本和公积金的6%，实际上缴纳股款为3%，联邦储备银行董事会根据需要可以要求会员银行上缴其余3%。这种中央银行实质上也是属于广义范畴的私人股份资本的中央银行。瑞士中央银行的资本结构相对于其他中央银行比较特殊，瑞士联邦政府本身不持有中央银行的股份，而是由各州政府和州银行持股约55%，其余股份由私人持有，也有学者认为州政府持有中央银行股份，可以归类为混合所有制中央银行。

（四）无资本金的中央银行

无资本金的中央银行在建立之初根本没有资本，而是由国家授权执行中央银行职能。韩国银行是此类性质的中央银行。韩国银行在1950年注册成立时，注册资本为15亿韩元，全部为政府出资，1962年《韩国银行法》修订后，韩国银行成为“无资本的特殊法人”。该银行每年的利润首先是用于补偿资产折旧，然后提取50%作为法定公积金，在政府认可的情况下还可以提取特殊公积金，其余部分全部上缴国库。

（五）跨国共有资本的中央银行

跨国共有资本的中央银行是指跨国中央银行的资本不为某一国家所独有，而是由共同组建中央银行的各成员国按照一定比例认缴中央银行资本，各国以认缴比例拥有对中央银行的所有权。如欧洲中央银行的资本是由所有欧元成员国按照其人口和国内生产总值的大小向欧洲中央银行认缴的。中央银行的资本无论属于国有、半国有，还是私有，甚至无资本，都不影响其性质和地位。最终，它演化成为推行国家货币政策的机构，受国家的直接控制和监管。

三、中央银行的组织结构

中央银行的组织结构包括权力分配结构、内部机构和分支机构设置等，是中央银行制度的重要内容之一。这是由一国的政治经济体制、经济发展水平、国民经济宏观调控与管理对中央银行的要求以及历史传统等多方面因素共同决定的。

（一）中央银行的权力分配结构

中央银行的权力分配结构主要是指最高权力分配状况，它通过权力机构的设置和职责分工得以体现。中央银行的最高权力大致可归并为决策权、执行权和监督权三个方面。其中，决策权是权力的核心，是中央银行权威的象征；执行权是权力的集中体现，包含着许多次级决策权；监督权是对决策和执行权力的约束，是中央银行有效行使职能的保证。决策权、执行权和监督权在有些国家的中央银行中是合一的，而有些国家的中央银行则设立不同的机构分别行使其权力。

1. 决策权、执行权和监督权由一个机构统一行使的模式

这种权力分配结构是指中央银行的董事会或理事会同时负责各项货币金融政策的制定、执行和监督。实行这种结构的国家主要有英国、美国、菲律宾等。英格兰银行理事会负责货币政策的制定和实施。理事会由正、副总裁各 1 人和 16 名理事组成，均由政府推荐，英王任免。正、副总裁任期 5 年，可以连任。理事任期 4 年，轮流离任，每年更换 4 人。美国联邦储备体系的最高权力机构是联邦储备委员会，也称理事会。联邦储备委员会由 7 名成员组成，这 7 名成员由总统任命，并须得到参议院的核准。理事会成员的任期为 14 年，每两年更换 1 人，每位成员的任期期满后不可再连任，但可在期满之前辞职或解职。理事会主席、副主席的任期为 4 年，可以连任，但最长不得超过作为理事会成员的 14 年任期。联邦储备理事会的主要职责有：制定货币政策，保证支付体系的正常运转，监督联邦储备银行和会员银行，监督执行有关消费信贷的联邦法规。

2. 决策权、执行权和监督权分别由不同机构承担的模式

不同机构行使不同权力，决策机构代表政府发布行政性命令，执行机构通过中央银行业务来掌握全国的金融状况，监督机构则是执行金融管理纪律的司法机构。这种机构的设置，体现了行政、业务、司法三个方面的配合。实行这种权力分配结构的国家主要有日本、德国、法国等。日本银行的最高决策权力机构是日本银行政策委员会。政策范围包括变更官定利率和存款准备金率，制定

调整金融市场的运作和管理规则等，日本银行的主要职能机构变更以及在业务、会计等方面的重要事项也须经该委员会讨论通过。日本银行政策委员会由9人组成，包括日本银行的1名总裁、2名副总裁和6名委员，全部由内阁任命，议会批准，任期为5年。日本银行的最高执行机构是日本银行理事会，负责执行政策委员会的决定和研究、处理日常经营中的重大事项。理事会由日本银行正、副总裁和17名理事组成，正、副总裁任期5年，其他理事任期4年，由财政大臣任命。同时，日本银行还设立监事会，作为行使监督权的机构。

3. 决策权、执行权和监督权由不同机构交叉行使的模式

这种权力分配结构的设置，中央银行通常设有一个主要的决策机构，除此之外，还设有专门的执行机构和监督机构，它们也有一定的决策权。采用这种模式的有瑞士、比利时和荷兰等国的中央银行。

以比较典型的瑞士国家银行为例。瑞士国家银行除股东大会外，还设有参事会、联邦银行委员会和理事会等机构，这些机构一般都具有两种以上的权力，形成不同机构交叉行使中央银行决策权、执行权与监督权的独特组织结构。参事会是瑞士国家银行的最高监督机构，同时也拥有一定的决策权。参事会由40人组成，其中15人由股东大会选举产生，另25人由政府指派。参事会负责发行钞票，向联邦政府推荐理事会成员和分行行长人选，审定业务规章制度和年度决算。联邦银行委员会是瑞士国家银行具体监管业务的机构，负责审查送交参事会的各种业务报告。联邦银行委员会也参与贷款利率和贴现率的制定。联邦银行委员会的成员由参事会选出。理事会是瑞士国家银行的最高执行机构，并拥有一定的决策权。理事会由联邦政府任命的3名理事组成，任期6年。理事会负责定期向银行委员会提供口头或书面报告，对国家履行自己的职责，并对国家银行的全部决策负责；执行瑞士国家银行指定的货币政策和其他金融方针政策。理事会有权制定贴现率和贷款利率。

（二）中央银行的内部机构设置

中央银行的内部机构设置，是指中央银行总行或总部机关的职能划分及分工。为确保中央银行行使其职能，必须设置具体的职能部门进行业务操作。各国中央银行内部职能部门的设置都是根据其担负的任务，包括货币政策的组织实施、与各类金融机构的业务往来、金融监管等，按照精干、高效和有利于配合协调等原则进行设置。尽管各国中央银行的内部机构设置数量不等，名称亦有差别，但总体来看，大都包括如下几种部门：

- 行政办公机构，主要负责中央银行的日常行政管理，秘书、人事、后勤等

方面的工作。

• 业务操作机构，主要负责办理货币发行、与金融机构的业务往来、货币政策操作和组织清算等业务操作工作。

• 金融管理监督机构，主要负责对金融机构、金融业务、金融市场的管理和监督等。

• 经济金融调研机构，主要负责为中央银行行使职能提供咨询、调研和分析服务，向金融决策部门提出建议。

（三）中央银行分支机构的设置

中央银行的分支机构是中央银行体系中的重要组成部分，也是中央银行全面行使职能和履行规定职责所必需的组织保证。世界各国的中央银行基本上都设立了自己的分支机构。

中央银行分支机构的设置大致有三种情况：

1. 按经济区域设置的分支机构

这种设置方法是根据各地经济金融发展状况和中央银行业务量的大小，视实际需要按经济区域设立，与行政区划并不一致。目前世界上大多数国家中央银行的分支机构都是按照经济区域设置的。划分时主要考虑地域关系、经济金融联系的密切程度、历史传统、业务量等因素。这种设置方式的主要特点是：第一，反映了中央银行是国家宏观经济调控部门而非一般行政机构；第二，有利于中央银行各项政策方针的贯彻执行和货币政策的集中统一操作，受地方政府的干预比较少；第三，有利于贯彻市场经济的原则；第四，设置的主动权在中央银行，可根据需要确定设置的数量和分布。

目前世界上大多数国家的中央银行是按照这个原则设置分支机构的，如美国联邦储备体系将全国 50 个州和哥伦比亚特别行政区划分为 12 个联邦储备区，每个区在指定的中心城市设立一个联邦储备银行。美国联邦储备银行在各自的辖区内执行中央银行的职能。英格兰银行的分支机构也是按照经济区域设置的，目前，在 5 个中心城市设立了区域分行，在 3 个城市设立了代理处。

2. 按行政区划设置分支机构

在这种设置方式下中央银行的分支机构设置与国家的行政区划相一致，逐级设置分行或支行。分支机构规模的大小与其所在的行政区的级别相关，而与业务量的关系不大。这种设置方式一般是与计划经济体制相适应。苏联以及其他实行计划经济体制的国家基本上都是采取按行政区划设置分支机构的方式。

3. 以经济区域为主、兼顾行政区划设置分支机构

这种设置方式一般是按经济区域设置分行，而分行之下的机构设置则考虑行政区划并尽量与行政区划相一致。例如日本银行分支机构的设置基本上是这种模式。日本银行把全国 47 个都、道、府、县划分为 33 个业务区，每区设立一个分行，分行所在的中心城市也是商业银行等金融机构比较集中的地区，同时还设有 12 个办事处。分行以下机构的设立则更多地考虑行政区划。

第三节　我国中央银行制度

一、中华人民共和国成立以前的中央银行

20 世纪初期，中国的中央银行制度初现萌芽，从晚晴时期的户部银行到国民政府的中央银行，在不同的历史时期，其具体表现形式各异。

（一）清政府时期的中央银行

我国在古代就有银钱业的发展，货币起源可追溯到 4 000 年前，但现代意义上的银行却出现较晚，中央银行制度的萌芽也只能追溯到 20 世纪初。当时，银票、银元、铜钱以及外国银元同时流通，货币紊乱，成色不一。为整顿币制，1904 年由户部奏准清政府设立户部银行，它是官商合办，额定资本白银 400 万两，政府拨款 20 万两，其余由国内各界认股，1905 年 8 月在北京开业。政府授予该银行代理国库、铸造货币、经理公债、发行纸币等特权，成为我国最早的具有中央银行部分职能的国家银行。1908 年 3 月 4 日经清政府批准成立的交通银行开业，其性质明确为商业银行，为官商合办，主要业务是经理轮船、铁路、电报、邮政 4 个行业的一切款项收支。1908 年 7 月，户部银行更名为大清银行，并定则例 24 条，重申该行由国家赋予发行货币权、代理国库权，还赋予大清银行经理公债及代公众办理各种证券的特权。则例 24 条明确规定了大清银行的八大业务：短期拆息，各种期限票据的贴现或卖出，买卖生金银，汇总划拨公私款项及货物押汇，代为收取公司、银行、商界所发票据，收存各种款项及保管紧要贵重物品，发放款项，发行各种票据。截至清政府垮台，大清银行在全国各地设立分号 35 家，是清末最大的一家新式银行。

（二）国民革命政府时期的中央银行

1912 年，中华民国成立，大清银行改组为中国银行，继续行使中央银行的部分职能。1913 年 10 月，北洋政府规定，交通银行发行的兑换券，“按照中国银行兑换券章程一律办理”，也取得了法偿货币的资格以及“分理国库”的特权。1924 年 8 月，孙中山在广州成立了国民革命政府的中央银行。1926 年 12 月，北伐军在武汉成立了中央银行。在广州和武汉成立的这两家中央银行的存在时间都很短，虽然采用了中央银行的名称，但并没有真正行使中央银行的基本职能。

（三）国民政府时期的中央银行

1928 年至 1942 年间，国民政府建立了“四位一体”的中央银行制度，即中央银行、交通银行、中国银行、中国农民银行均可发行法偿货币，共同执行中央银行职能的制度体系。

1927 年南京国民政府成立，制定了《中央银行条例》，于 1928 年 11 月新成立了中央银行，额定资本 2 000 万元，全部由政府拨款，总行设在上海。该行被授予发行钞票和经理国库的特权，并在全国各地设立分支机构，行使中央银行职能。原来广州的中央银行，1933 年 1 月 1 日改为广东省银行。1928 年中央银行成立后，国民政府规定交通银行为政府特许的“发展全国实业之银行”，中国银行为政府特许的“国际汇兑银行”。但这时中国银行和交通银行仍享有货币发行权。1933 年国民政府把“农村金融救济总署”改为“豫鄂皖赣四省农民银行”，1935 年 4 月又将其改为“中国农民银行”。1935 年 6 月 4 日国民政府公布《中国农民银行条例》，明确该行为“政府特许之银行”，资本总额为 1 000 万元，由财政部及各省市政府分别认股，总行设在汉口（后迁至南京），除经营银行业务外，还获准发行兑换券。1935 年 12 月国民政府实行币制改革，规定以中央银行、交通银行和中国银行三家银行发行的钞票为法定货币，其他商业银行的发行业务由这三家银行接收。中国农民银行虽未加入法币集团，但它发行的钞票仍准许与法币同时流通。法币改革在一定程度上确立了中央银行的特定职能，结束了中国货币和白银的联系，顺应经济发展的需要发行纸币，这是中国货币制度的一大进步。

1937 年 7 月，国民政府为应付战时金融紧急情况，协调中央银行、交通银行、中国银行、中国农民银行 4 家银行的业务活动，在上海成立了四行联合办事总处，1939 年 9 月对四联总处进行了一次大的改组，四联总处由四行之间的联系机构变为中国金融的最高决策机构。四联总处设理事会，由 4 家银行和财政部、经济部的负责人组成，蒋介石亲任理事会主席。1942 年 7 月 1 日，四联总处重新划分了 4 家银行的业务，货币发行权完全集中到了中央银行，调节金融市场、代理国库，外汇储备和金银储备管理职能也集中到了中央银行。至此，中央银行的职能基本上健全起来，中国的中央银行制度有了较大的发展。这时，中央银行才真正独占货币发行权，成为名副其实的中央银行。到抗日战争结束时，中央银行应有的职能基本具备，经济财力迅速增强，仅库存准备方面，中央银行就拥有 8 亿多美元的外汇储备和 600 万两黄金。1949 年 12 月，国民政府的中央银行撤往中国台湾。

(四）中华苏维埃共和国时期的中央银行

在国民政府管理下的中央银行制度不断发展的同时，共产党领导的革命根据地的中央银行也在建立和形成之中。1931 年 11 月，江西瑞金成立了中华苏维埃共和国临时中央政府，并决定成立国家银行，授予其发行货币的特权，并负责代理国库、代发公债及还本付息等中央银行及商业银行业务。1932 年 2 月，中华苏维埃共和国国家银行正式营业，并陆续在中央革命根据地所辖各地设立分支机构。该行作为中华苏维埃共和国的发行的银行和政府的银行，在革命根据地建设中发挥了重要作用。

二、新中国中央银行的发展和中央银行制度的完善

新中国的中央银行是中国人民银行。中国人民银行于 1948 年 12 月 1 日在原解放区的北海银行、西北农民银行和华北银行的基础上在石家庄建立，并在当日统一发行了第一套人民币。1949 年 2 月，中国人民银行总行迁至北京。中国人民银行成立后，各解放区的银行逐步合并改组为中国人民银行的分行。中华人民共和国成立后，由中国人民银行接管了原国家资本银行，取缔了外国在华银行的特权，整顿改造了民族资本银行，将全国的工业、农业、商业、城乡居民储蓄业务和短期信贷业务全部集中于中国人民银行，并在全国各地设立了中国人民银行的分支机构。作为发行的银行和政府的银行，中国人民银行成为新中国的中央银行。

中国人民银行成立后经历了不同的发展阶段。1978 年年底以前，全国实际上只有中国人民银行一家银行，有些名义上的银行和农村信用社等金融机构实际上没有经营独立的真正意义上的银行业务。中国人民银行同时具有中央银行和商业银行的双重职能，既行使货币发行权、金融管理和经理国库等中央银行职能，又从事储蓄、结算、外汇、信贷等商业银行业务，并在金融业中具有高度垄断性。总的来看，这一时期中国的银行体系基本上是单一式的银行体系，也

被称为"大一统"的银行体系。从中央银行制度说,则是复合性的中央银行制度。这种高度集中垄断的银行体系和复合式的中央银行制度是与这一时期国家实行高度集中的计划经济体制相适应的。

1979~1983年,中国人民银行的双重职能开始逐步剥离,中央银行的职能逐步加强。这期间中国的银行体系也加大了调整力度,先后恢复、分设了中国人民建设银行(1996年更名为中国建设银行)、中国农业银行和中国人民保险公司,中国银行的业务与机构从中国人民银行中独立出来,并成立了城市信用社和信托投资公司等其他金融机构,中国人民银行的经营性业务逐步减少,开始向专司中央银行职能过渡。

1983年9月17日,国务院作出《关于中国人民银行专门行使中央银行职能的决定》,对中国人民银行的基本职能、资金来源、组织机构以及与其他金融机构的关系等作出了比较系统的规定。1984年1月1日,中国工商银行成立,中国人民银行承担的城乡储蓄、工商信贷等非中央银行业务划归工商银行,中国人民银行从双重职能转变为专门行使中央银行职能。1986年1月7日,国务院发布《中华人民共和国银行管理暂行条例》,首次以法规形式规定了中国人民银行作为中央银行的性质、地位和职能。

1995年3月18日,第八届全国人民代表大会第三次会议通过了《中华人民共和国中国人民银行法》,这是新中国第一部金融大法,该法的颁布和实施,标志着中国现代中央银行制度正式形成并进入法制化发展的新阶段。

2003年,中共中央十六届二中全会审议通过的《关于深化行政管理体制和机构改革的意见》和十届全国人大一次会议批准的国务院机构改革方案,将中国人民银行对银行、信托投资公司、金融资产公司及其他存款类金融机构的监管职能分离出来,并和中央金融工委的相关职能进行整合,成立中国银行业监督管理委员会。同年9月,中央机构编制委员会正式批准人民银行的"三定"调整意见。同年12月27日,十届全国人大常委会第六次会议审议通过了关于修改《中华人民共和国中国人民银行法》的决定。

有关金融监管职责调整后,中国人民银行新的职能正式表述为"制定和执行货币政策、维护金融稳定、提供金融服务"。同时界定"中国人民银行作为国务院组成部门,是中华人民共和国的中央银行,是在国务院领导下制定和执行货币政策、维护金融稳定、提供金融服务的宏观调控部门"。这种职能集中表现为"一个强化、一个转换和两个增加"。"一个强化",即强化与制定和执行货币政策有关的职能;"一个转换",即转换实施对金融业宏观调控和防范与化解系统性金融风险的方式；"两个增加"，即增加反洗钱和管理信贷征信业两项职能。这些新的变化，进一步强化了人民银行作为我国的中央银行在实施金融宏观调控、保持币值稳定、促进经济可持续增长和防范化解系统性金融风险中的重要作用。

美国次贷危机后，我国中央银行更加注重引导全国金融业健康安全发展，同时也不断加快银行业信息化建设，以发挥金融对经济社会发展的促进作用。2008 年 2 月 19 日、2012 年 9 月 17 日，中国人民银行分别发布《金融业发展和改革"十一五"规划》、《金融业发展和改革"十二五"规划》，主要阐明"十一五"时期(2006～2010 年)、"十二五"时期(2011～2015 年)我国金融业发展改革的指导原则和主要目标，明确金融工作重点。2008 年 7 月 22 日，中国人民银行根据国家"十一五"发展规划纲要，制定了《中国银行业"十一五"信息化建设规划》，以满足我国银行业信息化发展需要。2011 年 9 月，中国人民银行发布了《中国金融业信息化"十二五"发展规划》，明确了"十二五"时期金融业信息化发展的主要目标和重点任务。

三、中国人民银行体制和组织结构

中国人民银行在 1984 年以前，属于复合型中央银行制度。1984 年 1 月 1 日起，中国人民银行作为国家的中央银行，专司中央银行的职能，自此中国人民银行开始实行一元制中央银行体制。中国人民银行根据履行职责的需要设立分支机构，并对分支机构实行集中统一领导和管理。

中国人民银行的全部资本由国家出资，属于国家所有。

中国人民银行的机构设置分为三层：货币政策委员会、内部职能部门、以经济区域为主兼顾行政区划设置的分支机构。

(一)货币政策委员会

中国人民银行于 1997 年设立货币政策委员会，作为中国人民银行制定货币政策的咨询议事机构。当时货币政策委员会由下列单位的人员组成：中国人民银行行长，中国人民银行副行长二人，国家计划委员会副主任一人，国家经济贸易委员会副主任一人，财政部副部长一人，国家外汇管理局局长，中国证券监督管理委员会主席，国有独资商业银行行长二人，金融专家一人。货币政策委员会组成单位的调整，由国务院决定。中国人民银行行长、国家外汇管理局局长、中国证券监督管理委员会主席为货币政策委员会的当然委员。货币政策委员会其他委员人选，由中国人民银行提名或者中国人民银行商有关部门提名，报请国务院任命。货币政策委员会设主席一人,副主席一人。主席由中国人民银行行长担任;副主席由主席指定。货币政策委员会的成立标志着中国货币政策决策体系的重大变化,意味着中国货币政策制定开始步入规范化、科学化和民主化的轨道。

根据《中国人民银行货币政策委员会条例》的规定,货币政策委员会的职责是在综合分析了宏观经济形势的基础上,依据国家的宏观经济调控目标,讨论货币政策的制定和调整、一定时期内的货币政策控制目标、货币政策工具的运用、有关货币政策的重要措施、货币政策与其他宏观经济政策的协调等涉及货币政策等重大事项,并提出建议。货币政策委员会通过全体会议履行职责,在每季度召开例会,货币政策委员会主席或者 1/3 以上委员联名,可以提议召开临时会议。每次例会的主要内容是分析宏观经济金融形势,委员们分别就货币供应量、利率、汇率、公开市场操作、存款准备金、再贴现、货币政策与其他宏观经济政策的协调问题进行充分讨论,会后通过新闻媒体公布会议的主要内容,阐述货币政策方向。货币政策委员会例会提供的新闻稿成为中央银行与社会各界沟通的重要渠道,增强了货币政策操作的透明度。

(二)内部职能部门

目前,中国人民银行内部的职能部门有办公厅、条法司、货币政策司、货币政策二司、金融市场司、金融稳定局、统计调查司、会计财务司、支付结算司、科技司、货币金银局、国库司、国际司(港澳台办公室)、内审司、人事司、研究局、征信管理局、反洗钱局、金融消费权益保护局等。这些内设机构均有明确的职责分工,各机构各司其职、相互补充,共同履行中国人民银行的职能。

(三)以经济区域为主兼顾行政区划设置的分支机构

中国人民银行在 1998 年以前采取按行政区划设置分支机构的设置方式,但随着经济金融体制改革的深入,该模式已不能适应我国国情。1998 年年底,国务院在分支机构设置上进行了重大改革,撤销省级分行,设立跨省、自治区、直辖市的分行,具体设置是:中国人民银行总行在北京,下设 9 个区域分行分别是上海、天津、沈阳、南京、广州、武汉、济南、西安和成都;两个营业部是北京和重庆;区域分行内的城市中心支行,接受分行领导,城市中心支行在主要县设立支行,接受中心支行领导。所以目前中国人民银行的分行是按照经济区域设置的,而中心支行和支行则是按照行政区域设置的。另外,中国人民银行还在海外设立了若干代表机构,目前有驻美洲代表处、驻欧洲(伦敦)代表处、驻法兰克福代表处、驻东京代表处、驻非洲代表处、驻加勒比海代表处等。

本章小结

中央银行是商品经济、货币信用制度以及银行体系发展到一定阶段的产物，是为了满足统一银行券发行、票据清算、稳定信用体系、金融监管以及政府融资等方面的客观需求而建立的。

中央银行的产生基本上有两条渠道：一是由信誉好、实力强的大银行逐步发展演变而成；二是由政府出面直接组建中央银行。从中央银行产生和中央银行制度形成与发展进程看，大体可分为两个基本阶段，各阶段都有自己的特点。目前中央银行制度已普遍成为世界各国的一项基本经济制度。

虽然目前各国基本上都实行中央银行制度，但并不存在一个统一的模式。归纳起来，大致有单一式中央银行制度、复合式中央银行制度、准中央银行制度、跨国式中央银行制度四类，其中大多数国家采用单一式中央银行制度。中央银行的资本组成也有不同的类型，其中大部分国家的中央银行资本为国家所有。中央银行的组织结构是中央银行制度的重要内容之一，一般包括权力分配结构、内部职能结构和分支机构的设置。

我国中央银行制度的形成比较晚，直到20世纪初还处于萌芽状态。中国人民银行成立至今，特别是改革开放以来，在体制、职能、地位和作用等方面都发生了重大而深刻的变革。从成立开始至今，中国人民银行共经历了三个阶段的发展。

复习思考题

1. 中央银行是在什么情况下产生的？其发展至今经历了哪些阶段？
2. 中央银行制度在初建时期和普及发展时期各有何特点？
3. 中央银行的制度有哪些基本类型？各有何特点？
4. 中央银行的组织结构一般包括哪些主要内容？
5. 试述我国中央银行的产生、发展过程。

【参考文献】

[1]陈学彬.中央银行概论[M].北京:高等教育出版社,2006.

[2]黄国安.中央银行学[M].上海:上海人民出版社,2007.

[3]王广谦.中央银行学[M].北京:高等教育出版社,2011.

[4]黄达.金融学[M].2版.北京:中国人民大学出版社,2009.

[5]张强,乔海曙.货币金融学[M].北京:高等教育出版社,2013.

[6]中国人民银行网站。

第二章

中央银行的性质与职能

【本章结构】

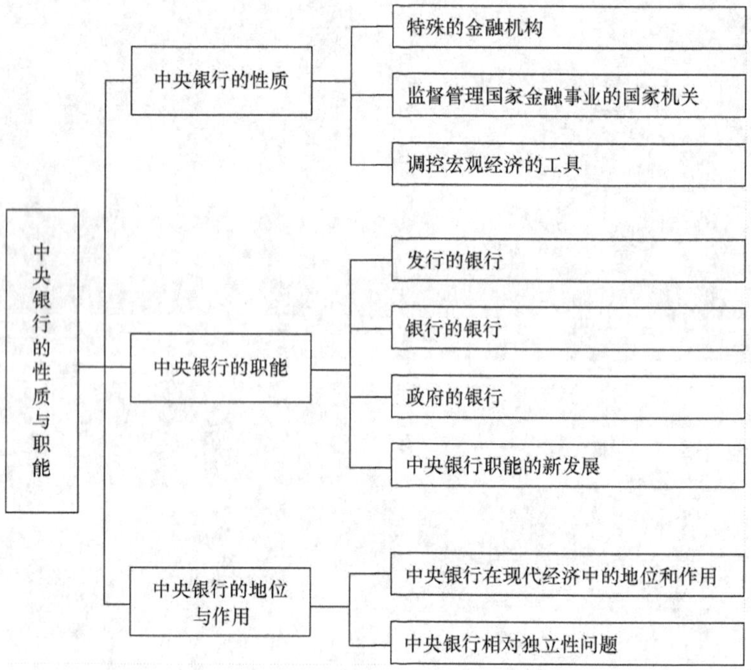

【学习目标】

1. 掌握中央银行的性质
2. 掌握中央银行的职能

3. 掌握中央银行职能的发展变化

4. 熟悉中央银行的地位与作用

5. 认识中央银行独立性问题

【本章提要】

一般而言,性质和职能两者是同一的,性质指事物的特有属性和特质;职能是性质的具体体现。中央银行的性质是指中央银行自身所具有的特有属性,中央银行的职能是中央银行性质的具体体现或细化。而中央银行的性质和职能又是由其在国民经济中的地位和发挥的作用所决定的。对中央银行性质、职能、地位与作用的深入分析是理解和掌握现代中央银行制度的基础。本章主要阐述中央银行的性质、职能以及地位和作用。

【关键术语】

发行的银行　银行的银行　政府的银行　最后贷款人

中央银行相对独立性

第一节　中央银行的性质

中央银行的性质是指中央银行自身所具有的特有属性。从中央银行业务活动的特点和发挥的作用看,中央银行既是为商业银行等普通金融机构和政府提供金融服务的特殊金融机构,又是制定和实施货币政策、监督管理金融业、规范与维护金融秩序、调控金融和经济运行的宏观管理部门。因此中央银行的性质可以科学地表述为:中央银行是国家赋予其制定和执行货币政策,对国民经济进行宏观调控和管理监督的特殊金融机构。

一、特殊的金融机构

中央银行作为国家的特殊金融机构,在世界范围内具有共同的性质,这表现在以下几个方面:

（一）地位的特殊性

尽管各国中央银行的名称不尽一致，但就其地位来说，中央银行都是居于一国经济金融体系中心地位的金融机构。

首先，从一国经济体系的运行方面来看，中央银行为经济增长创造了基本的货币和信用条件，并为经济稳定运行提供了制度上的保障。

在现代不兑现的信用货币制度下，中央银行是一国货币发行的唯一机构，垄断了货币发行权，经济体系运行对货币的需求都必须通过中央银行提供货币供应量来实现。尽管在现代信用货币制度中，商业银行等其他存款性金融机构也参与了货币的创造与供应，但货币供给的源头还是中央银行。中央银行根据经济发展的客观需要，不断地向经济体系提供相应的货币供给，为经济增长创造了基本的货币和信用条件。另外，中央银行还通过掌控货币供给的总闸门，拥有了调节经济的手段。其根据经济发展的不同状况，通过实行正确有效的货币政策，对一国货币供给量进行调节与控制，使之与客观经济发展的需要相适应，从而为一国经济的稳定运行提供了充分的保障。

其次，从国家对宏观经济的调控来看，中央银行是一国货币金融体系中的最高权力机构，也是全国货币信用制度的中心枢纽和金融监督管理的当局。

几乎所有国家的法律都明确规定，中央银行是一个国家管理全国金融事业的最高权力机构。中央银行作为金融活动的调节者和管理者，是国家最重要的宏观调控部门之一。中央银行通过运用经济手段、法律手段和行政手段，对国家的宏观经济进行调节和控制。同时，中央银行还通过维护支付清算系统的正常运行，进行公开市场操作，影响社会信用规模，调节货币供应量，引导信用活动按照中央银行的政策意图进行。所以中央银行在一国金融体系中处于支配地位。

最后，从一国对外金融关系来看，中央银行是国家对外开展经济金融往来与合作的桥梁和纽带。同时也肩负着干预外汇市场，平抑市场汇价波动的职责。

随着经济金融全球化的不断发展，国与国之间在经济、科技、文化、政治等方面的交往越来越密切，这些往来大都会发生货币的兑换、支付和流通行为。中央银行作为一国货币的供给者和管理者，以及国际支付体系的参与者和维护者，一方面代表政府参与国际经济金融合作、谈判及磋商；另一方面在国与国之间的金融关系方面发挥着协调和决策的作用。

（二）业务的特殊性

1. 中央银行的业务活动有着特殊的法定权力和法定限制

中央银行的法定权力有：垄断货币发行；管理货币流通；发布监管金融机构的业务命令和规章制度；持有、经营和管理国家的黄金和外汇储备；进行支付清算、经理国库和会计业务；对金融业的活动进行统计和调查；保持业务活动的相对独立性。

中央银行的法定限制有：不得经营一般性银行业务或非银行金融业务；不得向任何个人、企业或单位提供担保或直接发放贷款；不得直接从事商业票据的承兑、贴现业务；不得从事不动产的买卖业务；不得从事商业性的证券买卖业务；一般不得向中央财政透支、直接认购、包销国债和其他政府债券。

2. 中央银行拥有特殊的经营目标

中央银行的业务经营不以营利为目标，这一点与商业银行有很大区别。商业银行及其他金融机构一般以追逐利润最大化为经营目标；而中央银行作为国家管理金融的最高权力机构，不以营利为目的，不从事普通商业银行的业务，而是以维护金融秩序、保持货币稳定为己任，促进国民经济健康稳定地发展。

3. 中央银行具有特殊的服务对象

普通商业银行及其他金融机构一般以企业、个人、社会团体为主要服务对象；而中央银行一般不与企业、个人发生直接业务往来，其主要服务对象是政府、商业银行和其他金融机构。

4. 中央银行有特殊的业务范围和业务种类

世界各国的法律一般都对中央银行的业务范围作出了详细、明确的规定。中央银行的业务主要包括：货币发行业务；存款准备金业务；再贴现与再贷款业务；公开市场业务；经营黄金外汇业务；经理国库业务；代理政府债券的发行与兑付业务；办理票据交换与支付清算业务；编制全国金融统计数据、报表并定期予以公布；稽核、检查、审计各金融机构的业务活动；对中央银行自身的财务收支进行会计审核；法律允许的其他业务。

（三）管理的特殊性

中央银行虽然经过一国的政府授权，享有各种金融管辖权，但与一般政府行政管理机关又有区别：

1. 管理手段的区别

中央银行在履行各项管理职能时，都是以“银行”的身份出现，而且管理手段也更多地具有银行业务操作的特征。中央银行主要是运用计划、信贷、利率、存款准备金、汇率等经济的、法律的和行政的手段,并具体通过中央银行向各金融机构提供的资产业务、负债业务以及金融服务业务来引导、调节金融机构的行为,以达到有效调节信用、保证经济稳定增长的目的。

2. 管理方式的区别

一般国家机关主要是运用行政手段直接影响微观经济主体的行为。而中央银行对一国经济的调控是分层次实现的。通常凭借经济和法律的手段分层次来实施监督管理职能,行政手段居于次要地位。即主要是运用货币政策工具操作调节金融机构的行为和金融市场的运作,然后再通过金融机构和金融市场影响各经济部门,其作用比较平缓。

3. 管理地位的区别

中央银行在行使管理职能时,具备较大的独立性,处于超然的地位。

二、监督管理国家金融事业的国家机关

(一)作为国家机关

中央银行与一般政府机关相比,有着显著的特殊性。亦即它带有银行的性质,执行着金融机构的业务。这表现在:

第一,中央银行履行的监管、调控职能主要是通过其服务职能,亦即金融业务活动实现的,其调控工具主要是货币政策等间接杠杆。这与主要依靠行政命令直接管理国家事务的一般政府机关有显著的区别。

第二,中央银行也办理金融业务,如存款、贷款、再贴现、票据清算等,实行资产负债管理,有资本也有收益。这就具备了普通银行的基本属性,使其与完全靠国家财政拨付经费的政府机关有显著不同。

第三,中央银行因其职能的重要性、业务的特殊性,一般都具有相对独立、超然的法律地位。其在货币政策的制定和实施、人事任命、组织管理体制方面,都有比较特殊的规定,不像一般政府机关那样直接隶属于政府,并对其负责,而往往和立法机关直接建立监督制约关系。

(二)作为金融机构

中央银行虽然具有银行(金融企业)的一般性质,但它和普通银行相比,又更多地体现出国家机关的性质。这表现在:

第一,中央银行不经营普通银行业务。各国银行法一般都规定,中央银行不对工商企业和个人办理业务,只对政府、普通银行和其他金融机构办理业务。

第二,中央银行的业务经营不以营利为目的,对政府财政存款和银行等金

融机构的存款准备金不支付利息,代理财政收支不收费,其资产要保持较大的流动性。这和普通银行以营利为目的的经营原则是不同的。

第三,国家对中央银行的资本和利益分配有较强的控制,对中央银行的高级管理人员的任免、任职期限等,规定较为严格,往往与政府机关行政首长的任命程序相同。综合上述,我们认为中央银行在性质上属于国家机关,是特殊的国家机关。

三、调控宏观经济的工具

中央银行作为国家管理金融业和调控宏观经济的重要部门,承担着监督管理普通金融机构和金融市场的重要使命。同时,由于中央银行处于整个社会资金运动的中心环节,是国民经济运行的枢纽,是货币供给的提供者和信用活动的调节者,因此中央银行还致力于调节货币供给和银行信贷规模,稳定货币和物价,贯彻和执行政府金融政策,促进生产、就业和经济增长。

第二节 中央银行的职能

中央银行的职能是中央银行的性质在其业务活动中的具体体现,尽管各国的政治与经济制度、社会历史背景、商品经济与信用制度的发展水平各不相同,但其中央银行的基本职能差不多是一致的。对于中央银行的职能有多种划分方法。一般传统方法归纳为:发行的银行、银行的银行、政府的银行三大职能。按其业务活动的性质划分可归纳为服务职能、调节职能和管理职能。在此,我们按照一般的划分方法进行分析。

一、发行的银行

所谓发行的银行是指国家赋予中央银行集中和垄断货币发行权,成为全国唯一的货币发行机构。

(一)中央银行垄断货币发行权的意义

1.是统一货币发行与流通的基本保证

中央银行垄断货币发行权可以避免货币发行分散的弊端,使钞票整齐划一,便利商品流通,防止发行银行倒闭而引起银行券挤兑、贬值所造成的金融动荡和经济混乱。

2. 是通货稳定的基本条件

中央银行垄断货币发行权有利于国家对货币流通的管理，控制货币的发行，调节市场上的货币流通量使之符合国民经济发展的客观需要，保证通货的稳定。

3. 是实施金融宏观调控的必要条件

中央银行垄断货币发行权有利于中央银行加强自身的经济实力，因为货币发行是银行信贷的一种资金来源，中央银行垄断货币发行，可以借以控制社会资金供应，便于掌握和调节商业银行的信贷活动，有利于政府金融政策的推行，是政府利用中央银行手中的货币政策工具来管理和调节国民经济，实现国家的宏观经济目标的必要条件。

4. 是政府收取"铸币税"的重要渠道

由于发行钞票有一定的经济利益，中央银行垄断货币发行权可使政府获得一定的收益，即取得"铸币税"。

（二）中央银行垄断货币发行的基本职责

1. 根据国家经济发展需要掌握货币发行，调节货币流通

中央银行作为一国发行货币和创造信用货币的机构，在发行现钞、供给货币的同时，必须履行保持货币币值稳定的重要职责，这是经济社会正常运行与发展的基本条件。中央银行要根据一定时期经济发展需要以及物价水平等诸多因素，保持货币供应量与客观实际需要量的相对平衡，为经济稳定和持续增长提供适宜的金融环境。

2. 掌握货币发行准备，控制信用规模，调节货币供应量

中央银行发行货币与某种资产挂钩能够对货币发行发挥制约作用。因此目前不少国家实行货币发行准备制度。如美国实行证券准备限额发行制，中央银行根据持有的发行准备发行货币，有利于控制信用规模。

二、银行的银行

所谓银行的银行是指中央银行的业务对象是商业银行和其他金融机构以及特定的政府部门。中央银行与其业务对象之间的往来仍具有银行固有的"存、放、汇"业务的特征，中央银行为金融机构提供金融服务，同时也是它们的管理者。这一职能具体体现在以下三个方面：

（一）集中存款准备金

中央银行根据有关法律规定，要求商业银行和其他金融机构按照法律规定比率向中央银行缴存存款准备金，其目的在于：

- 保证存款机构的支付和清偿能力，从而保障存款人的资金安全及合法权益，保障商业银行等金融机构自身经营的安全。

- 有利于中央银行调节信用规模和控制货币供应量。通过调整法定存款准备金率，利用货币乘数的作用，使全社会货币供应量产生多倍的扩张或收缩，并且能够带来宣示效应，表明中央银行的政策意图，进而对全社会信用规模产生相应的作用。

（二）最后贷款人

最后贷款人是指商业银行发生资金困难而无法从其他银行或金融市场筹措资金时，中央银行为其提供资金支持，从而承担起“最后贷款人”的角色，这可避免发生金融恐慌。中央银行主要是通过向商业银行或其他金融机构采取办理票据贴现、再贷款、再抵押方式融通资金，在特殊情况下，也可以采取直接提供贷款的方式。中央银行作为“最后贷款人”能起到避免金融恐慌的作用。当发生大规模的银行倒闭事件时，中央银行对整个金融体系都起到“最后贷款人”的作用。

（三）组织全国的清算

世界上大多数国家的商业银行的票据都是通过中央银行进行清算。各金融机构之间的债权债务关系通过其在中央银行的存款账户进行转账、轧差，直接增减其存款便可以完成。中央银行清算主要包括组织票据交换清算、办理异地跨行清算、为私营清算机构提供差额清算服务、进行证券和衍生金融工具交易清算、提供跨行支付清算服务等。中央银行通过组织清算，不仅有利于掌握全社会的金融状况和资金运动趋势，并且对正确制定货币政策，增加货币政策实施效果具有重要意义。

三、政府的银行

所谓政府的银行是指中央银行代表政府贯彻执行货币金融政策，代为管理财政收支并为政府提供各种金融服务。这一职能主要通过以下几个方面表现出来：

（一）代理国库

国家财政收支不另设机构，而是由中央银行代理。政府的财政收入和支出都通过在中央银行开设的各种账户进行。具体包括：

1. 协助财政、税收部门征缴国库存款

国家通常把暂时闲置的货币资金存在中央银行的活期账户上，使中央银行成为国库现金的存储中心。同时这些资金也成为中央银行的重要资金来源。

2. 为国库办理资金划拨业务

中央银行根据财政支付命令向经费使用单位划拨资金。中央银行要随时反映经办预算收支缴存和划拨过程中的情况。

（二）代理政府债券的发行

发行债券是政府弥补财政赤字的一种方法。中央银行通常代理政府发行债券以及债券到期时还本付息事宜。

（三）向政府提供信用支持

中央银行在国家财政出现赤字时，负有向财政提供信用支持的义务。中央银行对政府的信贷支持主要有两种形式：

1. 购买政府债券

中央银行在国债发行市场上购进政府债券，资金直接形成财政收入，流入国库。这种方式实际上是中央银行直接为政府提供资金支持，容易产生货币发行失控现象，引发通货膨胀。因此大多数国家通过立法禁止中央银行对财政透支和直接认购政府证券。若中央银行在国债交易市场买进政府债券，则意味着资金是间接流向财政。目前世界各国主要以该种方式向财政融资。

2. 直接向国家财政贷款或透支

向财政透支主要是解决财政先支后收而发生的暂时性资金困难。一般情况下，各国中央银行不承担向财政提供长期贷款或透支的责任，以避免中央银行成为弥补财政赤字的工具，不利于货币供给的正常和金融的稳定。

（四）管理外汇和黄金准备

黄金外汇储备对一个国家经济发展有重要意义。中央银行通过保管和经营黄金与外汇储备，实现黄金与外汇储备的保值和增值；通过黄金与外汇的买卖稳定一国货币的币值与汇率；通过黄金与外汇的管理实现一国国际收支的平衡。

（五）制定和实施货币政策

货币政策是一国调控宏观经济的重要手段。各国通常授权中央银行代表政府制定和执行货币政策，主要利用经济手段调控国民经济的运行。

（六）制定并监督执行有关的金融管理法规

国家通常授权中央银行独自一家，或与其他金融管理机构一道，对商业银行及其他金融机构的经营管理、业务活动和金融市场活动进行监督管理。为此，需要制定一系列金融管理法令、政策、制度，以使金融机构和金融市场的金融活动有章可循、有法可依，同时还必须对金融机构和金融市场的有关活动进行定期或不定期的监督检查，指导、布置金融业的反洗钱工作，负责反洗钱的资金监测，维护正常的国家金融秩序。

（七）代表政府参加国际金融组织

中央银行作为政府的银行，代表政府参加国际金融组织、出席各种国际性会议，从事国际金融活动以及代表政府签订国际金融协定；在国内外经济金融活动中，充当政府的顾问，提供经济、金融情报和决策建议。

四、中央银行职能的新发展

20 世纪 80 年代以来，随着经济一体化、金融全球化和网络技术的迅猛发展，世界金融发展出现了一些新的特征，跨国金融交易迅速增加，国际资本流动日益频繁，混业经营渐成主流，金融风险和各种避险金融工具创新令人眼花缭乱。尤其是国际性、地区性和国内金融风险和危机的频繁爆发和迅猛传播，引起世界各国政府和金融管理当局的高度重视和警惕，纷纷重新审视、检讨金融制度和金融管理体制，因而在保障金融稳定和安全的制度安排上进行了重大调整和改革。一些国家中央银行职能也相应发生了变化。根据 2003 年 12 月 27 日第十届全国人民代表大会常务委员会第六次会议修正后的《中华人民共和国中国人民银行法》，我国央行被重新定位于国家的中央银行和宏观调控部门，肩负“制定和执行货币政策，维护金融稳定，提供金融服务”三大支柱职能。

（一）强化了制定和执行货币金融政策的职能

自从银行监管职能从中央银行分离出来之后，制定和执行货币金融政策成为中央银行最重要的职能。中央银行作为一国货币政策的制定者和执行者，通过提高制定和执行货币政策的水平，灵活运用利率、汇率等各种货币政策工具，对全国货币、信用活动进行有目的的调控，影响和干预国家宏观经济，实现其预期货币金融政策的目标和职能。中央银行调节的主要对象是全社会信用总量，它不仅包括货币供应量，还包括信贷总规模。中央银行根据货币金融政策目标的要求来调节全社会信用总量，即调节社会的总需求和总供给，从而有可能为国民经济的发展创造一个良好的货币、金融环境，进而达到调节宏观经济，促进国民经济发展的目的。强化货币政策的核心地位和执行力度,以专业化的水平和灵活的政策工具调节经济,从而会使得货币政策的调控更精干、更专业、更独立。

（二）维护金融稳定是中央银行的重要职能

中央银行的管理职能,是指中央银行作为全国的金融行政管理机关,为了维护全国金融体系的稳定,防止金融混乱对社会经济的发展造成不良影响,而对商业银行和其他金融机构以及全国金融市场的设置、业务活动和经济情况进行检查监督、指导、管理和控制。简单地说,也就是中央银行通过其对商业银行以及其他金融机构的管理,对金融市场的管理,达到稳定金融和促进社会经济的正常发展的目的。

"维护金融稳定"取代了原有的"金融监管职能"成为中央银行最重要的职能之一,中央银行责无旁贷地全面主导一国金融风险的管理和控制。中央银行的职能调整后,无论从社会来看,还是从金融工作自身来看,金融稳定才是重中之重,维护币值稳定、维护金融稳定,既是央行的重要职责,也是央行的目标。我国中央银行制度的改革就是在这样的目标框架内,成立金融稳定局这一全新的机构。由它负责银行、证券、保险业的协调发展及交叉性金融工具的监测,并会同有关部门拟订金融业发展规划。表面看来,它是央行"维护金融稳定"职能的执行机构,但实际上它处理的是"三会"(银监会、证监会和保监会)间职能摩擦的协调问题,不失为务实和超前之举。尤其是面对分业经营逐渐向混业经营发展的国际潮流,不管"三会"分立格局如何变化、"三驾马车"如何前行,混业监管的问题却不能不让决策层有长远的准备,可以说,新设立的金融稳定局,为"三会"功能的集中整合提供了广阔的进化空间。

（三）金融服务职能有了新的拓展,增加了"反洗钱和管理信贷征信业"

反洗钱原本是公安部承担的一项职能,但随着经济全球化、资本国际化的不断深化,利用央行得天独厚的现代化支付系统网络优势,建立由央行组织协调的国家反洗钱工作机制已为形势所需。根据金融行动特别组织(FATF)专家评估,全世界每年涉及的洗钱量,大概在15 000亿至28 000亿美元之间。分析认为,我国资本外逃数量从2000年的1 726亿美元上升到2011年的6 029亿美元,其中很大一部分是由腐败而生的非法所得向海外的"转移赃款"行为。有关专家把我国的几种洗钱方式归结为:一是先捞钱后洗钱,即公职人员大量贪污受贿后,辞职下海办公司或炒股,用新身份来解释不正常的暴富;二是边捞钱边洗钱,即搞"一家两制",自己在台上利用权力捞钱,亲属则利用"下海"身份掩盖黑钱来源;三是连捞钱带洗钱,即政府官员或国企老总创办私人企业,一方面可以通过经济往来把黑钱转移到这些企业的账户上,另一方面又可以通过正常的纳税经营再赚一笔巨额收入。再就是跨国洗钱,即政府官员或国企老总利用职务之便攫取一笔巨额非法收入之后,逃亡到国外,在海外购住房,办公司,令国内鞭长莫及,奈何不了。"洗钱"这一黑色的产业,正以极快的成长速度成为仅次于外汇和石油的世界第三大商业活动,已经对国际金融体系的稳健和安全构成威胁。所以近年来国际社会反洗钱的呼声日益高涨,把"反洗钱和管理信贷征信业"作为中央银行的新职能,使得中央银行职能更具有广泛的社会性。

案　例

中国首例反洗钱案

洗钱犯罪,在我国是随着改革开放而"复活"的一种经济犯罪形式。因为毒品犯罪、黑社会性质的有组织犯罪、恐怖活动犯罪、走私犯罪在我国日益严重,这种洗钱犯罪或明显带有洗钱性质的案件也不断发展,并且出现许多新特点,这就对我公安机关的侦查工作、金融系统的工作及刑事立法等相关部门的工作提出了新的要求。

2007 年 10 月 22 日,上海市虹口区人民法院对潘儒民等 4 名被告人涉嫌犯有洗钱罪作出了一审判决。判处该 4 名被告刑期自两年到一年三个月有期徒刑不等,并处罚金。本案是《反洗钱法》2007 年 1 月 1 日施行以来中国法院宣判的第一例洗钱罪案件。2006 年上半年,工商银行上海市分行通过监控反洗钱可疑交易,发现 27 个个人账户存在重大洗钱嫌疑。2006 年 7 月 20 日,工商银行上海市分行根据人民银行反洗钱规章规定,向上海市警方报案。同年 7 月 24 日,上海虹口区警方立案侦查,先后抓获了 4 名犯罪嫌疑人。经查,该犯罪团伙内部分工明确,他们通过网上银行、ATM 机及银行柜面取款、转账等方式清洗非法资金上百万元。

本案经审理查明:2006 年 5 月,台湾人潘儒民认识了同是台湾人的阿元,阿元向他推介了一笔"赚钱快的买卖"——由阿元获取他人网上银行信息后窃取其中的资金,随后由潘儒民将阿元从网上银行获取的客户资金提现、转账,事成之后进行分赃。潘儒民认为通过办理多张银行卡、在ATM机分批提取巨额钱款的方式最安全,但由于ATM机分批提款方式有些繁琐,于是潘儒民找到了好友李大明,并于2006年7月初在KTV结识了祝素贞,随后,祝素贞又将“同事”龚媛介绍给潘儒民。此后,潘儒民与祝素贞在上海火车站附近找到了一个帮“客户”办理银行卡的“能人”,动用了几十个人的身份证,在多家银行办理了90余张银行卡,然后交给潘儒民。2006年7月至8月间,阿元将通过犯罪手段从网上银行获取的黄某、芦某等人的资金划入上述银行卡内,并电话遥控潘儒民取款。潘儒民、祝素贞、李大明、龚媛4人轮番持90余张银行信用卡,通过自助银行内的ATM机提取现金,共计人民币108万余元。其间,4人还通过柜面提取现金共计人民币7万余元,总共提取了近120万元。

第三节 中央银行的地位与作用

中央银行在社会经济体系中处于一个很重要的地位,这是从中央银行的性质、职能以及承担的社会责任分析中即能得出的结论。随着经济的高速发展,金融在经济中作用的不断增强和国际经济联系的日益紧密,中央银行在现代经济中的地位和作用就更加突出。

一、中央银行在现代经济中的地位和作用

(一)中央银行是一国金融体系的核心

中央银行是一国最高的货币金融管理机构,在各国金融体系中居于核心和主导地位。中央银行通过调节利率、汇率等方式,控制一国货币供给量,把握经济发展的冷热程度;中央银行通过国家授权,颁布各种规章制度对普通金融机构和金融市场的经营活动进行监管和规范,以贯彻国家的政策意图;同时,由于中央银行处于整个社会资金运动的中心环节,是国民经济运行的枢纽,是货币供给的提供者和信用活动的调节者,因此中央银行对金融业的监督管理和对货币、信用的调控对宏观经济运行具有直接的重要影响。另外,中央银行还通过与其他国家金融机构以及国际金融组织的往来与合作,参与金融全球化发展中金融问题的解决,在强化一国金融主权的基础上,促进本国经济与金融的发展。可见中央银行的地位与其他金融机构不可同日而语。

（二）稳定货币币值，防止通货膨胀与通货紧缩

在不兑现的信用货币流通条件下，中央银行垄断一国货币发行权，成为唯一的货币供应者，经济体系对货币的需求必须通过中央银行来实现，因此，中央银行对货币供应量的控制就直接关系到一国币值的稳定与否。一般情况下，中央银行可以根据一国经济发展的客观需要和货币政策的要求，通过对其资产负债的调整，向市场提供相应的货币供给，以满足经济发展对货币的需要。但当一国出现货币供给过多或货币供给不足时，中央银行可以运用自己掌握的货币政策工具，对货币供给量进行调节和控制。如中央银行可以运用调节利率、汇率等手段，改变一国基础货币的供应量和货币乘数，进而扩张或收缩社会货币供给总量，以保持货币币值稳定，防止通货膨胀或通货紧缩。

（三）调节宏观经济，促进国民经济持续、稳定、健康发展

在现代市场经济体制中，国家调控宏观经济主要依靠货币政策和财政政策，中央银行作为货币政策的制定者和执行者，成为国家最重要的宏观调控部门之一。随着经济全球化和自由化，国家对宏观经济的调节越来越依靠经济手段而不是行政命令，中央银行通过货币政策对宏观经济的调节基本上属于经济手段。当一国经济发展过热或过冷时，中央银行通过货币政策工具的运用，如提高或降低法定存款准备金率、提高或降低再贴现率、在公开市场上卖出或买进有价证券等手段来减少或增加货币供给量和信用量，实现宏观调控的目的。

此外中央银行还可以通过自身业务活动，分析国民经济各部门比例关系是否合理，研究生产结构、收入结构、就业结构、消费结构之间的内部联系和发展变化趋势，向其他有关部门反映情况，提出调整方案。针对经济运行的现实状况进行正向或反向调节，确定信贷支持重点，引导银行资金的流向、投量，对需要发展的部门、产业和地区可以在信贷上优先供应，利率上给予优惠，促进经济结构与产业结构的优化，保证国民经济稳定、健康、持续发展。

（四）稳定金融秩序，防范金融风险

中央银行一方面通过自身的资产与负债业务的调整，实现对巨额货币供应量和信用量的调节和控制，抑制过度的投资行为和信贷规模扩张，实现币值的稳定。另一方面，中央银行还对金融机构实施严格的管理、监督，通过货币政策干预金融市场，沟通各种信用关系，消除不利于金融稳定的各种因素，防范和化解金融风险，引导金融业务经营活动保持良好的运行状态，符合宏观经济发展要求，实现金融稳定。

（五）推动国际金融合作

随着世界经济、金融全球化的不断发展，中央银行基于其独特的地位，在日益紧密的国际联系中发挥着桥梁和纽带的作用。

- 在国际交往中，中央银行作为一国货币的供给者和管理者以及国际间货币支付体系的参与者和维护者，起着关键的作用。
- 在国际经济合作、融合和一体化过程中，中央银行代表国家参与国际间金融谈判、磋商和合约的签订，对国际间的联合起着重要的推动作用。
- 在金融国际化过程中，中央银行作为一国金融业的领导者和管理者，在国与国之间的金融关系中发挥着协调和决策的作用。
- 在各国经济相互依存、共同发展的大格局下，中央银行是国际金融组织的参加者，承担着维护国际经济、金融秩序的责任。

二、中央银行相对独立性问题

中央银行作为一国金融体系的枢纽，负责制定和执行货币政策，肩负稳定货币和管理金融等重要职责；在货币政策传导机制中，处于接受宏观经济信号、输出货币政策信号的位置。中央银行发出的货币政策信号是否正确，能否得到有效贯彻，除取决于中央银行自身的货币政策决策能力外，最重要的还取决于中央银行能否独立地根据宏观经济变化进行货币政策决策。这是尊重中央银行的专业能力，避免政府过度干预，确保中央银行权威和信誉保证的重要体现。

（一）中央银行相对独立性的含义

中央银行的独立性是指中央银行履行自身职责时法律赋予或实际拥有的权力、决策与行动的自主程度。中央银行的独立性比较集中地反映在中央银行与政府（国家行政当局）的关系上，这一关系包含两层含义：一是中央银行应对政府保持一定的独立性；二是中央银行对政府的独立性是相对的。

中央银行独立性问题在中央银行制度发展过程中曾经是一个争议较大的话题，争论的焦点是中央银行对政府应该保持多大的独立性，这一争论及其结果对各国中央银行的法律地位产生了直接影响。

要理解中央银行的独立性，需要明确以下几点：

第一，中央银行作为一个国家管理全国金融事业的国家机关，履行国家赋予的职能，是国家权力的一部分。因此中央银行的独立性应该是指独立于国家权力。

第二，由于中央银行的职能和权限是法律赋予的，因此中央银行又不能独立于立法和司法。

第三，中央银行不可能完全独立于行政或政府，这是因为，无论是总统制的政府还是内阁制的政府都对议会负责。中央银行作为政府的银行和政府在金融领域的代理人，必然要体现和实现政府的某些意图，在为政府提供服务的同时，在一定程度上还要接受政府的控制。在多数国家，中央银行是作为政府机构存在的。因此中央银行要完全独立于政府也是不可能的。

（二）中央银行独立性的不同模式

从立法角度看，第二次世界大战结束到20世纪90年代，市场经济国家中央银行的独立性主要有三种模式：

1. 独立性强模式

独立性强的模式，即中央银行在法律地位上独立于政府，隶属于国会，中央银行有权独立制定和执行货币政策，实施金融监管，国会和政府均不得直接干预。美国实行这种模式。1998年6月1日建立的欧洲中央银行也属于这种模式，《欧洲联盟条约》赋予欧洲中央银行极强的独立性。具体表现在：

（1）组织上的独立性。《欧洲联盟条约》规定：欧洲中央银行、欧洲货币联盟内的所有成员国中央银行及其决策机构的成员，不得向任何欧洲共同体机构、组织、成员国政府以及其他机构寻求或接受指令。为此，各成员国政府必须建立与《欧洲联盟条约》相兼容的中央银行法律制度，确保中央银行能够独立地制定执行货币政策。

（2）人事上的独立性。欧洲中央银行的日常管理机构——执行委员会成员由欧洲首脑会员直接任命，任期8年，不能连任。各成员国中央银行行长任期超过5年，与政府首脑任期错开。

（3）决策上的独立性。理事会作为欧洲中央银行的决策机构，由执行委员会成员和各成员国央行行长组成，负责独立制定货币政策。欧盟财长会员和欧盟委员会可各派一名代表参加理事会会议，前者拥有提出动议权，但两者都没有投票权。

（4）资金运用上的独立性。《欧洲联盟条约》禁止欧洲中央银行体系为成员国政府的财政赤字提供资金融通，以防止货币发行财政化。

（5）制定规章和实施处罚上的独立性。《欧洲联盟条约》赋予欧洲中央银行颁布具有普遍适用性的、对成员国有全面直接约束力的法规制定权，有权对不遵守其法规的企业实施处罚。

2. 独立性居中模式

独立性居中模式,即中央银行名义上隶属于财政部,而实际上保持着一定的独立性。虽然法律规定财政部统辖中央银行,可向其发布命令,但事实上基本不运用此项权力,中央银行仍可独立从事金融调控和监管,拥有较大的独立性。日本、英国、澳大利亚等国采用这种模式。

3. 独立性弱模式

独立性弱的模式,即中央银行名义上隶属于财政部,财政部有权暂停中央银行决议的执行。韩国、意大利采用这种模式。韩国政府一直牢牢掌握着调控经济的大权,以至于压制韩国银行作为中央银行作用的正常发挥。韩国银行隶属于财政经济院,制定货币政策的金融委员会由财政经济院长担任主席,而不是中央银行行长,导致其难以独立制定和执行货币政策。韩国银行的货币发行受制于政府的经济增长目标。

(三)决定中央银行独立性的主要因素

1. 法律地位

中央银行的独立地位最终要靠法律和有约束力的制度来保障。世界上大多数国家通过制定一个专门的法律,授予中央银行独立自主权。

2. 隶属关系

这是指中央银行对谁负责,如果是直接对最高权力机构负责,则具有较高独立性;如果隶属于财政部,其独立性较弱。

3. 人事制度

中央银行负责人和决策机构成员的任命过程、任期、权责如何确定,在很大程度上影响中央银行独立性。在独立性较强的国家,人事任命的周期不受政府更迭的影响,以保障货币政策的连续性和平稳。

4. 财务独立

中央银行的独立性与其资金使用情况密切相关。如果中央银行的预算需要经过财政部批准,依靠财政部提供资金支持,则独立性受到制约。美联储的自用开支预算享有不需要国会批准的特权。

(四)中央银行保持相对独立性的理论与实际意义

1. 中央银行保持相对独立性的理论意义

(1)适应中央银行的特殊业务。中央银行既是政府的银行,又是发行的银行和银行的银行。中央银行的政策直接影响国民经济的各个方面。政府的政策有时与中央银行的政策不一致,比如政府为解决失业问题而主张宽松的货币政策,但中央银行却把货币和金融稳定放在最重要的位置。如果没有中央银行的相对独立性,很难有中央银行一贯的货币政策。

(2)避免财政赤字货币化。中央银行作为政府的银行有义务帮助政府平衡财政收支。但政府的财政赤字有时是政府推行功能财政政策的结果。政府的目标有时会远远地偏离中央银行的目标。如果财政出现了赤字,中央银行就无条件地弥补,就会产生三个问题:一是政府的财政赤字因及时得到中央银行弥补而会变得越来越大,政府机构的工作效率会越来越低;二是货币政策将不复存在,货币政策将由财政政策所取代,或成为财政政策的附属物;三是通货膨胀不可避免。

2. 中央银行保持相对独立性的实际意义

关于中央银行相对独立性问题长期以来一直存在争议。20 世纪 20 年代,金融界人士大多主张中央银行应有较大的独立性,他们认为中央银行不必顾及政府经济政策而应以货币和金融稳定为目标。20 世纪 30 年代的大危机使经济陷入一片混乱,因而更多的人认为中央银行应配合政府采取激进的货币政策。第二次世界大战以后,各国政府经济调控的力度提高,货币政策也成为政府调控宏观经济的一项必不可少的工具。70 年代以后西方国家发生经济停滞并伴随着通货膨胀,为了摆脱这一困境,经济学家和金融界人士中主张中央银行应有较大独立性的观点又有所增强。中央银行到底应该有多大的独立性是一个一直难以有定论的问题。

一些学者开始由理论研究转向实证分析,运用实证方法探讨中央银行独立性与经济总目标之间的因果关系。1990 年哈佛大学的学者把关于这方面的研究写成了报告,结论是,只有中央银行保持高度的独立性,才能在低通货膨胀下实现适度的经济增长和低失业率。

本章小结

1. 中央银行的性质是指中央银行自身所特有的属性。中央银行的性质表现为它是特殊的金融机构,是监督管理国家金融事业的国家机关,是保障金融稳健运行、调控宏观经济的工具。

2. 中央银行的职能是中央银行的性质在其业务活动中的具体体现。一般而言,中央银行具有发行的银行、银行的银行、政府的银行三大职能。

3. 目前中央银行职能的新变化主要有三方面:一是强化了制定和执行货币金融政策的职能;二是维护金融稳定成为中央银行最重要的职能;三是金融服

务职能有了新拓展，增加了反洗钱和管理信贷征信业。

4. 中央银行是一国金融体系的核心，在一国经济发展中发挥着诸多重要作用。

5. 中央银行的相对独立性是中央银行制度中较有争议的问题之一。中央银行既应与政府间保持一定独立性，又不能完全脱离政府。中央银行独立性有强、中、弱三种模式。决定中央银行独立性的主要因素是法律地位、隶属关系、人事制度、财务独立。实践表明，不同独立性的中央银行对宏观经济有着不同的影响。

复习思考题

1. 简述中央银行的性质与职能。
2. 中央银行是如何作为最后贷款人的？
3. 简述中央银行职能新发展的主要内容。
4. 简述中央银行的地位与作用。
5. 如何理解中央银行独立性的含义？
5. 决定中央银行独立性的主要因素有哪些？

【参考文献】

[1]杜朝运. 中央银行学[M]. 厦门：厦门大学出版社，2012.

[2]赵何敏，黄明皓. 中央银行学[M]. 北京：清华大学出版社，2012.

[3]付一书. 中央银行学[M]. 上海：复旦大学出版社，2007.

[4]王广谦. 中央银行学[M]. 北京：高等教育出版社，2011.

[5]王学彬. 中央银行概论[M]. 北京：高等教育出版社，2007.

[6]张强. 中央银行学[M]. 北京：首都经济贸易大学出版社，2003.

[7]罗斌，龙薇. 中央银行学[M]. 长沙：湖南大学出版社，2003.

[8]王佩真. 货币金融理论与政策[M]. 北京：中国金融出版社，2005.

[9]马经，林平，何伟刚，等. 中国货币政策传导——理论与实证[M]. 北京：中国金融出版社，2004.

[10]姚长辉. 货币银行学[M]. 北京：北京大学出版社，2002.

[11]孙杰. 货币与金融[M]. 北京：社会科学文献出版社，2002.

第三章

中央银行资产负债表及负债业务

【本章结构】

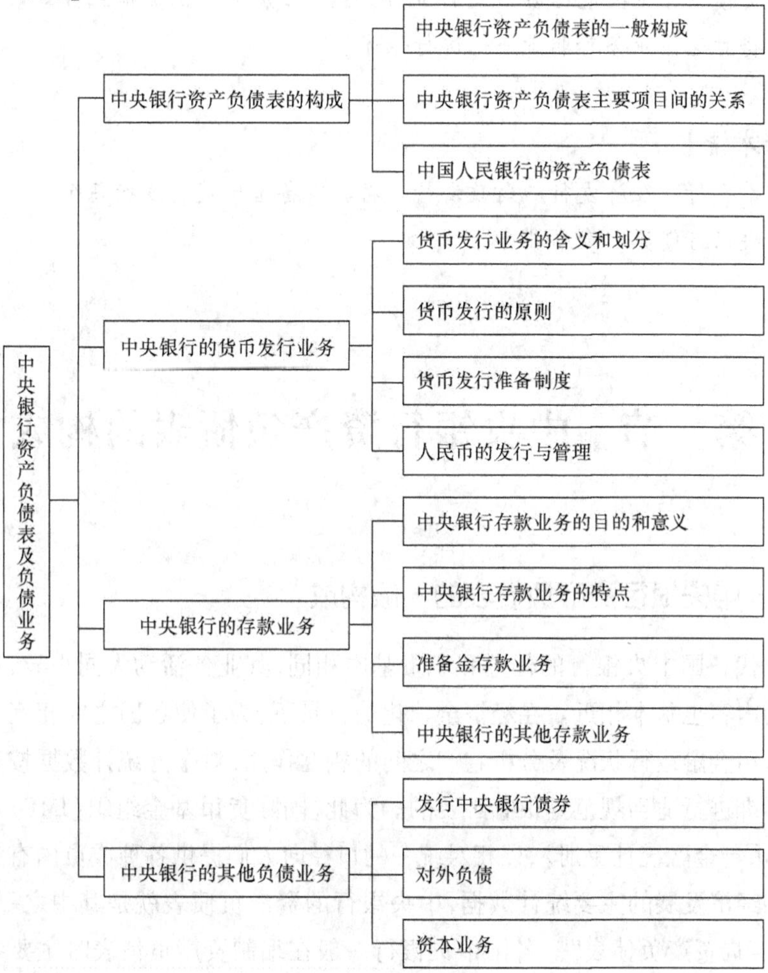

【学习目标】

1. 掌握中央银行的资产负债表的构成
2. 掌握货币发行的分类、发行原则及发行准备制度
3. 掌握中央银行存款业务的目的、意义和特点
4. 了解存款准备金业务的相关内容
5. 了解中央银行的其他负债业务

【本章提要】

中央银行的资产负债表是指中央银行在业务活动中所形成的债权债务存量报表。中央银行的负债业务是指金融机构、政府以及其他部门持有的对中央银行的债权,它形成中央银行的资金来源。中央银行的负债业务主要包括货币发行业务、存款业务及其他负债业务等。本章将对这些业务和职责一一进行论述。

【关键术语】

货币发行　经济发行　财政发行　存款准备金制度　发行基金
中央银行债券　资本业务

第一节　中央银行资产负债表的构成

一、中央银行资产负债表的一般构成

现代各国中央银行的任务和职责基本相同,其业务活动大同小异,资产负债表的内容也基本相近。在经济全球化的背景下,为了使各国之间相互了解彼此的货币金融运行状况及分析它们之间的相互作用,对金融统计数据按相对统一的标准进行适当规范是很有必要的。为此,国际货币基金组织(IMF)定期编印《货币与金融统计手册》,以相对统一的口径向人们提供各种成员国有关货币金融和经济发展的主要统计数据,中央银行的资产负债表就是其中之一,称作"货币当局资产负债表"。各国中央银行一般在编制资产负债表时主要参照国

际货币基金组织的格式和口径,从而使各国中央银行资产负债表的主要项目与结构基本相同,具有很强的可比性。下面将目前国际货币基金组织编制的《国际金融统计》中货币当局资产负债表的最主要项目简化成表 3－1。

表 3－1 简化的货币当局资产负债表

<table>
<tr><th colspan="2">资产</th><th colspan="2">负债</th></tr>
<tr><td rowspan="3">国外资产</td><td>外汇</td><td rowspan="5">储备货币</td><td>货币发行</td></tr>
<tr><td>货币黄金</td><td>金融机构存款</td></tr>
<tr><td>其他国外资产</td><td>存款货币银行</td></tr>
<tr><td colspan="2">对中央政府债权</td><td>特定存款机构</td></tr>
<tr><td colspan="2">对各级地方政府债权</td><td>其他金融机构</td></tr>
<tr><td colspan="2">对存款货币银行债权</td><td colspan="2">定期储备和外币存款</td></tr>
<tr><td colspan="2">对非货币金融机构债权</td><td colspan="2">发行债权</td></tr>
<tr><td colspan="2">对非金融政府企业债权</td><td colspan="2">进口抵押和限制存款</td></tr>
<tr><td colspan="2">对特定机构债权</td><td colspan="2">对外负债</td></tr>
<tr><td colspan="2">对私人部门债权</td><td colspan="2">中央政府存款</td></tr>
<tr><td colspan="2"></td><td colspan="2">对等基金</td></tr>
<tr><td colspan="2"></td><td colspan="2">政府贷款基金</td></tr>
<tr><td colspan="2"></td><td colspan="2">资本项目</td></tr>
<tr><td colspan="2"></td><td colspan="2">其他项目</td></tr>
</table>

(一)负债项目

中央银行的负债是指社会各集团和个人在一定时点所拥有的对中央银行的债权,中央银行的资本项目指中央银行的自有资本金、准备金和未分配利润等。其负债主要包括以下种类:

1. 流通中货币

作为发行的银行,发行货币是中央银行的基本职能,也是中央银行的主要资金来源,中央银行发行的货币通过再贴现、再贷款、购买有价证券和收购黄金外汇投入市场,成为流通中货币,成为中央银行对公众的负债。

2. 各项存款

这其中包括政府和公共机构存款,商业银行等金融机构存款。作为国家的银行,政府通常会赋予中央银行代理国库的职责,政府和公共机构存款由中央银行办理。作为银行的银行,中央银行的金融机构存款包括了商业银行缴存准备金和用于票据清算的活期存款。

3. 其他负债

这其中包括对国际金融机构的负债或中央银行发行债券。

（二）资产项目

中央银行的资产是指中央银行在一定时点上所持有的各种债权。中央银行的资产业务项目包括如下：

1. 贴现及放款

中央银行作为最后贷款人对商业银行提供资金融通，主要的方式包括再贴现和再贷款。还有财政部门的借款和在国外金融机构的资产。

2. 各种证券

其主要指中央银行的证券买卖。中央银行持有的证券一般都是信用等级比较高的政府证券。中央银行持有证券和从事公开市场业务的目的不是为了盈利，而是通过证券买卖对货币供应量进行调节。

3. 黄金和外汇储备

黄金和外汇储备是稳定币值的重要手段，也是国际间支付的重要储备。中央银行承担为国家管理黄金和外汇储备的责任，也是中央银行的重要资金运用。

4. 其他资产

其主要包括待收款项和固定资产。

二、中央银行资产负债表主要项目间的关系

对资产负债表主要项目之间关系的分析可以从以下两个方面进行：

（一）资产和负债的基本关系

在中央银行的资产负债表中，由于自有资本也是其资金运用的来源之一，因此将其列为负债方，但实际上，自有资本不是真正的负债，其作用也不同于一般负债。因此，如果把自有资本从负债中分列出来，资产与负债的基本关系可以用以下三个公式表示：

$$资产 = 负债 + 自有资本 \tag{3-1}$$

$$负债 = 资产 - 自有资本 \tag{3-2}$$

$$自有资本 = 资产 - 负债 \tag{3-3}$$

上述三个公式表明了中央银行未清偿的负债总额、资本总额、资产总额之间基本的对应关系。式 3 - 1 表明了中央银行的资产持有额的增减，在自有资本一定的情况下，必然会导致其负债的相应增减。换言之，如果资产总额增加，则必然创造或增加其自身的负债或资本金；式 3 - 2 表明，中央银行负债的多少

取决于其资产与自有资本之差,在自有资本一定的情况下,如果中央银行的负债总额增加了,则其必然扩大了等额的债权;式 3 – 3 表明,在中央银行负债不变时,自有资本的增减,可以使其资产相应增减。例如负债不变而自有资本增加,则可以相应增加外汇储备或其他资产。

(二)资产负债各项目之间的对应关系

从对货币供应影响的角度分析,资产方主要项目和负债方主要项目之间存在着一定的对应关系,这种对应关系大致可以概括为以下三点:

1. 对金融机构债权和对金融机构负债的关系

对金融机构的债权包括对存款货币银行和非货币金融机构的再贴现和各种贷款、回购等;对金融机构的负债包括存款货币银行和非货币金融机构在中央银行的法定准备金、超额准备金等存款。这两个项目反映了中央银行对金融系统的资金来源与运用的对应关系,也是一国信贷收支的一部分。当中央银行对金融机构债权与负债总额相等时,不影响资产负债表内的其他项目;当债权总额大于负债总额时,若其他对应项目不变,其差额部分通常用货币发行来弥补;反之,当债权总额小于负债总额时,则会相应减少货币发行量。由于中央银行对金融机构的债权比负债更具主动性和可控性,因此,中央银行对金融机构的资产业务对于货币供应有决定性作用。

2. 对政府债权和政府存款的关系

对政府的债权包括对政府的贷款和持有的政府债券总额,政府存款在中国还包括部队存款等财政性存款。这两种项目属于财政收支的范畴,反映了中央银行对政府的资金来源与运用的对应关系。当这两种对应项目总额相等时,对货币供应影响不大;但在其他项目不变的情况下,若因财政赤字过大而使中央银行对政府债权大于政府存款时,会出现财政性的货币发行;反之,若政府存款大于政府债权,则将消除来自财政方面的通货膨胀压力,并为货币稳定提供支持。

3. 国外资产和其他存款及自有资本的关系

当上述两个对应关系不变时,若中央银行国外资产的增加与其他存款及自有资本的增加相对应,不会影响国内基础货币的变化;反之,则将导致国内基础货币的净增加。因此中央银行国外资产业务是有条件限制的,对基础货币有重要影响。

需要说明的是,这三种关系的分析也是相对而言的,在现实的资产负债业务活动中,中央银行可以在各有关项目之间通过冲销操作来减轻对货币供应的影响,也可以通过强化操作来加大对货币供应的作用。

(三)中央银行业务反映其调控职能

首先,中央银行的资产业务都形成货币供给,直接影响货币供应量。当需要采取扩张性货币政策时,中央银行增加资产业务,购买政府债券或向商业银行提供再贷款和再贴现,增加商业银行体系的准备金,提高其创造信用的能力。反之,中央银行减少资产业务,收缩货币供应。

其次,中央银行的负债业务,除货币发行外,对货币供应的影响是收缩性的。因此,中央银行负债项目的增加,将减少商业银行的准备金,降低其信用创造能力;反之,则加强。

总之,根据调控经济的需要,中央银行通过调整自身资产与负债业务,对商业银行体系的准备金数额加以影响,调节金融机构的信用创造能力,进而调整货币供给量,以实现货币政策目标。

三、中国人民银行的资产负债表

中央银行资产负债表是银行性业务中资产负债业务的综合会计记录。中央银行履行职能所开展的资产负债业务的种类、规模和结构,都综合地反映在一定时期的资产负债表上。由于各国中央银行所处的金融制度、信用制度以及政策环境各不相同,其资产负债表所包含的内容并不完全相同,但也有许多相似之处。这里我们主要介绍中国人民银行的资产负债表。

(一)中国人民银行资产负债表的构成

1. 资产

从图 3 - 1 可以看出,近年来人民银行的总资产处于持续、稳定增长状态,从 2005 年的 103 676 亿元上升到 2011 年的 280 977 亿元,年均增幅 24.4%。

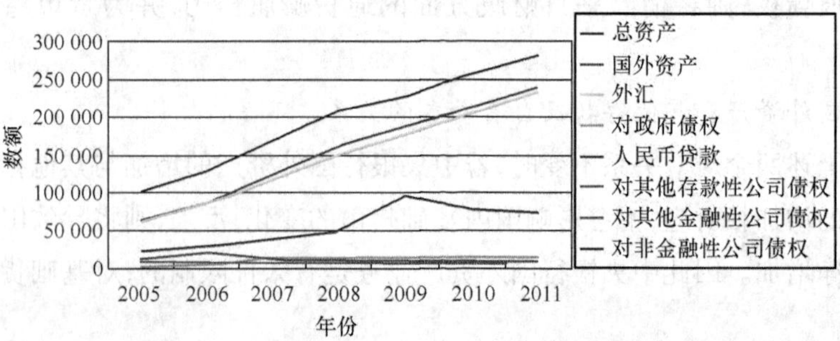

图 3 - 1　中国人民银行资产负债表规模及主要资产的变化(单位:亿元)

(1)国外资产。所谓国外资产,是指国外资产与国外负债轧抵后的净额,包括中国人民银行所掌握的外汇储备、黄金储备以及国际金融往来的头寸净值。从图3-1可以发现,人民银行近几年的国外资产一直增长较快,这其中最主要的原因是我国外汇储备的连年快速增长,外汇储备占中国人民银行国外资产的比例一直保持在90%以上。

(2)对政府的债权。所谓对政府的债权,主要是指中国人民银行对政府的借款以及买断的国家债券。从图3-1可以看出,从2005年以来中国人民银行对政府的债权一直是负增长,规模逐年减小,这一方面是由于政府融资渠道越来越市场化和多元化;另一方面也是由于《中国人民银行法》限制了中国人民银行对政府借款和买断国债的行为。

(3)对其他存款性公司债权。这主要是指中国人民银行对商业银行等一般性存款机构发放的信用贷款、再贴现等性质的融资和持有的特定存款机构的债券。我国的商业银行有:中国工商银行、中国农业银行、中国建设银行、中国银行、中国农业发展银行、交通银行、光大银行、中信实业银行、华夏银行、广东发展银行、深圳发展银行、招商银行、上海浦东发展银行、福建兴业银行、中国民生银行、烟台住房储蓄银行以及各个城市商业银行等。其他一般性存款机构包括城市信用社、农村信用社、财务公司等。特定存款机构包括金融信托投资公司、金融租赁公司、国家开发银行、中国进出口银行。从图3-1可以看出,近年来中国人民银行对其他存款性公司的债权一直处于比较稳定的状态,主要原因是商业银行筹资渠道较为丰富,比起央行较高的再贷款、再贴现率,商业银行向其融资的积极性不高,其更愿意从同业市场进行拆借。

(4)对其他金融性公司的债权。这主要指对我国证券公司、保险公司等公司的债权。从图3-1可以看出,除了2006年中国人民银行对其他金融性公司的债权较高,为21 949亿元,其后一直逐年缩小,至2011年为10 643亿元。这与人民银行的自身定位,以及我国分业监管的金融管理格局有关,人民银行主要负责货币政策制定以及金融系统的宏观审慎管理,证券公司、保险公司等非银行金融机构在金融体系稳定时期,较少与中央银行发生债权债务关系。

(5)对非金融公司持有的债权。这主要指中国人民银行为支持“老少边穷”地区经济开发所发放的专项贷款。从图3-1可以看出,人民银行这方面的数额逐年减少,至2011年缩减到24亿元。这与人民银行自身的职能定位以及融资市场化的趋势是相吻合的,当前随着我国金融体系、产品的不断深入发展,“老少边穷”地区主要通过发行债券、银行贷款、财政扶贫资金等渠道筹措资金。

2. 负债

从图 3 – 2 可以看出,近年来中国人民银行的总负债增长也较明显,但与美联储的资产负债表相比,人民银行的总负债增长较为温和。美联储自次贷危机后,几次量化宽松货币政策的实施导致其总负债呈跳跃式增长,未来随着其量化宽松的逐步退出,可以预见其负债规模也会出现大幅度下降,这些都显示出其资产负债表波动的剧烈性。

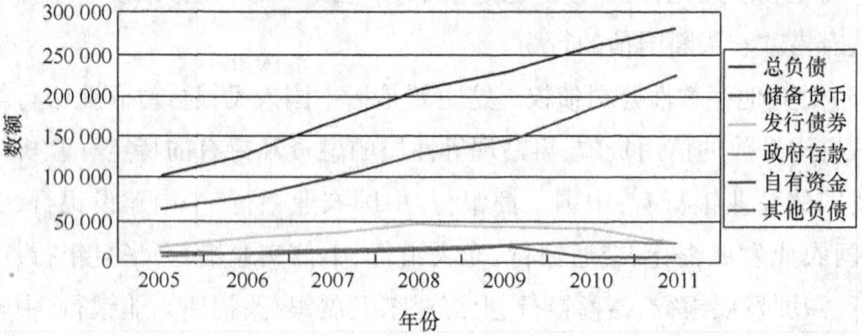

图 3 – 2 中国人民银行资产负债表规模及主要负债的变化(单位:亿元)

(1)储备货币。这主要包括中国人民银行所发行的货币及商业银行的库存现金,各金融机构依法缴存中国人民银行的法定存款准备金和超额准备金,邮政储蓄转存款和金融机构吸收的由财政拨款形成的部队、机关团体等的财政性存款(1998 年起部队存款改由开户的金融机构支配,但机关团体存款仍属于财政存款全部缴存中央银行)。从图 3 – 2 可以看出,人民银行近年来储备货币增长较快,而其中占较大比例的是商业银行的存款准备金,这是由于近年来我国商业银行存贷款业务增长较快,从而导致其在中央银行缴存的准备金数额逐年上升。

(2)发行债券。这主要是指中国人民银行发行的融资债券。从图 3 – 2 可以看出,人民银行在债券发行上一直较为稳定,波动性较小。

(3)政府存款。这主要是指各级财政在中国人民银行账户上预算收入与支出的余额。从图 3 – 2 可以看出,受我国经济发展稳定、财政收入逐年增加的影响,人民银行国库账户的资金出入规模也出现稳步增加。

(4)自有资金。这主要是指中国人民银行的资本金和信贷基金。近年来,人民银行的自有资金没有发生变化,均保持在 219 亿元的规模。

(5)其他负债。这主要是指在表中未作分类的负债,包括其他资产与其他负债轧抵后的差额。从图3－2可以看出,人民银行其他负债在2009年达到了高峰,为18 653亿元,其后出现回落,至2011年降到6 437亿元。

(二)中国人民银行资产负债表的特点

1. 资产负债表反映中央银行宏观调控特点

中国人民银行的资产负债表反映其运作状况。我国中央银行的资金运用主要是:外汇、对其他存款性公司债权、对其他金融性公司债权,这反映出巨额的外汇占款对人民币的币值和货币发行造成很大影响。中央银行的资金来源主要是货币发行、金融性公司存款,中央银行通过发行中央银行票据,作为冲销市场过多流动性的工具。

2. 中央银行的资产与负债业务的关系是资产引起负债

商业银行贷款业务的增加是建立在存款规模扩大的基础之上的。商业银行先有负债,才能扩大资产业务;负债业务的规模对资产业务的扩大有一定的制约作用。

对于中央银行来说,负债业务对其资产业务的约束并不存在。首先,它没有类似的准备金存款,也没有任何一个在它之上的机构保管它的存款;第二,它不需要库存现金,现金货币由其完全垄断发行和印制。中央银行扩大资产业务,必然相应形成商业银行的准备金;商业银行从其准备金账户提取现金以满足流通所需时,中央银行有能力予以保证。所以,中央银行的资产业务会引起商业银行的准备金存款和现金发行之和与之相对应。这就是中央银行运作的特点所在。

如果把中央银行的资产负债表高度概括,则结果如表3－2所示。

表3－2　中央银行资产负债简表

资产	负债
各种贷款和占款	以商业银行准备存款为主的存款、现金的发行

虽然中央银行资金运用不受资金来源的限制,但这并不意味着中央银行可以滥用货币发行的权力。中央银行承担着稳定货币的任务,货币价值的波动成为约束中央银行货币发行的力量。同时,中央银行操作透明度的提高,也强化了对中央银行行为的约束。

第二节 中央银行的货币发行业务

在现代中央银行制度下,货币发行已成为中央银行专属的垄断性业务,中央银行货币发行的类型、货币发行的原则、货币发行的准备制度等直接关系到中央银行能否有效地控制流通中的货币量,实现稳定物价、稳定币值的政策目标。

一、货币发行业务的含义和划分

货币发行具有两重含义:一是指货币从中央银行的发行库,通过各家商业银行的业务库流到社会;二是指货币从中央银行流出的数量大于从流通中回笼的数量。货币发行是央行的主要负债业务,也是基础货币的主要构成部分。央行通过货币发行业务,在满足商品流通扩大和经济发展需要的同时,还有利于其履行各项职能。集中货币发行是央行制度形成的经济根源之一,当今各国央行均享有垄断货币发行的特权。

货币发行按其性质划分,可分为经济发行和财政发行两种。经济发行是指中央银行根据国民经济发展的客观需要,通过正常的信用渠道增加货币供应量的行为。货币经济发行既有利于避免流通中货币供应量过多引发的通货膨胀,也能有效地避免流通中货币供应量不足引发的通货紧缩,确保币值稳定,为经济发展创造一个良好的金融环境。财政发行是指为弥补国家财政赤字而发行货币的行为。由于没有真实的经济增长作为基础,财政发行所增加的货币会形成超经济需要的过多货币量,容易引起市场供求失衡和物价上涨。中国不允许中央银行以这种方式投放基础货币。《中国人民银行法》第 29 条规定,中国人民银行不得对政府财政透支,不得直接认购、包销国债和其他政府债券。第 30 条规定,中国人民银行不得向地方政府、各级政府部门提供贷款,不得向非银行金融机构以及其他单位和个人提供贷款,但国务院决定中国人民银行可以向特定的非银行金融机构提供贷款的除外。

二、货币发行的原则

为保证货币发行能满足经济发展对货币所提出的客观要求,各国中央银行都制定了货币发行的原则,主要包括:

（一）垄断发行原则

统一货币发行是中央银行制度形成的最基本动因之一。当今世界各国大多都用法律形式规定中央银行垄断货币发行权。遵循垄断货币发行原则，就是要求货币发行权高度集中统一于中央银行。中央银行垄断货币发行具有很多积极意义：一是有利于统一币制，以避免多头分散发行所造成的货币流通混乱和经济动荡；二是有利于中央银行货币政策的制定和执行，以调控货币供应和宏观经济运行；三是有利于增强中央银行的经济实力，以满足中央银行履行职能的需要；四是使货币发行的利润归政府所有，保证政府得到一定的收益。

（二）弹性原则

弹性原则是指货币发行应具有一定的伸缩性和灵活性，以适应经济状况变化的需要。弹性原则要求把握好货币发行的"度"，使货币发行既要满足经济增长和经济发展的需求，避免通货不足而导致通货紧缩、经济衰退，又要严格控制货币发行数量，避免因通货过多造成通货膨胀、经济过热。

（三）信用保证原则

所谓信用保证原则，是指中央银行应建立一定的货币发行准备制度，使其货币发行有一定的黄金或有价证券作为保证。在现代不兑现信用货币制度下，严格遵守信用保证原则发行纸币显得尤其重要。只有使纸币的发行量与客观的国民经济发展水平、客观货币需要量之间保持相对应关系，才能保证币值的稳定，进而保证社会经济乃至政治的安定。

三、货币发行准备制度

货币发行准备制度是为约束货币发行规模维护货币信用而制定的，要求货币发行者在发行货币时必须以某种金属或资产作为发行准备。发行准备主要有两类：一是现金准备，即以金银、外汇等具有极强流动性的资产作为准备。这种准备形式为货币发行提供了现实的价值基础，有利于货币的稳定，但是缺乏弹性，不利于中央银行根据经济发展的需求调节货币的发行。二是保证准备（即证券准备），即以短期商业票据、短期国库券、政府公债等可在金融市场上交易、流通的证券作为准备。这种准备形式虽然解决了现金准备难以实现弹性发行的问题，但是中央银行控制货币发行的难度却增大了。

（一）主要发行准备制度

1. 现金准备发行制

货币的发行必须以100%的黄金、外汇等现金作为发行准备。这种制度虽能防止货币过度发行,但缺乏应有的弹性。

2. 证券保证准备制

货币发行以政府公债、短期国库券、短期商业票据等作为发行准备。这种发行容易造成货币的财政发行,使发行成为弥补财政赤字的工具。

3. 现金准备弹性比例制

增加发行的钞票数超过了规定的现金比率时,国家对超过法定现金准备部分的发行课征超额发行税。如果钞票回笼或准备现金增加,且达到规定比例,则免征发行税,以限制中央银行过度发行货币。

4. 证券保证准备限额发行制

在规定的一定发行限额内,中央银行可以全部用规定证券作为发行准备,但超过限额的发行,必须以十足的现金作为准备制度。这种制度有利于限制货币的财政性发行,但弹性较低。

(二)主要国家和地区的货币发行准备制度

货币发行准备制度的选择既与该国及地区当前的政治经济条件相关,又与其历史文化传统相关。这意味着,从横向来看,不同国家及地区在同一时期可根据本国国情选择不同的货币发行准备制度;从纵向来看,各国及地区的货币发行准备制度又不是一成不变的,可在不同的历史时期实行不同的货币发行准备制度。

1. 美国的货币发行准备制度

1980 年以前,美国实行的是现金准备弹性比例发行制。联邦储备券的发行必须以黄金或黄金证券作为准备,准备率也不得低于流通量的 40%。如果低于 40%,联邦储备委员会会对其征收超额发行累进税。当联邦储备银行被征收超额发行税时,它对商业银行的再贴现率也会提高,因而其部分税收将会在贴现率中得到补偿。而当贴现率提高时,商业银行的贷款成本就会增大,需求也就会减少,从而使货币的发行量随之降低。因此,征收超额发行税可以在一定程度上保证货币流通的稳定。1980 年之后,随着黄金的非货币化,美联储改为实行证券准备限额发行制,货币的发行必须有 100% 的合格证券作为保证。这些合格证券包括:黄金证券、美国联邦政府债券、经联邦储备银行审登合格的商业票据、抵押票据、银行承兑票据和地方政府发行的债券。

2. 英国的货币发行准备制度

英格兰银行是世界上最早集中全国货币发行业务的中央银行。1884 年的《银行条例》规定英格兰银行发行银行券必须要有足额的黄金储备,以政府债券作准备的信用发行量不能超过 1 400 万英镑。随后，频繁爆发的经济危机突破了 1 400 万英镑的限制。1939 年公布的货币法改革了英国的货币发行制度，规定了货币发行总额的最高限额，限额内可以完全地以政府债券或其他证券作为发行准备，但英格兰银行可以根据自身持有的黄金数量超额发行。英格兰银行目前的货币发行已变为完全的证券准备发行制。

3. 日本的货币发行准备制度

日本实行现金准备弹性比例发行制。大藏大臣规定最高发行限额，日本银行在这个范围内发行货币。在连续进行限度外发行超过 15 日时，需经大藏大臣许可，超过 15 日须征收发行税。发行准备包括金银、外汇、三个月到期的商业票据、银行承兑票据及三个月内到期的以票据、国家债券、其他有价证券及金银、商品为担保的放款等。金银和外汇之外的保证物品充当保证的限度由大藏大臣决定，不同的时期有着不同的比例要求。在此限度外，金银和外汇也与其他保证物同样处理。现行的日本银行制度对本位货币准备没有特别要求。

4. 中国香港特别行政区的货币发行准备制度

因为香港没有真正意义上的中央银行，香港行政当局将货币发行权授予汇丰银行、渣打银行和中国银行。按照香港的法律规定，发行港元必须有 100% 的等值外汇资产作为准备金。其基本做法是：当发钞银行根据业务需要（即经济活动的需要）发行钞票时，须按照 7.7 ~ 7.8 港元兑 1 美元的比率，将与所发钞票等值的美元上缴港府的金融管理局，换得金融管理局出具的“负债证明书”。该负债证明书写明金融管理局对发钞银行负有多少金额的美元债务，以此为凭可发行多少金额的港元钞票。当金融管理局要求收回其“负债证明书”时，向相应发钞银行支付与“负债证明书”中载明的相同数额的美元，则该发钞银行须将等值的港元钞票回笼。香港以 100% 的外汇作为货币发行准备，有利于本地区货币的稳定。

四、人民币的发行与管理

人民币是我国的法定货币。自成立以来，中国人民银行分别于 1948 年 12 月 1 日、1955 年 3 月 1 日、1962 年 4 月 20 日、1987 年 4 月 27 日和 1999 年 10 月 1 日，先后陆续发行了五套人民币。现在人民币已形成纸币与金属币、普通纪念币与金属纪念币等多品种、多系列的货币体系。截至 2009 年 10 月，中国人民银行共发行人民币 38 900.51 亿元，占当期负债总额 224 991.54 亿元的 17.29%。

（一）人民币发行的原则

中国人民银行是我国唯一的货币发行机构，独立承担货币的印刷、发行、调拨、兑换等职责。中国人民银行发行货币的基本原则是根据货币流通规律的要求，适应商品流通的需要；发行权高度集中统一，对货币发行实行计划管理；坚持经济发行，保持币值稳定；独立自主发行，不依附外币。

（二）人民币发行机构及业务

人民币的具体发行是由中国人民银行设置的发行基金保管库即发行库来办理的，如图3－3所示。货币发行业务就是人民币从发行库进入业务库，再从业务库进入流通的过程，其中，发行库是为国家保管待发行货币（发行基金）的金库。长期以来，我国的货币发行机构比照中国人民银行的分支机构设置，分为四级。各级人民币发行库主任由同级中国人民银行行长担任。其主要职能包括：保管人民币发行基金；办理人民币发行基金出入库和商业银行等金融机构的现金存取业务；办理中国人民银行业务库现金收付业务；负责回笼现金的整理清点等。此外，根据需要，中国人民银行总行还在部分地区设置了总行重点库和代保管库。业务库则是商业银行基层行（处、所）为了办理日常现金收付业务而建立的金库，它保留的现金是商业银行现金收付的周转金和营运资金的组成部分，经常处于有收有付的状态。

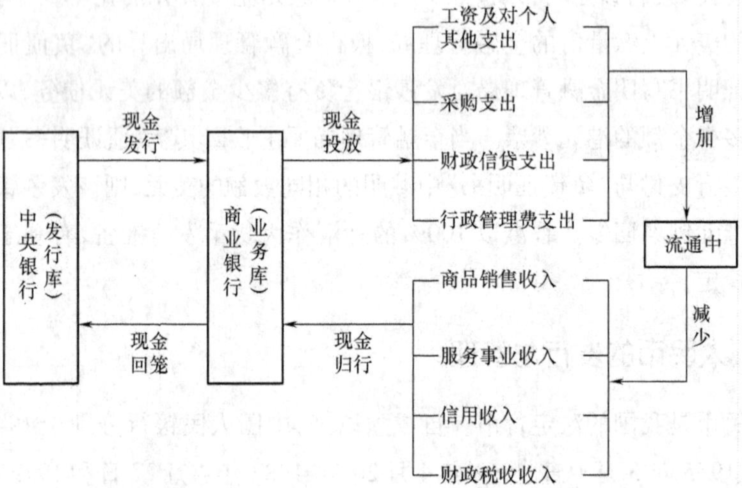

图3－3　人民币现金流通的程序和渠道

（三）发行基金

发行基金是指中国人民银行人民币发行库保存的未进入流通的人民币，其主要来源是中国人民银行总行所属印钞企业按计划印制解缴发行库的新人民币和开户的金融机构缴存发行库的回笼款。中国人民银行设立人民币发行库，在其分支机构设立分支库，负责保管人民币发行基金。分支库调拨人民币发行基金，应当按照上级库的调拨命令办理。任何单位和个人不得违反规定，动用发行基金。发行基金和现金本质上是不同的，现金是处于流通状态的货币，而发行基金则是尚未发行的货币。发行基金从发行库进入业务库成为现金，现金则从业务库缴存到发行库成为发行基金。

（四）发行基金计划

发行基金计划是指在一定时期内，中央银行发行或回笼货币的计划。发行基金计划是一个差额计划，由货币投放、货币回笼和货币净投放三部分组成。其中，货币投放的主要渠道有：工资及个人其他支出、城镇储蓄存款支出、农副产品采购支出、行政企业管理费支出及其他支出等；货币回笼的主要渠道有：商品销售收入、服务事业收入、税收收入、储蓄存款收入和其他收入等。发行基金计划通过货币投放和货币回笼的差额，即货币净投放反映一定时期内的货币数量的变化。只有充分考虑货币发行和回笼的发行基金计划才符合社会经济对流通中货币的客观需求。

（五）货币发行管理

为了保证人民币的正常流通，中国人民银行不仅要负责货币的发行，还要负责货币的管理。货币发行管理的内容很多，一般可概括为 4 个方面：一是规定发行库和业务库的职能及其区别；二是对发行基金的运送管理；三是反假币及票样管理；四是人民币出入境限额管理。

（六）货币发行收入

虽然发行货币是中央银行的负债业务，但中央银行在发行货币的同时又形成资产业务，因此发行货币会给中央银行带来收益。这个收益可以说是国家赋予中央银行的，因此中央银行应该在扣除自身开展业务的成本后，将收益上缴给国家。

第三节 中央银行的存款业务

收取存款是中央银行的主要负债业务之一。中央银行的存款一般可分为商业银行等金融机构的准备金存款、政府存款、非银行金融机构存款、外国存款、特定机构和私人部门存款等。

一、中央银行存款业务的目的和意义

从资产与负债的关系看，央行与商业银行的差异在于：商业银行是资金来源决定资金运用，而央行则是资金运用创造了资金来源。尽管如此，央行的存款业务仍具有重要的意义，这表现为：

（一）有利于调控信贷规模与货币供应量

中央银行的存款业务是中央银行调节社会信用、调节货币供应量的基础，也是所有货币政策工具操作的基础。法定存款准备金制度的建立，使所有金融机构必须按规定比率向中央银行缴存准备金，法律赋予中央银行调整准备金比率的权力，使中央银行能够根据经济发展的情况，流通中货币供求关系、物价和利率水平的变动，调整准备金比率，以此调节存款货币银行在中央银行准备金存款的数量及其信用创造能力和支付能力，间接调整货币供应量。同时，中央银行也可以利用集中的准备金存款对金融机构开展贴现与贷款业务，有利于在不影响货币总量供给的情况下执行“最后贷款人”职能。

（二）有利于维护金融业的安全

中央银行集中保管商业银行准备金，最初目的是维护金融体系的流动性，这是中央银行行使最后贷款人职能的基础之一。一些国家将法定存款准备金率的高低与资本充足率挂钩，对资本充足率高的银行实行相对较低的准备金率要求。这一做法加强了对商业银行稳健经营、注重资产质量、防范风险的外在约束，有利于维护整个金融体系的安全稳定。

（三）有利于国内的资金清算

中央银行是一国资金清算中心，金融机构和财政部门等将款项存入中央银行，便于中央银行提供资金清算等服务，使债权债务关系得以顺利结算，加速资金周转，提高资金使用效率。在已经取消法定存款准备金要求的国家，如英国、加拿大等，商业银行仍然在中央银行开设账户，存入一定的款项，主要是为了满足结算的需要。

二、中央银行存款业务的特点

中央银行作为特殊的金融机构，其性质和职能决定其存款业务不同于一般商业银行的存款业务。中央银行的存款业务具有以下 4 个方面的特点：

（一）存款原则具有特殊性

从存款的原则来看，中央银行的存款业务具有一定的强制性，商业银行办理存款业务应遵循“存款自愿、取款自由、存款有息、为存款人保密”的原则；而中央银行吸收存款，往往遵循一国的金融法规制度，具有一定的强制性。存款准备金制度便是典型的例证。世界上大多数国家的中央银行都要通过法律手段，对商业银行、非银行金融机构的存款规定存款准备金比率，强制要求商业银行按规定比率上缴存款准备金。另外，对于财政部门、邮政机构的存款，一些国家也不同程度地以法律形式规定其必须转存中央银行。

（二）存款动机具有特殊性

从存款的动机来说，中央银行吸收存款是出自金融宏观调控和监督管理的需要，是执行中央银行职能的需要。商业银行大力吸收存款，是为了扩大资金来源，利用规模效应降低存款成本，从而扩大资金的运用，争取盈利。因此，商业银行吸收存款，组织资金来源的最终目标是利润最大化；而中央银行吸收存款，更多的是为了便于调控社会信贷规模，监督管理机构的运作，从而达到稳定币值等目的。

（三）存款对象具有特殊性

从存款的对象来说，商业银行直接吸收社会个人、工商企业的存款，中央银行却不直接面对个人、工商企业，而是收存商业银行、非银行金融机构、政府部门及特定部门的存款。这是由中央银行的性质和职能决定的。

（四）存款当事人关系具有特殊性

从存款当事人的关系来说，商业银行与存款当事人之间是一种纯粹的经济关系，个人、工商企业到银行存款，是为了保值和获取利息，商业银行吸收存款是为了扩大资金的来源而争取盈利，存款人和银行之间是一种平等互利的经济关系。而中央银行与存款当事人之间除经济关系外，还有管理者与被管理者的关系，两者之间并非是完全平等的经济利益关系。

三、准备金存款业务

准备金存款是中央银行存款业务中最重要和最主要的内容，与存款准备金制度直接有关。存款准备金制度是中央银行根据法律规定，为了维持金融机构资产流动性和进行宏观货币管理的需要，规定从事存款业务的金融机构缴存中央银行存款准备金的比率和结构，并根据货币政策的要求对既定比率和结构进行调整，实现对社会货币供应量调节控制目的的制度。

（一）存款准备金的定义

存款准备金是商业银行等存款货币银行按吸收存款的一定比例提取的准备金。它由以下部分组成：

自存准备金，即存款货币银行为应付客户的提取而以库存现金持有的准备金。

法定准备金，即存款货币银行按照法律规定必须按一定比率将吸收的存款转存中央银行的准备金。

超额准备金，即存款货币机构在中央银行存款中超过法定准备金的部分。

（二）准备金存款业务的基本内容

1.规定存款准备金比率

在存款准备金制度下，存款货币银行吸收的存款不能全部用于放贷或投资，而要按照法定比率提取准备金并缴存中央银行。例如，如果法定存款准备金比率为10%，那么吸收存款100万元，其中10万元必须作为法定存款准备金缴存中央银行。

由此可见，存款准备金比率的高低直接制约着存款货币机构的业务规模和创造派生存款的能力。因此，可以通过改变存款准备金比率，控制存款货币机构的放贷和投资能力，达到调节货币供应量的目的。就存款准备金比率规定的具体内容来看，有以下方法：

首先，按照存款类别规定准备金比率。仅仅从期限来说，存款就有期限长短不一的各种类型。存款的期限越短，货币性越强。因此，很多国家根据存款的期限长短，规定不同的准备金比率。一般来说，准备金比率按活期、定期、储蓄的顺序逐步提高。但是，也有特殊情况，如有些国家为了抑制定期存款的增加，反而对定期存款规定较高的准备金比率。也有很多国家，不管存款的类别，规定统一的准备金比率。

其次，按照金融机构的类型、规模、经营环境规定不同比率。同样是存款货币银行，也有各种不同的类型，其规模、所处地区、经营环境等千差万别，其信用创造能力也各不相同。因此，不少国家按照金融机构的类型、规模、经营环境规定不同的比率。一般来说，商业银行、规模较大以及经济比较发达地区的存款货币银行信用创造能力较强，法定存款准备金比率就较高；反之则较低。

由于存款准备金比率的调整对存款货币银行的信用创造能力影响较大，调整效果过于强烈，因此，有些国家会对法定存款准备金比率的调整幅度进行规定。

2. 规定可充当法定存款准备金的内容

由于金融资产的流动性不断提高，金融机构不一定要以现金的形式持有准备金。因此，很多金融机构根据流动性，将金融资产划分为一线准备和二线准备。不少国家对法定存款准备金的内容也进行了不同的规定，例如美、德、法等国将库存现金计入存款准备金，而在日本和意大利则不能。

3. 确定存款准备金计提的基础

首先，确定计算准备金存款的数量。通常有三种方法：即日平均余额法、旬末余额法和月末余额法。

日平均余额法就是每日计算准备金存款的余额，具有及时性和保证性，有利于防止存款货币机构将法定准备金用于资产业务和中央银行准确地通过准备金比率控制货币量。但是，计算和管理比较繁琐，难以保证执行。旬末余额法和月末余额法的优点是比较简便，容易操作。但是，不能准确反映存款的实时变化。存款货币银行可能通过在期末暂时挪用其他资金冲抵法定准备金或暂时压低存款余额的方法，逃避法定存款准备金比率的管制，导致中央银行通过法定存款准备金比率控制货币数量能力被削弱。

其次，确定缴存存款准备金的基期。也有两种方法：

第一种是当期准备金账户制，即一个结算期的准备金以当期的存款数作为计提基础。

第二种是前期准备金账户制，以上一个结算期的存款余额作为计提基础。

（三）我国中央银行的准备金存款业务及其特点

中国人民银行在1984年开始专门行使中央银行职能之后，建立了存款准备金制度。

1. 法定存款准备金比率的确定

在最初阶段（1984年4月1日之后）按存款种类分别核定，例如企业存款20%、储蓄存款40%、农村存款25%。1985年虽然改为统一比率，但是其主要针对的是国有金融机构。对城市信用合作社实行的是较高的准备金比率。图3－4是我国历年存款准备金率变化图。

2. 存款准备金由两部分组成

中国人民银行规定，存款准备金不能用于支付和清算。因此，按照规定，金融机构在中国人民银行还开设一般存款账户，即备付金存款，用于金融机构之间的资金收付。

以此可见，过渡时期我国存款准备金制度不同于发达市场经济国家，由存

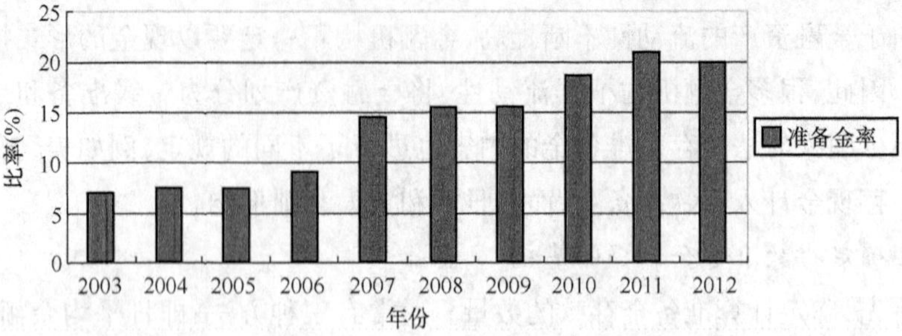

图 3-4　我国历年法定存款准备金率变化图

款准备金和备付金分别发挥集中资金和金融机构之间清算的作用。1998 年 3 月 21 日,法定存款准备金和备付金合并为“准备金存款”。

3. 中国人民银行对法定存款准备金和备付金支付利息

一般来说,中央银行不对法定存款准备金支付利息,这是因为:首先,法定存款准备金的缴存是强制性的,并不需要通过利息率的高低进行调整;其次,中央银行以提供结算服务为补偿;最后,如果支付利息的话,中央银行将把这部分费用转移到给金融机构的贷款中,反而使事务处理复杂化。而且,如果支付利息,可能造成金融机构在中央银行存款的动机,削弱中央银行通过存款准备金比率的调整调节货币数量的作用。

但是,中国人民银行却对准备金存款支付利息。这是因为,在我国金融职能逐步替代财政职能的过渡时期,政府仍然需要通过中央银行集中一部分资金用于政策性项目的投资,所以,我国的法定存款准备金比率较之发达国家高很多,如果不支付利息,将会影响存款货币金融机构的经营。但是,这也仅是暂时性的措施,随改革的深入必将取消对准备金存款的利息支付。

4. 准备金存款的计提

我国存款准备金制度规定实行前期准备金账户制以及旬末和月末分别计算基期的方法。即在城市的存款货币银行的分支机构按上旬末存款余额计算准备金比率,并于 5 日内进行缴存。城市信用合作社和存款货币机构在县以及县以下的分支机构按照上月末存款余额计算准备金比率,并于 8 日内缴存。

四、中央银行的其他存款业务

(一)政府存款

各国政府存款的构成有些差异。有些国家政府存款就是指中央政府的存款,而有的国家则将各级地方政府的存款、政府部门的存款也列入其中。即便如此,政府存款中最主要的部分仍是中央政府存款。中央政府存款一般包括国库持有的货币、活期存款、定期存款及外币存款等。中国人民银行资产负债表中“中央政府存款”是指各级财政在中国人民银行账户上预算收入与支付的余额。

(二)非银行金融机构存款

非银行金融机构在中央银行的存款,有的国家中央银行将其列为准备金存款业务,按法定要求办理;有的国家中央银行则将其单独作为一项存款业务,在这种情况下,中央银行的这些存款业务就有较大的被动性,因为非银行金融机构的存款不具有法律强制性,没有法定的存款缴存比率。通常它们将存款存入中央银行的主要目的在于清算,存多存少由它们自主决定,但中央银行可以通过存款利率的变动加以调节。

(三)外国存款

这项存款或是属于外国银行或者属于外国政府,它们持有的这些债权构成了本国的外汇,随时可以用于贸易结算和清算债务,存款数量多少取决于它们的需要,这一点对于中央银行来说有较大的被动性。从另一方面来说,虽然外国存款对本国外汇储备和中央银行基础货币的投放有影响,但由于外国存款数量较小,其影响力也不大。

(四)特定机构和私人部门存款

特定机构是指非金融机构,中央银行收存这些机构的存款,或是为了特定的目的,如对这些机构发放特别贷款而形成的存款,或是为了扩大中央银行资金来源。中国人民银行收存的特定机构存款主要有机关团体、部队的财政性存款,1998 年以前这部分存款由开户国有商业银行吸收后全部缴存中央银行,1998 年存款准备金制度改革后,部队存款由吸收存款的商业银行作为资金来源使用,按规定的存款准备比率上缴存款准备金,机关团体存款仍然作为财政性存款,100% 上缴中国人民银行。私人部门的存款多数国家法律规定不允许中央银行收存,即使个别中央银行收存,也仅针对特定对象,且数量很小。

(五)特种存款

特种存款是指中央银行根据商业银行和其他金融机构信贷资金的营运情况,以及银行银根松紧和宏观调控的需要,以存款的方式向这些金融机构集中一定数量的资金而形成的存款。特种存款业务作为调整信贷资金和信贷规模的重要措施,成为中央银行直接信用的方式之一。特种存款业务有以下特点:

一是非常规性，中央银行一般只在特殊情况下为了达到特殊目的而吸存；二是特种存款业务对象具有特殊性，一般很少面向所有的金融机构；三是特定存款期限较短，一般为一年；四是特种存款的数量和利率完全由中央银行确定，具备一定的强制性，特定金融机构只能按规定的数量或比率及时足额地完成存款任务。

第四节　中央银行的其他负债业务

中央银行的负债业务除了存款业务、货币发行等主要业务以外，还有一些业务也可以成为中央银行的资金来源，并引起中央银行资产负债表负债方的变动，如发行中央银行债券、对外负债和资本业务等。

一、发行中央银行债券

发行中央银行债券是中央银行的主动负债业务，具有可控制性、抗干扰性和预防性的特点。中央银行债券的发行对象是国内金融机构。中央银行通过债券的发行及买卖以影响商业银行等金融机构的储备，灵活调节货币供应量。当中央银行购入债券时，商业银行等金融机构的超额准备增加，货币供应量也相应增加；当中央银行出售债券时，商业银行等金融机构的超额准备减少，货币供应量也就相应减少。许多发展中国家，由于金融市场不发达，可供进行公开市场操作的工具少，因而更多地利用中央银行债券作为操作工具。

中央银行一般在以下两种情况下发行中央银行债券。

一种情况是当金融机构的超额准备金过多，而中央银行又不便采用其他货币政策工具进行调节时，可以通过向金融机构发行中央银行债券回笼资金，减少流通中的货币。

第二种情况是在公开市场规模有限，难以大量吞吐货币的国家，作为公开市场操作的工具。

例如，2002 年 9 月 24 日，中国人民银行将 6 月 25 日至 9 月 24 日在公开市场正回购的未到期 91 天、182 天和 364 天国债，共 1 937.5 亿元置换为中央银行票据。因为 2002 年下半年，由于经常项目和资本项目的顺差引起外汇占款急剧增加，大量资金涌入国债市场，导致国债价格上涨和利率下跌。中国人民银行为了调节利率,通过正回购回笼货币又引起国债价格下跌和利率上涨。利率的跌宕起伏,引发投资者的利率风险。因此,中国人民银行发行中央银行票据达到既回笼资金,又避免过分影响国债价格的目的。

二、对外负债

中央银行对外负债的主要目的有三个:平衡国际收支、维持汇率稳定和应付危机。可以采取的形式主要有:向外国银行借款、对外国中央银行负债、向国际金融机构借款、向外国发行中央银行债券。以应付危机为例,20 世纪 90 年代以来,墨西哥、阿根廷、泰国、日本等国家都发生过货币危机或金融危机,为了应对危机,中央银行需要对外负债以增强干预市场的能力。此次美国次贷危机中,美联储也通过对外负债的方式来获取资金,以对本国金融体系进行救助。

三、资本业务

中央银行资本业务实际上就是筹建、维持与补充自有资本的业务。它与央行的资本金形成有关,央行资本来源决定了其资本业务。

央行的资本来源主要有 4 条途径:①中央政府出资;②地方政府或国有机构出资;③私人银行或部门出资;④成员国中央银行出资。从央行资本所有权来看,目前有完全归政府所有的趋势,即使是资本属私人部门所有的央行,股东也无权干预和影响央行的货币政策和业务经营。无论其资本构成如何,央行实际上都是国家机构的重要组成部分,其管理监督权也因此属于国家,资本所有权已成为无关紧要的问题。

中央银行资本的构成主要包括:①法定资本:其具体数额通常会在一国中央银行法中有所规定;②留存收益:是央行业务盈利扣除股息和损失准备、重估准备拨付后的部分;③损失准备:包括一般损失准备和特殊损失准备;④重估储备:是为未实现的资产和负债重估后可能损失的拨备。由于有些国家规定留存收益全部上缴国家财政,而提取重估储备对一国中央银行的财务会计制度要求较高,因此不少国家央行资产负债表上的全部资本仅表现为法定资本和损失准备。我国情况亦如此。《中国人民银行法》(2003 年版)第 39 条明确规定中国人民银行的盈利按核定比例提取总准备金后全部上缴中央财政。

需要指出的是,央行资本业务的重要性不能与一般金融机构相提并论,它并不是央行运营的基础,而且在技术上央行可以零资本运作。但在实践中,央行大都或多或少持有一些资本,以此作为其运作中风险承担的最后防线。央行出现负资本时,会影响其货币政策的独立性。尤其是在面临危机时,维持央行正资本的法律承诺尤为重要。我国央行运作中的全部损失由中央财政承担,这等于做出了维持正资本的承诺,但并没有明确具体指标。

本章小结

中央银行的负债业务主要由货币发行业务、存款业务和其他负债业务构成。

货币发行业务是中央银行的主要负债业务之一。货币发行按其性质划分,可分为经济发行和财政发行两种。中央银行货币发行的原则主要包括:垄断发行原则、弹性原则、信用保证原则。货币发行准备制度是为约束货币发行规模维护货币信用而制定的,要求货币发行者在发行货币时必须以某种金属或资产作为发行准备。货币发行准备制度的选择既与该国及地区当前的政治经济条件相关,又与其历史文化传统相关。人民币是我国的法定货币,自成立以来,中国人民银行先后陆续发行了五套人民币。

存款业务是中央银行重要的负债业务之一。央行存款不同于商业银行存款,商业银行是资金来源决定资金运用,而央行则是资金运用创造了资金来源。中央银行的存款业务具有4个方面的特点:存款原则具有特殊性、动机具有特殊性、对象具有特殊性、当事人关系具有特殊性。准备金存款是中央银行存款业务中最为主要的一项。存款准备金的计提基础主要是各种存款余额,中央银行还对法定准备金率规定允许变动的范围,中央银行可在这一规定范围内改变准备金比率。

中央银行的其他负债业务主要有:发行中央银行债券、对外负债、资本业务等。

复习思考题

1. 货币经济发行与财政发行的区别是什么?
2. 中央银行货币发行必须遵循哪些原则?
3. 试比较美国、英国、日本和中国的货币发行准备制度?
4. 中央银行存款业务的特点有哪些?

5. 中央银行的存款业务与商业银行的存款业务有何不同?

【参考文献】

[1]黄达. 金融学[M]. 北京:中国人民大学出版社,2003.

[2]张强,陈新国. 中央银行学[M]. 北京:首都经济贸易大学出版社,2003.

[3]王广谦. 中央银行学[M]. 北京:高等教育出版社,1999.

[4]陈学彬. 中央银行概论[M]. 北京:高等教育出版社,2000.

[5]毛泽盛,卞志村. 中央银行学[M]. 北京:人民出版社,2009.

[6]徐刚,沈禹钧. 中央银行学概论[M]. 上海:上海财经大学出版社,2000.

[7]王珍. 中国外汇储备管理研究[M]. 北京:中国金融出版社,2007.

[8]王爱俭,王景武. 中国外汇储备投资多样化研究[M]. 北京:中国金融出版社,2009.

[9]付一书. 中央银行学[M]. 上海:复旦大学出版社,2012.

[10]赵何敏,黄明皓. 中央银行学[M]. 北京:清华大学出版社,2012.

第四章

中央银行的资产业务

【本章结构】

- 中央银行的资产业务
  - 中央银行的再贴现业务
    - 中央银行再贴现业务的作用
    - 中央银行再贴现业务的一般规定
    - 中国人民银行的再贴现业务
  - 中央银行的贷款业务
    - 中央银行贷款业务分类
    - 中央银行对商业银行贷款业务开展方式
    - 中央银行贷款的特点
    - 中央银行贷款业务与再贴现业务的区别
    - 中国人民银行的贷款业务
  - 中央银行的证券买卖业务
    - 中央银行证券买卖业务的目的
    - 中央银行证券买卖的种类
    - 中央银行证券买卖的形式
    - 中央银行证券买卖业务的特点
    - 中央银行证券买卖与贷款的区别
    - 中国人民银行的证券买卖业务
  - 中央银行的储备资产业务
    - 中央银行储备资产的构成
    - 中央银行储备资产的作用
    - 中央银行储备资产的管理
    - 中国人民银行的储备资产业务

【学习目标】

1. 掌握中央银行各项资产业务
2. 掌握中央银行再贴现业务的一般规定
3. 掌握中央银行贷款业务的种类与特点
4. 掌握中央银行证券买卖业务的目的与形式
5. 掌握中央银行储备资产的作用与管理

【本章提要】

中央银行的资产是指中央银行所持有的各种债权。中央银行的资产业务是中央银行通过对这些债权的操作与处理，进而实现中央银行职能的手段，是对所持有资产的运用。它主要包括再贴现业务、贷款业务、证券买卖业务和黄金外汇储备业务等。本章主要阐述中央银行的各项资产业务。

【关键术语】

再贴现率　信用放款　担保放款　抵押放款　附回购协议的证券买卖　储备资产业务

第一节　中央银行的再贴现业务

再贴现是相对于贴现而言的，商业银行将其贴现取得的票据在未到期以前卖给中央银行，得到中央银行贷款以融通资金的方式，称为再贴现。再贴现业务是中央银行实现货币政策意图，调节市场货币供应量，调控国家宏观经济的手段之一。同时也是中央银行履行"最后贷款人"职能的工具之一。

一、中央银行再贴现业务的作用

再贴现的作用主要体现在以下4个方面：

第一，再贴现率的调整将影响商业银行的筹资成本，进而影响商业银行的信贷规模，最终影响一国货币的供给。次贷危机期间，美联储连续11次下调再贴现率,在缩小再贴现率与联邦基金利率差别的同时,降低金融机构再贴现的成本。从 2007 年 8 月开始至 2008 年 12 月,美联储将其再贴现率由 5.75% 调至 0.5% 的水平。在下调过程中,多次降幅高达 75%,使得本国的信贷紧缩得到了有效缓解。

第二,再贴现是中央银行履行最后贷款人职能的具体手段。商业银行等金融机构在日常的经营过程中可能会面临资金周转困难或挤兑的危机。正常情况下,可以通过同业拆借市场来解决,但是当问题很严重时,中央银行作为最后贷款人通过再贴现或者贷款业务向商业银行等金融机构提供资金融通就显得十分重要。

第三,再贴现政策的运用具有一定的告示效果。比如,中央银行降低再贴现率就意味着中央银行实行的是一种扩张性的货币政策。商业银行从中央银行获得资金的成本降低,则其放款以及对外贷款的积极性升高,整个宏观经济体的货币供给随之增加。

第四,再贴现是中央银行实施产业信贷政策的重要工具。中央银行既可以通过直接规定再贴现的票据种类和再贴现额度,又可以通过直接对国家重点产业、行业和产品目录的商业票据规定一个比商业银行贴现率低的再贴现率,引导商业银行加大、加快这些票据的贴现与再贴现,扶植国家重点产业、行业的发展。

二、中央银行再贴现业务的一般规定

(一)规定再贴现业务开展的对象

许多国家允许商业银行和金融机构办理再贴现,但也有一些国家对于再贴现对象有较严格的规定。例如,美国联邦储备体系的再贴现业务只限于会员银行;英格兰银行的贴现对象是英国 11 家贴现商业银行,而不是众多的商业银行,贴现商业银行可随时要求英格兰银行贴现其持有的一级证券或银行汇票。

(二)再贴现的票据种类

在早期的再贴现业务中,中央银行对商业银行再贴现票据的信用品质管制较严,一般规定以确定有价值的真实票据为限。随着再贴现政策成为一种以变动贴现率和再贴现率为主的数量管制工具,再贴现票据的种类也有所增加。一般说来,商业银行可以以客户借款时提供的票据办理再贴现,也可以以中央银行接受的其他抵押品作保证而申请贷款。可以用作抵押品的有政府债券和经审查合格的商业票据。

（三）再贴现金额和利率的确定

1. 再贴现金额

再贴现时实付的金额按原承兑汇票票面余额扣除再贴现利息计算：

$$再贴现实付金额 = 票据面额 - 贴息额$$

$$再贴现利息 = 票据面额 \times 日再贴现率 \times 未到期天数$$

$$日再贴现率 = 年再贴现率 \div 360$$

例如，将一张票面金额为 1 000 万元、未到期天数为 20 天的银行承兑汇票进行贴现，其年再贴现率为 2.25%，则再贴现金额为：

$$1\ 000 - (1\ 000 \times 2.25\% \div 360 \times 20) = 998.75（万元）$$

2. 再贴现率

通常再贴现率是采取定期挂牌的方式公布的。一般而言，再贴现利率不同于随市场资金供求状况变动的利率，它是一种官定利率，根据国家的信贷政策所规定。大多数国家将再贴现率作为“基准利率”，用来反映中央银行的政策意向，其他的利率则随着再贴现率的变化而变化。此外，再贴现利率还是一种短期利率，因为申请贴现的合格票据，其期限一般不超过 3 个月。因此，再贴现业务属于货币市场的范畴。

（四）再贴现额度的规定

由于再贴现利率在大多数国家略低于货币市场利率，商业银行在资金不足和其他条件许可时，通常希望通过再贴现窗口取得资金。因而，有些国家的中央银行为了强化货币政策与金融监管的配合，对银行的再贴现总金额加以限制。例如德国中央银行建立了再贴现总额制度，再贴现总金额由中央银行理事会确定。

再贴现总额在确定之后，还可根据当前经济社会发展需要进行调整。如 2013 年，我国全国再贴现额度为 1 455 亿元，而 2013 年以来，为了贯彻落实国务院关于金融支持经济结构调整和转型升级政策措施的工作部署，引导信贷资金进一步支持实体经济，中国人民银行又累计安排增加 165 亿元的再贴现额度，用于支持金融机构扩大对小微企业和“三农”的信贷投放。

（五）再贴现的收回

再贴现的票据到期时，中央银行通过票据交换和清算系统向承兑单位或承兑银行收回资金。如承兑单位账户存款不足，由承兑单位开户银行将原票据按背书行名退回申请再贴现的商业银行，按逾期贷款处理。

三、中国人民银行的再贴现业务

自 1986 年中国人民银行在上海等中心城市开始试办再贴现业务以来，再贴现业务经历了试点、推广到规范发展的过程。再贴现作为中央银行的重要货币政策工具,虽然起步较晚,但是随着制度建设的规范,其规模也迅速发展,在完善货币政策传导机制、促进信贷结构调整、引导扩大中小企业融资、推动票据市场发展等方面发挥了重要作用。

1994 年下半年,为解决一些重点行业的企业货款拖欠、资金周转困难和部分农副产品调销不畅的状况,中国人民银行对"五行业、四品种"(煤炭、电力、冶金、化工、铁道和棉花、生猪、食糖、烟叶)领域专门安排 100 亿元再贴现限额,推动上述领域商业汇票业务的发展。再贴现作为选择性货币政策工具,为支持国家重点行业和农业生产开始发挥作用。1995 年末,人民银行规范再贴现业务操作,开始把再贴现作为货币政策工具体系的组成部分,并注重通过再贴现传递货币政策信号。人民银行初步建立了较为完整的再贴现操作体系,并根据金融宏观调控和结构调整的需要,不定期公布再贴现优先支持的行业、企业和产品目录。

1998 年以来,为适应金融宏观调控由直接调控转向间接调控,加强再贴现传导货币政策的效果、规范票据市场的发展,中国人民银行出台了一系列完善商业汇票和再贴现管理的政策。包括:改革再贴现、贴现利率生成机制,使再贴现利率成为中央银行独立的基准利率,为再贴现率发挥传导货币政策的信号作用创造了条件;适应金融体系多元化和信贷结构调整的需要,扩大再贴现的对象和范围,把再贴现作为缓解部分中小金融机构短期流动性不足的政策措施,提出对资信情况良好的企业签发的商业承兑汇票可以办理再贴现;将再贴现最长期限由 4 个月延长至 6 个月。

为有效发挥再贴现促进结构调整、引导资金流向的作用,2008 年以来,中国人民银行进一步完善再贴现管理:适当增加再贴现转授权窗口,以便于金融机构尤其是地方中小金融机构法人申请办理再贴现;适当扩大再贴现的对象和机构范围,城乡信用社、存款类外资金融机构法人、存款类新型农村金融机构,以及企业集团财务公司等非银行金融机构均可申请再贴现;推广使用商业承兑汇票,促进商业信用票据化;通过票据选择明确再贴现支持的重点,对涉农票据、县域企业和金融机构及中小金融机构签发、承兑、持有的票据优先办理再贴现;进一步明确再贴现可采取回购和买断两种方式,提高业务效率。

据统计,2013 年第一季度,企业累计签发商业汇票 5.4 万亿元,同比增长 35.1%;期末商业汇票未到期余额 9.2 万亿元,同比增长 27.9%。3 月末,承兑余额较年初增加 8 973 亿元,同比多增 3 296 亿元。从行业结构看,企业签发的银行承兑汇票余额集中在制造业、批发和零售业。从企业结构看，由中小型企业签发的银行承兑汇票约占2/3。票据承兑的持续稳定增长有效加大了对实体经济，特别是对中小企业的金融支持。

第二节 中央银行的贷款业务

中央银行的贷款业务是指中央银行向商业银行、政府及其他部门进行放款的行为。与商业银行类似，中央银行贷款既可采用信用贷款方式，也可采用担保贷款或抵押贷款方式。在现代经济中，与再贴现业务一样，中央银行的贷款业务不仅是中央银行提供基础货币、调控货币供应量的重要渠道，还是中央银行履行“最后贷款人”职能的具体手段。另外，当财政收支出现不平衡时，中央银行的贷款业务也能发挥重要作用。

一、中央银行贷款业务分类

中央银行作为银行的银行和政府的银行，在商业银行或政府出现资金紧张时，有责任向它们提供信贷支持，以解决它们资金周转上的困难。中央银行贷款主要分为以下几种：

（一）对商业银行的贷款

中央银行对商业银行的贷款又叫最后贷款，因此中央银行也被称为最后贷款人。当然，中央银行并不能无限制地向商业银行发放贷款，各国的中央银行通常都会对商业银行向中央银行借款的限额加以限定，以防止商业银行利用中央银行低利贷款转手进行高利放贷。此外，各国政府还规定商业银行在申请贷款时必须报送资金营运或财务情况报表，说明贷款的理由和资金用途，中央银行再根据货币政策的需要、货币流通状况和提出申请的商业银行的实际情况来决定是否贷款，及贷款的金额、期限和利率。

（二）对政府的贷款

中央银行对政府的贷款是为了弥补政府在提供公共服务过程中出现的暂时性收支失衡。一般通过两种渠道：向政府直接提供贷款和买入政府债券。为了防止中央银行向政府过度贷款而引起通货膨胀，各国都对中央银行对政府的贷款进行严格的控制，大多数国家都把直接贷款限定于短期，并通过法律或协议限制贷款的额度。与中央银行对政府的贷款业务相比,商业银行对政府的贷款不受限制,主要是因为商业银行对政府的贷款不会给通胀带来直接的压力。

（三）其他贷款

除对商业银行和政府贷款外,中央银行还可对外开展一些其他贷款业务。按照贷款的对象,可将这些贷款分为三种:

一是对其他金融机构贷款,如政策性银行、金融信托公司和租赁公司、证券公司、财务公司、保险公司等。

二是对非金融部门的贷款,此类贷款一般都是有特定的目的和用途,贷款对象的范围也比较窄。

三是对外国政府和金融机构的贷款,如中日韩三国和东盟十国签订的货币互换协议规定,如果协议签订国发生国际支付困难,其他签订国使用本国货币提供贷款,这就构成了对外国政府的贷款。

二、中央银行对商业银行贷款业务开展方式

中央银行对商业银行贷款的方式主要有三种:

（一）信用放款

信用放款,是指中央银行根据商业银行的信誉而提供的一种贷款,通常期限较短。中央银行对这种贷款额度的控制很严,只有少数信用极高的大型商业银行,而且还要在中央银行放松银根的时候才能获得这种优惠贷款,因此信用贷款在中央银行对商业银行贷款中所占的比重很小。

（二）担保放款

担保放款,是指商业银行以其客户发出的合格的商业票据为担保向中央银行申请的贷款。这种贷款的手续较为复杂,中央银行必须要审核这些作为担保的票据,风险较大,现在基本上已被再贴现所取代。

（三）抵押放款

抵押放款,是指商业银行将其持有的政府债券或其他有价证券交给中央银行作抵押申请的贷款。一般商业银行所抵押的证券都有较为活跃的二级市场,因此这种贷款的风险较小,目前中央银行对商业银行发放的贷款多属于此类。

随着金融市场的发展和金融创新,虽然商业银行的融资渠道和融资手段都日益增加,但中央银行仍然是商业银行解决临时资金需要和保证支付的最终途径。

三、中央银行贷款的特点

(一)贷款期限以短期为主

以短期贷款为主主要是为了保证中央银行资产的高度流动性。中央银行在调节一国宏观经济中的地位和作用,决定了其资产必须保持高度的流动性,这样才能在需要时,立刻启动资金进行货币政策操作。《中国人民银行法》第四章第28条明确规定,中国人民银行根据执行货币政策的需要,可以决定对商业银行贷款的数额、期限、利率和方式,但贷款的期限不得超过一年。但中国人民银行为帮助发生支付危机的金融机构缓解支付压力、恢复信誉,防止出现系统性或区域性金融风险而发放的人民币紧急贷款,期限可最长为两年。

(二)贷款不以营利为目的

不以营利为目的是中央银行与一般商业银行的本质区别。作为一国宏观金融调控部门,中央银行贷款业务应以调节控制利率水平、信贷规模以及货币供应量,从而维护金融稳定、保证经济健康运行为目标。

(三)贷款一般不直接对工商企业及个人发放

中央银行贷款发放的对象一般不包括工商企业及个人,这也是由中央银行的性质和职能决定的。中央银行可作为最后贷款人,保证商业银行的最终清偿能力和流动性,避免因为金融恐慌而造成的金融体系的混乱。工商企业与个人是商业银行的主要业务对象,如果中央银行也经营这些贷款业务,必然会与商业银行形成竞争。这样不仅不利于整个金融机构体系的发展,也不利于货币政策的传导与目标的实现。

四、中央银行贷款业务与再贴现业务的区别

(一)业务范畴不同

中央银行的贷款业务不仅包括抵押贷款,还包括信用贷款和担保贷款。而再贴现业务,实质上相当于中央银行以商业票据为抵押而向商业银行发放贷款。因此,中央银行的贷款业务比再贴现业务范围广泛。

(二)利息给付方式不同

贷款业务的利息可以是在还本时一次性支付,或者是在贷款期间分期支付,一般不会预先支付。而再贴现是商业银行通过贴现的方式,从中央银行取得低于其商业票据票面价值的货币资金的行为,因此,在贴现时就向中央银行预先支付了利息。

（三）贷款回收方式不同

贷款业务中，对于抵押贷款来说，到期时中央银行收回贷款并将抵押品返还给商业银行；而在再贴现业务中，当再贴现票据到期，中央银行通过向票据承兑人要求承兑并付款来收回款项。

（四）贷款安全程度不同

信用贷款的偿还与否，完全取决于借款人，贷款到期时中央银行不一定能收回或全部收回所贷款项。而再贴现业务与抵押贷款业务有“抵押品”作保障，因而安全程度较高。这也是目前大多数国家对中央银行发放信用贷款限制严格的原因。

五、中国人民银行的贷款业务

贷款作为中央银行调控基础货币的渠道之一，中央银行对金融机构实施贷款额度控制，同时运用临时性贷款主动调节基础货币供应量。通过调整贷款的利率，中央银行也可影响市场利率，进而同时影响商业银行的货币扩张能力和社会的货币需求。自1984年中国人民银行专门行使中央银行职能以来，再贷款一直是我国中央银行的重要货币政策工具。

1993～1997年间，贷款是中国调控货币量最灵活的手段，而1997年后，作为基础货币主要支持对象的商业银行资金需求不大，贷款作为基础货币主渠道的作用已经退居次位，调整货币信贷结构和引导扩大县域和“三农”信贷投放上升为贷款的主要职能。

支农再贷款是人民银行为支持扩大涉农信贷投放，引导增加农户贷款，促进改善农村金融服务的惠农政策业务。央行通过运用支农再贷款政策，可以支持金融机构扩大涉农信贷投放。2012年，央行对全国累计安排增加支农再贷款额度681亿元，主要用于涉农贷款占比较高的西部和粮食主产省（区），年末全国支农再贷款限额2 203亿元，余额1 375亿元，比年初增加281亿元；当年累计发放支农再贷款2 090亿元，比上年增加382亿元。从地区分布看，西部地区和粮食主产区支农再贷款限额及余额占全国的比重均超过90%。支农再贷款支持农村金融机构扩大涉农信贷投放取得明显效果，2012年末，全国农村金融机构涉农贷款余额5.3万亿元，同比增长16.0%。总体看，支农再贷款政策的实施，对引导金融机构扩大涉农信贷投放、改善农村金融服务发挥了积极作用，有助于促进实现粮食生产“九连增”，有力推动了农村社会事业的发展和农村面貌的改善。

第三节　中央银行的证券买卖业务

在多数发达国家，证券买卖业务是中央银行吞吐基础货币，调节市场流动性的主要货币政策工具，通过中央银行与指定交易商进行有价证券和外汇交易，实现货币政策调控目标。1999 年以来，证券买卖业务已成为中国人民银行货币政策日常操作的重要工具，对于调控货币供应量、调节商业银行流动性水平、引导货币市场利率走势发挥了积极的作用。

一、中央银行证券买卖业务的目的

中央银行通过公开市场买卖证券的目的在于以下两点：

（一）调节和控制货币供应量

这是中央银行买卖证券的基本出发点。尽管中央银行在买卖证券的过程中会取得一些差价收益，但这并不是中央银行买卖证券的根本目的。英国中央银行英格兰银行在 2009 年 3 ~ 6 月的三个月内，通过购买国债和公司债等措施，为信贷市场增加了 750 亿英镑的货币供应量。并且在“定量 750 亿英镑”不变的情况下，又宣布追加 500 亿英镑，将资产收购规模扩至 1 250 亿英镑，以应对由美国次贷危机引起的“深度”全球经济衰退。

（二）配合准备金率和再贴现率这两个政策工具的运用

由于准备金率调节货币供应量的效果过于猛烈，而再贴现率又显得过于被动，所以各国中央银行在运用这三大货币政策工具时，都十分注意它们之间的配合使用，以免给经济造成不必要的震荡。比如，2009 年 1 月 5 日，美国联邦储备委员会启动了高达 5 000 亿美元的抵押贷款支持证券购买项目，主要购买由房地美、房利美和吉利美三家住房抵押贷款融资机构未出售的未清偿抵押贷款支持证券，相当于该类证券市场总规模的 1/9。而为了保住经济刺激举措带来的经济复苏成果，同年 8 月，美联储一方面继续维持基准利率在 0 ~ 0.25% 的水平不变，另一方面，延长购买美国长期国债计划至 2010 年年底。

二、中央银行证券买卖的种类

中央银行通过公开市场买卖证券，一般不在一级市场买卖证券，只能在证券交易市场即二级市场买卖证券。这是由中央银行的性质决定的，也是由中央银行资产必须保持高度的流动性这一特殊要求所决定的。而在公开市场被中央银行买卖的证券通常只能是政府公债、国库券以及其他市场流动性极高的有价证券。从交易品种看，中国人民银行债券交易主要包括回购交易、现券交易和发行中央银行票据。中央银行不能购买没有正式上市资格，在证券交易所不能挂牌的有价证券。另外，各国法律也通常规定其中央银行不能买卖本国证券之外的有价证券。

三、中央银行证券买卖的形式

中央银行买卖证券一般有两种形式：

（一）直接买卖（或一次性买卖）

当中央银行认为需要增加或减少商业银行的超额准备金时，就会一次性直接购买或出售某种证券，一般由证券商出面，按高价出售，按低价购进，一直到购足或售足为止。

这种直接买卖可以通过两种方式进行，即现券买断和现券卖断。前者为央行直接从二级市场买入债券，一次性地投放基础货币；后者为央行直接卖出持有债券，一次性地回笼基础货币。

（二）附有回购协议的买卖

当中央银行需要临时调剂商业银行的准备金时，就采取附有回购协议的形式进行买卖，在购买时就定下协议，卖者必须在指定的日期按商定价格再购回那些原出售的证券。

回购交易分为正回购和逆回购两种。正回购为中国人民银行向一级交易商卖出有价证券，并约定在未来特定日期买回有价证券的交易行为。正回购为央行从市场收回流动性的操作，正回购到期则为央行向市场投放流动性的操作。逆回购为中国人民银行向一级交易商购买有价证券，并约定在未来特定日期将有价证券卖给一级交易商的交易行为。逆回购为央行向市场上投放流动性的操作，逆回购到期则为央行从市场收回流动性的操作。

四、中央银行证券买卖业务的特点

（一）不以营利为目的

中央银行在进行证券买卖时，除了可以取得一定的利息收入以外，还可能因证券买卖价差产生一定的收益或损失。但其主要以调节控制宏观经济中的货币量为目的，不考虑是否能够盈利。

（二）具有更大的主动性与灵活性

证券买卖业务是由中央银行主动发起的资产业务，其可以根据市场运行与宏观经济需要进行证券的买卖活动，在证券买卖的方向、时间、品种、数量等方面，有很大的自主选择空间。而在再贴现和贷款中，业务开展的时间和范围，主要取决于商业银行。因此与贷款和再贴现业务相比，证券买卖业务使得中央银行在调节货币供应量方面，具有更大的主动性和灵活性。

五、中央银行证券买卖与贷款的区别

（一）资金的流动性不同

中央银行的贷款尽管都是短期性的，但也必须到期才能收回；而证券业务则因证券可以随时买卖，不存在到期问题。因此，证券业务的资金流动性高于贷款业务的资金流动性。

（二）收益来源不同

贷款有利息收取问题，通过贷款业务，可以获得一定的利息收入，而未到期的证券买卖没有利息收取问题。只有买进和卖出的价差收益。

（三）对经济、金融环境要求不同

中央银行从事的证券买卖业务对经济、金融环境的要求较高，一般都以该国有发达的金融市场为前提；而从事贷款业务则对经济、金融环境的要求较低，一般国家的中央银行都可以从事贷款业务。

六、中国人民银行的证券买卖业务

中国人民银行从 1998 年开始建立公开市场业务一级交易商制度，选择了一批能够承担大额债券交易的商业银行作为公开市场业务的交易对象。根据中国人民银行于 2013 年 3 月初发表的《公开市场业务公告》（〔2013〕第 2 号），目前公开市场业务一级交易商共包括 48 家商业银行，具体见表 4－1。

表4-1 2013年度公开市场业务一级交易商名单

序号	机构名称	序号	机构名称
1	中国农业银行股份有限公司	25	中国银行股份有限公司
2	中国工商银行股份有限公司	26	交通银行股份有限公司
3	中国建设银行股份有限公司	27	国家开发银行
4	招商银行股份有限公司	28	中国光大银行股份有限公司
5	中国民生银行股份有限公司	29	上海浦东发展银行股份有限公司
6	中信银行股份有限公司	30	兴业银行股份有限公司
7	中国邮政储蓄银行有限责任公司	31	广发银行股份有限公司
8	汉口银行股份有限公司	32	上海银行股份有限公司
9	福建海峡银行股份有限公司	33	北京银行股份有限公司
10	富滇银行股份有限公司	34	南京银行股份有限公司
11	杭州银行股份有限公司	35	恒丰银行股份有限公司
12	平安银行股份有限公司	36	齐商银行股份有限公司
13	广州银行股份有限公司	37	哈尔滨银行股份有限公司
14	江苏银行股份有限公司	38	徽商银行股份有限公司
15	厦门银行股份有限公司	39	河北银行股份有限公司
16	天津银行股份有限公司	40	大连银行股份有限公司
17	贵阳银行股份有限公司	41	洛阳银行股份有限公司
18	长沙银行股份有限公司	42	西安银行股份有限公司
19	上海农村商业银行股份有限公司	43	北京农村商业银行股份有限公司
20	汇丰银行(中国)有限公司	44	花旗银行(中国)有限公司
21	渣打银行(中国)有限公司	45	中信证券股份有限公司
22	第一创业证券股份有限公司	46	国泰君安证券股份有限公司
23	中国国际金融有限公司	47	中银国际证券有限责任公司
24	广州农村商业银行股份有限公司	48	宁波银行股份有限公司

资料来源:中国人民银行网站

这些交易商可以运用国债、政策性金融债券等作为交易工具与中国人民银行开展公开市场业务。近两年,我国央行加强对国内外市场环境和银行体系流动性供求因素的分析监测,合理安排正回购和逆回购操作期限品种、操作规模和频率,灵活开展公开市场操作。

资料链接

2012年上半年,与两次下调存款准备金率政策相配合,中国人民银行以正回购操作为主、逆回购操作为辅实施公开市场双向操作;下半年以来,将逆回购操作作为流动性供给的主要渠道,有效熨平多种因素引起的流动性波动。全年累计开展正回购操作9 440亿元,开展逆回购操作60 380亿元;截至2012年年末,公开市场逆回购操作余额为4 980亿元。

2013年第一季度,人民银行根据春节等季节性特点累计开展短期逆回购操作约1.34万亿元,开展正回购操作2 530亿元。3月末,28天期正回购操作利率为2.75%。三个月质押式债券回购和同业拆借月加权平均利率分别为2.46%和2.47%,分别比上年12月回落0.16个和0.14个百分点,比上年同期回落0.20个和0.11个百分点。

同时,为进一步完善公开市场操作机制,提高公开市场操作的灵活性和主动性,促进银行体系流动性和货币市场利率平稳运行,人民银行于2013年1月18日起启用公开市场短期流动性调节工具(Short-term Liquidity Operations, SLO),作为公开市场常规操作的必要补充,在银行体系流动性出现临时性波动时相机使用。

公开市场短期流动性调节工具以7天期以内短期回购为主,遇节假日可适当延长操作期限,采用市场化利率招标方式开展操作。人民银行根据货币调控需要,综合考虑银行体系流动性供求状况、货币市场利率水平等多种因素,灵活决定该工具的操作时机、操作规模及期限品种等。公开市场短期流动性调节工具的操作对象为公开市场业务一级交易商中具有系统重要性、资产状况良好、政策传导能力强的部分金融机构,包括中国工商银行、中国建设银行、中国农业银行、中国银行、国家开发银行以及交通银行等大型商业银行。

第四节 中央银行的储备资产业务

中央银行的储备资产主要用于国际支付、平衡国际收支和维持其货币汇率的稳定。中央银行的储备资产业务,主要是指中央银行通过管理本国的国际储备,调整储备资产结构,从而增强本国在对外贸易中的话语权以及平衡国际收支,维护本国的宏观经济稳定。

一、中央银行储备资产的构成

中央银行的储备资产一般包括4个组成部分:黄金、外汇、在国际货币基金组织的储备头寸和特别提款权。其中特别提款权以及在国际货币基金组织的储备头寸虽然既安全可靠又可灵活兑现,但由于目前各国还不能随意购入,因此中央银行储备资产业务的核心内容是黄金和外汇储备。

而外汇储备是指以外汇计价的资产,包括现钞、国外银行存款、国外有价证券等,是一个国家国际清偿力的重要组成部分。

二、中央银行储备资产的作用

(一)调节国际收支

中央银行储备资产的首要功能,在于它在一国国际收支困难时发挥着缓冲器的作用。这种缓冲作用可以减弱调整活动所带来的经济波动,其最直接的表现,即当一国的国际收支出现逆差时,可以动用储备资产直接弥补外汇缺口。

以我国为例,1979~1993年,由于外汇短缺、国际储备不足,我国的经济增长受到了很大的制约,国际收支逆差时有出现,这就进一步加剧了外汇的短缺。1994年以后,随着外汇储备的逐步积累,经济增长的技术资源制约得到了较好的解决,国际收支也得到了很大的改善,进一步促进了外汇储备的增加,经济增长形成了良性循环。

(二)稳定币值

作为货币政策的目标之一,币值稳定对于经济稳定发展具有重要意义。当一国发生通货膨胀,需要平抑物价时,中央银行可以通过出售黄金、外汇以回笼本国货币,从而达到稳定币值的目的。

(三)稳定汇率

一国储备资产的规模,反映了其国际支付能力,直接决定着该国货币的信誉以及币值的坚挺或疲软,从而影响到本币的汇率。特别是在浮动汇率制下,中央银行通过买卖黄金、外汇,可以使本国货币汇率保持在一个较为合理的水平上。

1997年始于泰国,并波及马来西亚、菲律宾、印度尼西亚和新加坡等国的东南亚金融危机中，泰国中央银行在历经数月的稳定泰铢汇率的努力后，最终由于外汇储备的不足而宣布放弃了实行13年之久的泰铢与“一篮子”货币挂钩的汇率制度，改为管理式的浮动汇率制。泰国的外汇储备自1990年起就每年只减不增，到1996年2月，其外汇储备只有387亿美元。外汇储备的普遍不足，使得泰国在危机来临、本币受到外汇投机力量的打击时，货币当局没有足够的能力捍卫本国的货币。因此，任何国家，无论大小、强弱，都必须拥有一定数量的、适度的储备资产，才能保证汇率稳定、满足经济发展对外汇的需求。

三、中央银行储备资产的管理

中央银行对于储备资产的管理，主要集中在对外汇储备和黄金储备的管理上。其中，又以对外汇储备的管理为重点。

（一）外汇储备的管理

广义上的外汇储备管理，是指一国政府授权该国货币当局或其他机构，对外汇的收支、买卖、借贷、转移以及国际间的结算、外汇汇率和外汇市场等实行的控制和管制的行为；而狭义上的外汇储备管理，仅指对本国货币与外国货币的兑换实行一定的限制。

1. 外汇管理目标与内容

为了加强国际金融体系，推动促进金融稳定的各项措施和政策，减少成员国的外部脆弱性，国际货币基金组织于2001年9月公布了对外汇储备管理的指导性文件——《外汇储备管理指南》①，明确指出外汇储备管理的目标与内容。

外汇储备管理的目标包括三个方面：一是有充足的外汇储备能够满足各种特定的目标；二是流动性、市场风险和信用风险得到审慎的控制；三是在保证流动性和安全性的前提下，从中长期投资中获取合理的收益。而外汇管理主要是针对一国货币当局能够控制的、并可及时获取的、由公共部门拥有的外国资产的管理，同时还包括对外债、其他短期外汇空头的管理以及衍生金融工具的使用。

2. 外汇管理制度

目前，各国外汇管理制度主要有三种类型：第一种是严格性外汇管制，即对经常项目和资本项目都实行管制，实行这种外汇管制的国家通常经济比较

① Guidelines for Foreign Exchange Reserve Management，IMF，2001.

落后,外汇资金短缺,市场机制不发达,因而试图通过集中分配和使用外汇以维持稳定的汇价、保障国际收支平衡、维护民族经济的发展;第二种是部分型外汇管制,即对经常项目的外汇交易原则上不加限制,但对资本项目的外汇交易进行一定的限制,如日本、丹麦、挪威、法国、意大利等约20个国家;第三种是完全自由型外汇管制,即对经常项目和资本项目的外汇交易均不进行限制,外汇可自由兑换、自由流通、自由出入国境,实行金融自由化。这类国家有美国、英国、瑞士、荷兰、新加坡和外汇储备较多的石油输出国(如科威特、沙特阿拉伯等)。

目前,我国外汇管理体制基本上属于部分型外汇管制,即对经常项目实行可兑换;对资本项目实行一定的管制;对金融机构的外汇业务实行监管;禁止外币境内计价结算流通;保税区实行有区别的外汇管理等。

3. 外汇管理模式

根据外汇储备管理战略目标及操作目标,一般认为国家对外汇储备的管理模式大体可以分为以下两种:

第一种是传统的管理模式,即持有的外汇储备分布在高流动性、安全等级最高的资产上,来实现本国的战略目标。

欧盟、日本还有美国等储备货币国家都奉行相对传统的外汇储备资产管理政策,侧重于利用储备资产干预外汇市场。布雷顿森林体系崩溃后,储备货币国家大多奉行浮动汇率制,汇率的小幅波动无须干预,储备货币国家经济发达,国家信誉很高,一般不持有高额的外汇储备来干预外汇市场,而且不会为了稳定汇率而影响货币政策对国内经济的调控作用。

第二种是积极的管理模式,在兼顾外汇储备的流动性与安全性目标的前提下,追求外汇储备的收益性。新兴市场国家与石油出口国家一般奉行较为积极的外汇管理模式。

新加坡等经济体属于小型的高度开放经济体,对外经济部门占GDP比重相当大,所以把政策重点放在汇率的稳定上,因此持有较多的外汇储备。由于外汇储备持有成本较高,近年来,这些国家对外汇储备都采取了较为积极管理的模式。挪威等石油出口国家与新加坡等经济体类似,通过石油贸易持有了较高的外汇储备。在挪威,外汇储备还承担社会福利职能,因此对外汇储备收益性要求也较高。

4. 外汇储备的运营模式

各国的外汇储备管理采取不同的运营模式,一般可分为两种:第一种,是由政府成立相对独立的投资实体。例如,新加坡的外汇储备管理,是财政部主导下的 GIC + Temasek + MAS“三驾马车”的模式。在此模式中,外汇储备中积极管理部分,由新加坡政府投资公司(GIC)和淡马锡(Temasek)控股负责;而新加坡货币管理局(MAS)持有外汇储备中的消极管理的部分,主要用于干预外汇市场和作为发行货币的保证。第二种是向市场机构分包,这种模式一般结合第一种模式实施。例如,挪威通过公开招标的方式,将国家石油基金的 20% 委托给国际知名的资产管理公司进行运作。

(二)黄金储备的管理

黄金储备的管理意义在于实现其最大可能的流动性与收益性。作为国际储备资产的主要形式之一,黄金储备在流动性上有其自身局限性,因此应考虑其规模适度问题。

表 4-2　世界官方黄金储备一览表(2013 年 5 月)

序号	国家(地区)组织	数量(吨)	黄金占外汇储备(%)
1	美国	8 133.5	75.6
2	德国	3 391.3	72.4
3	欧洲央行	5 02.1	32.7
4	意大利	2 451.8	71.6
5	法国	2 435.4	70.4
6	中国	1 054.1	1.6
7	瑞士	1 040.1	10.2
8	日本	765.2	3.1
9	俄罗斯	981.6	9.6
10	印度	557.7	9.6

数据来源:国际金融统计局(IFS)

四、中国人民银行的储备资产业务

(一)我国的储备资产总量

1996 年底,我国外汇储备首次突破了 1 000 亿美元,此后 4 年,储备上升相对平稳。但从 2000 年起,我国外汇储备呈快速增长趋势。2006 年 2 月底,我国外汇储备余额为 8 537 亿美元,超过日本首次成为全球外汇储备最大持有国。2009 年我国储备余额更突破 2 万亿。图 4－1 和图 4－2 所示分别为我国 1996～2013 年的黄金储备与外汇储备持有情况。

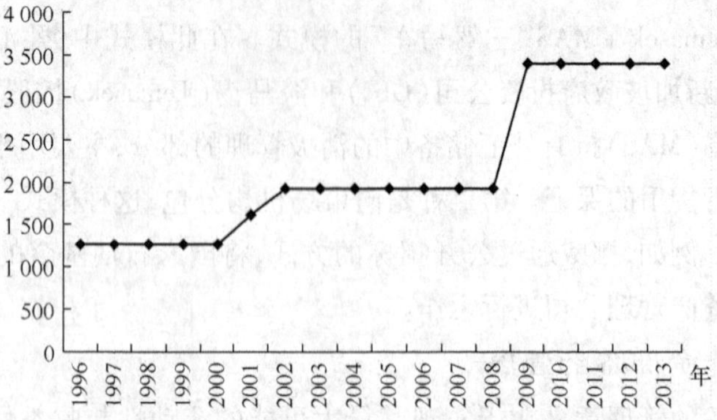

图 4－1　1996～2013 年我国黄金储备（万盎司）

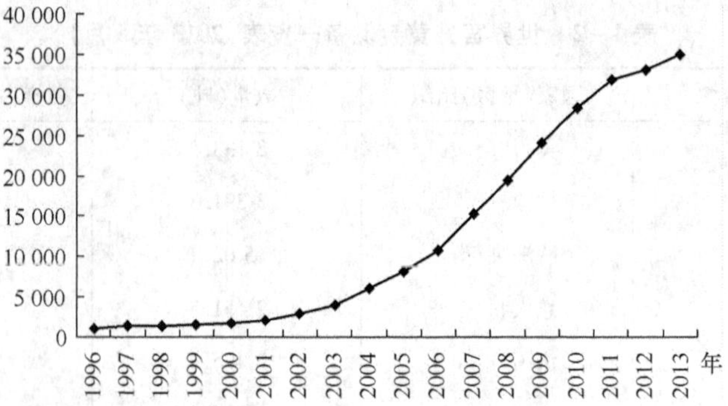

图 4－2　1996～2013 年我国国家外汇储备（亿美元）

我国的黄金储备总量呈现一种水平上升的趋势。从 1996～2000 年，一直保持在 1 267 万盎司的水平；而从 2001 年开始，储备总量逐渐上升至 1 929 万盎司，并在此后的 6 年中保持不变；直至 2009 年，再次升至 3 389 万盎司。截至 2013 年 6 月份，我国的黄金储备总量仍维持在 3 389 万盎司的水平上。

与黄金储备不同，我国的外汇储备从 1996 年起到目前为止，一直保持着不断上升的势头。从 1996 年的 1 050.49 亿美元增加至 2013 年 6 月的 34 966.86 亿美元，储备总量在 17 年间翻了 30 多倍。

（二）我国的储备资产结构

我国国际储备各部分所占的比重很不平衡，黄金储备、特别提款权和在国际货币基金组织的储备头寸偏低，绝大部分储备资产是外汇。其中，黄金储备规模变化不大，截至 2009 年 12 月底约为 1 054.1 吨，仅占外汇储备规模的 1.5% 左右。我国在基金组织中的储备头寸和特别提款权所占比例也非常小。

我国一直没有对外公布外汇储备的结构,外界只能从央行官员及美国政府的公开信息中得到一些有关我国外汇储备结构的信息。在币种结构上,外汇储备由美元、欧元、日元、英镑等储备货币构成,其中美元的比重在70%以上。在资产结构上,我国持有较多的美国政府国债及政府机构债。

(三)中国人民银行的储备资产管理

鉴于我国国际储备的结构特点,中国人民银行的国际储备管理主要集中在外汇储备管理方面。外汇储备的管理需要考虑两个关键问题:一是保持适度规模,二是保持合理结构。

1. 保持适度的黄金外汇储备规模

黄金外汇储备资产过多是对资源的浪费,过少则可能造成国际支付能力的不足,并动摇国际社会对本国货币和外债的信心,因此各国都需要确定并保持一个合适的黄金外汇储备规模。各国应该持有多少黄金外汇储备资产,目前并没有统一的标准。一般来说,商品进口额、对外负债数量与期限、经济的对外依存度、外汇管制以及国际金融环境等都是影响黄金外汇储备资产合理规模的重要因素。从国际经验看,一国黄金外汇储备资产的合理规模至少应控制在相当于本国2~3个月的进口额的水平上。

2. 保持合理的外汇储备结构

自从布雷顿森林体系崩溃之后,各国的储备货币都从单一的美元转变为美元、欧元、日元、英镑等多种储备货币并存的局面。但不同储备货币的汇率、利率的不同波动,给各国的外汇储备管理带来了很大的不确定性。

为保持合理的外汇储备结构,中央银行必须综合考虑我国对外贸易和其他金融性支付所使用的币种;本国外债的币种构成;国际货币体系中各主要储备货币的地位,及其市场的深度、广度和弹性;各种储备货币汇率走势的预测情况;储备货币汇率与利率的比较,汇率与收益率之间的比较,以及有关国家的货币政策;本国的经济发展目标和经济政策的要求。

(四)我国外汇储备管理中存在的问题

虽然巨额的外汇储备有利于维护国家和企业的对外信誉,增强海内外对我国经济和人民币的信心;有利于拓展国际贸易,吸引外商投资,降低国内企业的融资成本;有利于维护金融体系稳定,应对突发事件,平衡国际收支波动,防范和化解国际金融风险。但是,外汇储备的快速飙升带来了一系列新问题,主要表现在:

1. 造成国民福利丧失

因为绝大部分外汇储备被投放于中国境外的金融市场,并未参与到境内资金循环过程中来。

2. 加剧中国人民银行所承受的汇率风险

中国人民银行长期以来一直是外汇市场的出清者,因此在中国人民银行的资产负债表上,资产方的外汇储备不断扩张,资产越来越“外币化”;同时负债方的基础货币外汇占款发行也在飙升,负债越来越“本币化”,中国人民银行面临日益严重的货币错配风险,以至于使国民经济运行中的汇率风险加速向央行集中。

3. 一定程度上影响我国货币政策的独立性

由于外汇储备是由国家购买并储有的,外汇占款的增加直接加大了基础货币的投放,再通过货币乘数效应,造成了货币供应量的大幅度增长,这不仅加剧了物价上升的压力,而且弱化了货币管理部门对货币供应量控制的能力与效应。

本章小结

中央银行的资产业务主要包括再贴现业务、贷款业务、证券买卖业务、黄金外汇储备业务以及其他一些资产业务。

再贴现业务是中央银行主要的资产业务之一。各国中央银行对再贴现业务的开展作出了一般规定,主要包括再贴现业务开展的对象、票据种类、金额与利率的确定方式、再贴现的额度以及收回。中央银行再贴现业务与贷款业务的区别主要表现在业务范畴、利息给付方式、贷款收回方式以及贷款安全程度4个方面。

中央银行的贷款业务主要有对商业银行等存款货币银行的贷款,对非货币金融机构的贷款,对政府的贷款和对非金融部门及国外贷款等几种。这些贷款一般不直接对工商企业及个人发放,贷款期限均以短期为主并且中央银行进行贷款不以营利为目的。

中央银行开展证券买卖业务主要是为了调节和控制货币供应量、配合准备金率和再贴现率这两个货币政策工具的运用。其与贷款业务在资金流动性、收益来源以及对经济、金融环境要求方面存在着显著不同。

中央银行保管和经营黄金外汇储备的主要目的是稳定币值和汇率,调节国际收支。

复习思考题

1. 简述再贴现业务的概念及作用。
2. 中央银行贷款业务主要分为哪几类?
3. 中央银行贷款同商业银行贷款有何异同?
4. 简述中央银行证券买卖的形式。
5. 简述我国外汇储备资产的经营管理。

【参考文献】

[1]张强,陈新国. 中央银行学[M]. 北京:首都经济贸易大学出版社,2003.

[2]王广谦. 中央银行学[M]. 北京:高等教育出版社,1999.

[3]毛泽盛,卞志村. 中央银行学[M]. 北京:人民出版社,2009.

[4]徐刚,沈禹钧. 中央银行学概论[M]. 上海:上海财经大学出版社,2000.

[5]王珍. 中国外汇储备管理研究[M]. 北京:中国金融出版社,2007.

[6]王爱俭,王景武. 中国外汇储备投资多样化研究[M]. 北京:中国金融出版社,2009.

[7]张燕生,等. 现阶段外汇储备的转化与投资策略研究[J]. 世界经济,2007(7).

第五章

中央银行的其他业务

【本章结构】

- 中央银行的其他业务
  - 中央银行的支付清算业务
    - 中央银行支付清算服务的生产和发展
    - 中央银行的支付清算体系
    - 中央银行的支付清算运作
    - 中央银行支付清算的风险及其防范
    - 我国中央银行的支付清算体系
  - 中央银行的经理国库和会计业务
    - 中央银行的经理国库业务
    - 中央银行的会计业务
  - 中央银行的调查统计业务与宏观经济分析
    - 金融统计的对象
    - 金融统计的主要内容
    - 中央银行的经济统计调查
    - 中央银行的宏观经济分析

【学习目标】

1. 掌握中央银行的其他业务的范围

2. 理解中央银行的支付清算体系及其产生、发展和运作

3. 结合金融危机，了解中央银行的支付清算体系存在的风险及如何防范

4. 了解中央银行如何经理国库，如何进行会计核算业务

5. 了解中央银行调查统计业务的主要形式

6. 了解中央银行如何进行宏观经济分析

【本章提要】

中央银行的主要业务除了资产负债业务以外，还有支付清算业务、经理国库与会计业务、统计调查业务和宏观经济分析业务。中央银行作为一国支付清算体系的参与者和管理者，通过一定的方式和途径使金融机构之间的债权债务清偿和资金转移顺利完成。中央银行通过经理国库为国家办理预算资金的收支、政府债券的发行和兑付以及保管政府的黄金和外汇；通过会计业务反映各种金融宏观经济活动和宏观调控引起的资金变化、运行过程和结果；通过调查统计体系获取经济金融信息。本章将对这些业务和职责一一进行论述。

【关键术语】

支付清算　净额结算　全额清算　大额支付系统　小额支付系统

国库　独立国库制　委托国库制　会计业务　调查统计　宏观经济分析

第一节　中央银行的支付清算业务

一、中央银行支付清算服务的产生和发展

（一）中央银行支付清算服务的产生

中央银行的支付清算服务是指中央银行作为一国支付清算体系的参与者

和管理者,通过一定的方式和途径,使金融机构间的债权债务清偿及资金转移能够顺利完成,并维护支付系统的平稳运行,从而保证经济活动和社会生活的正常进行。

中央银行的支付清算服务是随着经济水平的提高和商业银行业务的不断增加而产生的。在商品经济社会,随着生产力的进步,首先出现的是一般的结算(Settlement)和清算(Clearing)这两种实现债权债务清偿和货币资金转移的经济行为。

结算是指为实现因商品交易、劳务供应、金融活动、消费行为等引发的债权债务清偿及资金转移而发生的货币支付。在每一个经济体系中,都存在着与其经济和社会发展水平相适应的结算制度和结算活动。根据支付媒介的不同,结算可分为现金结算和转账结算两大类。现金结算是指以现金为媒介实现的经济交易或消费支付。转账结算是指需要通过银行间的账户设置和一定的结算方式实现各种经济行为引发的债权债务清偿和资金划转,主要工具有支票票据、汇票、转账信用卡、电子汇兑等。在转账结算中,商业银行需要通过一定的清算组织和支付系统,进行支付指令的发送与接收、对账与确认、收付数额的统计轧差、全额或净额清偿等系列程序,这些程序就是所谓的"清算"。

"结算"与"清算"均是社会范围内债权债务得以清偿、资金得以转移的必要手段,只不过两者发生作用的层面有所不同。在社会生活中,几乎所有商业交易都需要进行结算,每个交易者都会在不同的时期、不同的场合、以不同的方式与结算发生关联,因而结算具有广泛的社会性;而清算则更具有专业性,参与者主要是商业银行等金融机构以及提供支付服务的其他中介组织。

随着金融机构业务关系的多元化和复杂化,银行之间即使可以通过建立双边清算机制以实现相互间的资金清算,也不能满足日益复杂的多边清算需求。中央银行作为整个经济体的金融核心,接受商业银行的准备金不存在信用风险和流动风险,因而金融机构都愿意在央行开设账户;并且政府的银行、发行的银行、银行的银行的特殊地位决定了它的权威性。在这种形势下,中央银行的支付清算服务呼之而出。

(二)中央银行支付清算服务的发展

支付(清算)系统的高效运行与现代科技在金融领域的广泛应用密不可分。20世纪70年代以前,支付清算活动主要以手工操作为主,随着票据交换业务量的急剧增长和电子技术的日新月异,纽约清算所同业银行支付系统(Cleaning House Interbank Payment System,简称CHIPS)(1970年开通)、环球银行金融电信协会(Society for World Interbank Financial Telecommunication,简称SWIFT)(1973年5月开通)、清算所自动支付系统(Cleaning House Automated Payment System,CHAPS)(1984年开通)相继推出联网清算服务,极大地提高了支付清算效率,便利了经济、金融活动的参与者。

当今时代,以电子支付工具、数据通讯和数据处理技术组成的电子支付方式已成为金融运行的主流趋势。清算系统电子化、国际化进程是一把双刃剑,一方面它为全球金融一体化注入新的推动力;另一方面也给世人带来许多负面问题,并对中央银行关于支付清算系统的监管提出更高的要求。所以,现代中央银行支付清算既要抓系统技术进步又要抓服务同步发展,同时注意加强国际合作。

二、中央银行的支付清算体系

(一)中央银行支付清算体系的构成

中央银行的支付清算体系是中央银行向金融机构及社会经济活动提供资金清算服务的综合安排,主要包括清算机构、支付(清算)系统及支付清算制度。

1. 清算机构

清算机构(Clearing Institution)是为金融机构提供资金清算服务的中介组织,在各国的支付清算体系中占有重要位置。清算机构在不同国家有不同的组织形式,有票据交换所、清算中心、清算协会等。其中,票据交易所是最传统和最典型的清算机构,专门为金融机构提供票据交换和清算服务。从所有权性质来看,清算机构既有私营的,也有政府或货币当局组建并经营的。从业务地域范围来看,清算机构有地区性的、全国性的和国际性的。清算机构一般实行会员制度,会员必须遵守组织章程和操作规则,并缴纳会费。在很多国家,中央银行通常作为清算机构的主要成员,直接参与支付清算活动。也有一些国家,中央银行不直接加入清算机构,但对其实施监督、审计,并为金融机构提供清算服务。一般说来,各国的主要清算机构通常拥有并经营支付系统,通过支付系统的运行实现清算。

2. 支付(清算)系统

支付系统(Payment System)亦称清算系统,是在既定的规则框架下,由提供支付清算服务的中介机构和实现支付指令传送及资金清算的专业技术手段共同组成,用以实现债权债务清偿及资金转移的一种综合金融安排,是一个国家最重要的金融基础设施,也是整个金融基础设施体系中最核心的部分。支付

(清算)系统构造及其运行特征取决于一国的货币制度、价格体系、关于支付系统的法律框架和操作规程、支付系统的硬件环境、程序设计及操作等。由于支付系统运行关系到货币政策的实施效果,所以中央银行对支付系统负有监督、运行和政策责任,并需要根据经济与金融运行的需要,不断改进支付系统要素的合理配置、完善支付规则的建设、加快技术手段的采用以及加强支付系统布局的网络化、信息化、多能化。实践表明,经济越发达,社会及经济行为者对债务清算安排及支付系统运行效率的要求越高。

3. 支付清算制度

支付清算制度是关于支付清算活动的规章政策、操作程序、实施规范与标准等的规定和安排,是支付清算体系运行的制度基础,通常包括支付结算制度和同业清算制度。中央银行作为货币当局有义务根据国家经济发展状况、金融体系构成、金融基础设施及银行业务能力等,会同有关部门共同制定支付结算制度。中央银行负有结算监督职权,并根据经济与社会发展需要,对支付结算制度实施变革。很多国家的中央银行还制定同业间清算制度,用以实现金融机构间为客户委办业务和自身需要所进行的债权债务清偿和资金划转。由于同业间清算量巨大,一旦出现支付障碍,将会危及金融稳定,所以各国政府对同业间清算的制度建设、系统设计、操作规则等予以高度重视,并赋予中央银行管理监督同业间清算的职权。

(二)中央银行支付清算系统的类型

各国的中央银行支付清算系统根据经营主体、清算金额和系统区域的不同,可以分为以下几类:

1. 按经营主体分类

中央银行支付清算系统按经营者身份不同,可分为中央银行拥有并经营的清算系统、私营清算系统和商业银行拥有并经营的清算系统。

(1)中央银行支付清算系统,是指中央银行根据国家法律赋予的职权,直接拥有并经营的国家主要的大额支付系统,同时直接参与跨行支付清算的组织系统。例如美联储的电子资金转账系统(Fedwire)、欧洲中央银行的实时金额自动清算系统(TARGET),日本银行的日银网络系统(BOJ-NET),中国人民银行的现代化支付系统(CNAPS)等。

(2)私营支付清算系统,是指由私营清算机构拥有并经营的支付清算系统,中央银行不直接参与私营清算系统,但各系统的资金最终清算必须通过中央银行账户进行,中央银行有权运用各种手段对私营清算系统运行实行监督、审计。

纽约清算所银行间支付系统(CHIPS)、英国清算所自动化支付清算系统(CHAPS)、日本东京银行家协会的全银数据通信系统(ZENGIN)等是有代表性的私营支付清算系统。

(3)银行业金融机构支付清算系统,是指商业银行等金融机构所有并经营的支付清算系统。其主要由两个部分组成:一是为了便利商业银行内部支付清算需要建立的清算系统,如我国各大商业银行均开通了各自的电子资金汇兑系统;二是为了方便银行间的支付清算的系统,如 2002 年 10 月在上海成立的城市商业银行资金清算中心。该中心采取会员制的组织形式,负责全国城市商业银行签发的银行汇票资金清算业务。

2. 按支付清算金额分类

按支付清算系统的服务对象及单笔业务支付金额划分,支付清算系统可分为大额支付系统和小额支付系统。

(1)大额支付系统,是指处理银行间往来、证券和金融衍生工具交易、黄金和外汇交易、货币市场交易及跨国交易,国家对外经贸、金融往来中的债权债务关系和资金转移的特定支付系统。大额支付系统通常是一种电子资金转移系统,它的主要特点是交易笔数相对较少,每笔金额巨大;在支付的时间性、准确性、安全性上有特殊的要求;费用低廉、操作简便和覆盖面广等。

(2)小额支付系统,也被称为零售支付系统,是以工商企业、个人消费者、其他小型经济交易的参与者为主要服务对象的支付清算系统。其特点是服务对象数目众多,支付处理业务量大,但每笔交易金额较小,支付较为分散,拥有广阔的服务市场。

3. 按支付清算系统区域分类

按支付系统服务的区域范围划分,支付清算系统主要分为境内支付系统和国际性支付系统。

境内支付清算系统主要处理一个国家境内各种经济和消费活动所产生的本质支付和清算,既有中央银行经营的,也有私营清算机构或商业银行经营的;既有大额支付体系,也有小额支付体系。

国际性支付清算系统主要处理国际间各种往来所产生的债权债务清偿和资金转移。其主要有两种类型:一类是某国清算机构建立并运行,鉴于该国金融及货币在世界经济中占有重要地位,逐渐被沿用至国际支付清算领域,如美国的 CHIPS、英国的 CHAPS 和日本的外汇日元清算系统等;另一类是由不同国家共同组建的跨国支付系统,如欧洲中央银行建立的欧洲间实时全额自动清算系统(TARGET)。

（三）中央银行支付清算体系的重要性

1. 中央银行支付清算体系保障社会经济生活正常运转

各国中央银行均作为支付清算体系中的核心参与者,为金融机构和各类大额交易提供最终清算服务。中央银行的介入疏通了货币所有权转移的主干及分支渠道,使金融机构之间的应收应付款项可通过中央银行划转,同城、异地及跨国交易所产生的债权债务可通过中央银行得以清偿,对优化资源配置、提高资金转移效率、保障经济发展和社会生活正常进行具有极为重要的影响。

2. 中央银行支付清算体系对中央银行货币政策实施有重要影响

这主要表现在以下几个方面:①中央银行通过提供支付清算服务,有利于货币政策的制定和传导;②中央银行通过提供支付清算服务,对增强货币政策实施效果具有重要意义。大额支付系统的高效运行以及快捷、低成本的行间清算有助于货币市场运作和货币市场流动性的增强;③中央银行对支付清算服务的相关规定对货币政策产生影响;④中央银行通过提供支付清算服务,直接影响货币量。

3. 中央银行支付清算体系与金融稳定具有密切的相关性

金融处于一国经济的核心地位,金融的稳健运行事关国家安危。而支付系统是金融讯息和金融危机的主要传导渠道,如果银行的支付系统出现问题,将影响公众信心甚至引发社会恐慌;如果一家银行不能履行支付义务,有可能引发连锁违约,进而使整个支付系统面临严重威胁,而支付系统一旦阻滞或瘫痪,将直接危及金融稳定和社会安定。中央银行通过支付清算服务可以有效地监督支付系统运行,防范和控制风险;必要时,中央银行提供临时性信贷以维持银行的清偿能力。

4. 中央银行支付清算体系在跨国支付清算中发挥重要作用

因为跨国清算事关国家利益与金融安全,中央银行往往通过直接或间接方式介入或进行干预。作为政府的银行,中央银行对跨国支付清算施加着重要影响,在该过程中负有代表国家发展对外金融关系、参与国际金融活动、管理官方储备、监督外汇收支与资本流动等重要职责。

三、中央银行的支付清算运作

（一）中央银行支付清算运作的基本原理

各国中央银行提供支付清算服务的方式与范围有所不同,但业务运行原理基本一致。各国一般都由中央银行组织设计、建立并制定整体支付清算系统的操作规程。有些国家的中央银行直接作为清算机构的参与者,而另外一些国家则单独设计国家清算中心和地区分中心,中央银行以服务提供者和管理者的双重身份参与其中。清算参与银行的资金来源主要是其在中央银行的存款,除此之外,通常包括以下几项:①中央银行信贷;②通过货币市场借入的临时性资金;③由于结算时差所产生的在途资金。为了保证银行同业清算持续、有序地进行,中央银行通常对银行的流动性管理有所要求。

行间清算需要通过行间支付系统进行,行间支付系统为银行自身和客户委托办理的结算事项提供资金清算服务。资金清算过程包括两个基本程序:①付款行通过支付系统向收款行发出支付信息(指令);②付款行和收款行实现资金划转。按照转账资金的不同处理方式,银行同业清算可通过净额清算与全额清算两种形式。

净额清算,即支付系统将在一定时点上收到的各金融机构的转账金额总数减去发出的转账金额总数,得出净余额(借方或贷方),即清算头寸。支付系统对金融机构的清算头寸通过中央银行或清算机构进行划转,从而实现双边或多边的清算过程。在整个营业日内,参加清算的所有净债权银行向所有净债务银行实际上提供了日间信贷,从而产生了信用风险和流动性风险。相比之下,全额清算的风险则降低许多。全额清算,即支付系统对各金融机构的每笔转账业务进行一一对应清算,而不是在指定时间进行总的借贷方净额清算。按清算时间发生的时间不同,全额清算又分为定时全额清算和实时全额清算。定时全额清算是指支付清算集中在营业日系统运行期间的一个指定时刻,如这一时刻为日终,则称为日终清算系统。实时全额清算是指支付清算在营业日系统运行期间的任何时刻都可进行,支付指令随时发送随时处理,属于资金转账指令处理和资金清算同步、持续进行的实时全额清算。

(二)中央银行支付清算运作的主要内容

1.组织票据交换清算

票据交换是同城或同地区银行间资金清算的最基本手段。当各银行收到客户提交的支票、本票和汇票等票据之后,需要通过票据交换的方式,将代收的票据交给付款行,并取回其他银行代收的以乙方为付款行的票据,彼此间进行债权债务清偿和资金清算。票据交换既可由中央银行负责组织、管理,也可由私营清算所或金融机构联合主办,但票据交换的资金清算一般通过各银行或清算机构在中央银行开立的账户完成。

2. 办理异地跨行清算

实现不同区域、银行之间的资金转移是中央银行支付清算服务的重要内容。各种不同银行之间的异地债权债务形成了各行间的异地汇兑,资金头寸跨行、跨地区的划转,划转的速度和准确关系到资金的使用效率和金融安全,因此中央银行通过各种方式和途径对清算账户集中处理,保证异地跨行清算的顺利进行,提高清算效率。中央银行通过不同的方式和途径提供服务,常用的类型有两种:①先由各商业银行等金融机构通过内部联行系统划转,最后由它们的总行通过中央银行办理转账清算;②把异地票据集中送到中央银行总行办理轧差转账。

3. 为私营清算机构提供净额清算服务

为了实现支付系统参加者间的净额结算,很多清算机构乐于利用中央银行提供的净额清算服务。例如美国1980年《货币管理法》中规定,联储机构对各存款机构的清算服务收取一定的费用,由此促进了私营清算机构的发展;美国同时也拥有世界上最大的私营支付清算系统,CHIPS的资金清算最终就是通过在中央银行的账户完成。

4. 提供证券和金融衍生工具交易的资金清算服务

证券和金融衍生工具交易不同于其他经济活动所产生的债权债务清算。很多国家建有专门为证券和金融衍生工具交易提供结算服务的支付系统。鉴于证券交易金额巨大,不确定因素多,容易引发结算风险,尤其是政府证券交易直接关系到中央银行公开市场操作的效果,所以中央银行对证券结算系统运行格外关注。很多中央银行通过运行的大额支付系统直接提供支付清算服务。例如美国的政府证券交易主要通过美联储的Fedwire簿记证券系统完成资金的最后清算;英格兰银行则提供中央金边证券系统(CGO)和中央货币市场系统(CMO)的清算;日本银行的日银网络系统中的日本政府债券服务系统,专门为日本政府债券的交割和清算提供服务;中国的证券清算专门由中央登记清算公司承担。

5. 办理跨国支付清算

跨国清算是指按照一定的规则、程序并借助结算工具和清算系统,清偿国际债权债务和实现资金跨国转移的行为。随着国际经济交往的广泛深入,国际间的资金转移和债权债务清偿问题愈发突出。现代国际结算业务已经发展成为集支付、融资、担保及相关配套服务于一体的综合性跨国银行业务,不同国家银行间的业务往来就构成了跨国清算的重要内容。为了提高跨国支付系统的运行能力和效率,1973 年欧美的大银行开发了 SWIFT 系统,成为各国普遍使用的跨国支付清算系统。

四、中央银行支付清算的风险及其防范

(一)中央银行支付清算的风险

1. 信用风险

支付系统的信用风险是指在支付过程中,因一方拒绝或无力清偿债务而使另一方或其他当事者蒙受损失的可能性。清算过程中的信用风险无处不在:在转账结算的商品交易中,卖方承担着买方无力或拒付货款的风险,买方则承担着卖方不能履约交货的风险;当银行向客户提供信贷时,将面临呆账和坏账风险,存款者亦承担着银行倒闭的风险;当中央银行向商业银行提供透支便利时,将面临透支不能弥补的风险。在非现金结算条件下,支付命令的传送与资金的实际转移有时间间隔,在其时间间隔内如果债务方陷入清偿危机,将导致支付过程中的信用风险。在大额多边支付体系运行过程中,由于债权债务关系错综复杂,某一参加者在某一时段出现支付困难,将可能引发连带性清偿危机,影响整个支付体系的稳定运行。

2. 流动性风险

支付系统的流动性风险是指交易一方或结算系统参加者并未发生实质上的清偿危机,只是由于资金不能如期到位而造成不能按期履约支付即延期支付,致使交易对方无法如期收到应收款项的可能性。流动性风险对支付系统运行也会产生严重干扰,由于延期支付,迫使收款方为弥补资金缺口不得不寻求其他融资途径,并须承担融资成本;若资金缺口不能如期弥补,将迫使收款方放宽其债权人的支付期限,当这种连锁拖欠效应越来越大时,支付系统将丧失高效性和稳定性。

3. 系统风险

支付系统的系统风险是指在支付系统运行中,因某一参加者不能履行债务义务而造成其他参加者无法履约,从而使系统陷入整体性运行瘫痪的可能性。系统风险的发生与信用风险和流动性风险有密切关系,信用风险和流动性风险的后果可能是导致系统风险,多米诺骨牌效应将引发严重的系统运行紊乱。支付系统的运转直接支撑着一国金融市场的运作以及经济活动的进行,系统风险通过威胁支付系统可能导致整个金融体系的混乱与瘫痪,因此,中央银行对系统风险最为关注。

4. 法律风险

法律风险是指由于支付系统及其参加者权利、义务、责任的法规不健全或不清晰而可能引起支付系统运行过程中的法律纠纷的可能性。金融信息化的迅猛发展,需要与时俱进的法律依据作支撑,但现有的法律、法规建设明显滞后。此外,随着经济全球化程度的加深,跨国支付的交易额度大幅度上升,由于系统运行覆盖到不同的国家,建立统一的法规已成为各国中央银行面临的共同课题。

5. 非法风险

非法风险是指人为的非法活动,如假冒、伪造、盗窃活动对支付系统带来损失的可能性。在现代大额支付体系借助电子通信的时代,数据处理、传输过程中出现非法发送命令、窃取数据等一系列非法活动已屡见不鲜,尤其是随着银行卡、电话银行、网上银行等新型金融服务大行其道,支付系统对公共通信设施等外部资源的依赖程度越来越高,因而面临不法攻击的可能性也越来越大,对一国的支付系统形成了严重的威胁。

6. 操作风险

操作风险是指由于现代支付系统运用的电子数据处理设备及通信系统出现技术性故障而使整个支付系统运行陷入瘫痪的可能性。尽管各国各地区的支付系统已经基本上实现了电子化及信息化,但系统运行离不开人员操作与管理,客观上存在着错误操作甚至违法操作导致系统运行中断的可能性。而运行中的系统一旦中断,所造成的影响不可小觑。

(二)中央银行支付清算风险的防范

1. 普及实时全额清算系统

净额清算通常是在营业日结束时进行,实质上为参加清算的净债权银行向净债务银行提供日间信贷创造了机会。支付清算系统也由此产生了信用风险和流动性风险的隐患。所以,在系统运行期间的任何时刻都可持续进行、指令和清算行为同步的实时全额清算模式(RTGS)可以将这种隐患降到最低程度。实践中,RTGS 已成为国际社会普遍认可和广泛采用的支付系统风险控制手段。许多发达国家的大额支付系统都采用实时全额清算程序来降低支付系统风险。在全额清算系统中,每一笔支付从付款银行到收款银行的运作都通过商业银行在中央银行的清算账户来清算,全额清算支付系统运作可以排除银行间的信用风险,通常在接到支付命令时,收款银行能够确认资金最终已在中央银行进行清算,并能够立即贷记最终受益人账户。信用风险的有效规避可以大大降低支付系统的系统风险系数。

2. 对大额支付系统进行管理

(1)最为严格的风险控制是支付系统不提供额外流动资金。在这种模式下,只有当付款银行的清算账户上有足够的资金时,支付指令才能被执行,如果没有足够的资金,支付就会被拒绝或处于排队状态。这种模式可以加强清算银行自身的流动性管理,也可以加强银行间市场信誉机制的约束力。例如瑞士银行对其运行的大额支付系统的参加者不予提供透支便利。

(2)限制大额支付系统透支。一些国家的中央银行通过提供透支便利保证实时全额清算系统的稳定运行,但对透支采取限制措施,主要有:规定最大透支额度,对平均每日透支金额收取费用,对经营不善或没有遵守风险管理政策的金融机构甚至所有大额支付系统参加者不给予透支便利,对出现余额不足或者负头寸的金融机构采取特别措施等。

(3)严格规范私营大额支付系统。私营大额支付系统由私营机构拥有并经营,所以发生风险的可能性更大,中央银行对它们的监控更加严格:要求它们必须建立风险防范与控制机制,并采取措施保证各清算参加者的净额头寸在规定时间内完成清算;对它们的所有者、运行者、参加者和系统运行情况实行严格的审计、监督和监管。

3. 监控小额零售支付系统

小额零售支付系统的运行质量关乎支付清算的整体效率,其运行风险对银行信誉及社会稳定亦构成威胁。该系统发生风险将涉及很大的范围,对整个清算体系的不良影响不可大意。所以要全面加强小额零售支付系统的风险管理,采用安全支付标准、安全认证体系等技术防范措施,提高小额零售支付系统的运行质量。

4. 监督银行结算业务

商业银行为客户提供的结算服务是一国支付清算活动的重要组成部分,任何环节出现问题均可能引发支付清算系统的风险。中央银行必须通过制定结算制度、颁布结算规章和监督结算活动等措施,促进商业银行加强内部管理和风险控制,合法有序地开展业务竞争,有效维护结算秩序,切实保护广大银行与客户的正当权益。

5. 加强支付清算领域的法规建设

无规矩不成方圆,中央银行负有支付清算领域的规则建设和监督执行的责任。支付清算的法规建设主要包括相关法律的适用范围,资金转账各方的权利与义务的认定,最终支付的定义与性质,资金无法正常转账的责任认定,资金转账中的欺诈责任及处罚,支付系统的内部操作规定及程序等。为防范与控制支付系统的风险,许多国家加强了相关立法工作,旨在通过法律手段强化对支付系统建设及运营的监管,解决信息技术广泛应用所产生的支付清算系统的法律问题,降低法律风险和非法风险。目前,国际清算银行已经发布了一系列国际标准,比如《重要支付系统核心原则》和《证券清算系统建议》。这些标准共同构成衡量证券管理与支付系统安全和效率的重要文件,成为支付清算系统的核心指导原则,已有部分国家采用上述标准或标准中的部分内容结合本国情况制定了相关的监督标准。

6. 加强支付清算系统的现代化建设

如果大额支付系统中一家重要的银行在发出和接收指令时发生技术问题导致系统"锁死",将可能引发系统风险。要消除因技术或外部因素带给支付系统的安全隐患,各国中央银行必须对支付系统的现代化建设给予高度重视,加强金融业务信息安全建设。比如完善硬件软件设施、健全安全支付标准、丰富安全认证体系等,在此基础上,与其他相关机构进行基于法律制度层面的共同干预与预防。此外,完善的应急方案和系统备份、训练有素的专业人员以及过硬的危机处理能力也要在平时注意准备和培养。

五、我国中央银行的支付清算体系

(一)我国支付清算体系的发展

支付体系的发展状况主要取决于经济金融总体发展水平,以及科学技术特别是计算机网络、电子通信技术在经济金融领域的应用。与经济发展相适应,中国支付体系的建设和发展也经历了几个重要的阶段。

改革开放之前,在计划经济制度下,中国人民银行兼具中央银行和商业银行职能,在全国建立了县(市)内联行、省内联行和全国联行"三级联行清算体系",各级联行负责辖内各金融机构之间的资金清算,全国联行通过人民银行总行清算,银行信贷收支由总行集中管理,实行统收统支。这种全国大联行的清算体系一直沿用至改革开放初期。

改革开放后,国民经济快速发展,金融体制及支付清算体系发生了全方位变革,主要分为两个阶段:

1. 支付清算体系初步形成阶段(1978~1999年)

1985年为适应银行信贷资金管理,实行了"统一计划、划分资金、实贷实存、相互融通”的变革措施，由中国人民银行主办的“大联行”改为各专业银行自成联行系统、跨行直接通汇清算，将人民银行和专业银行的资金分开管理，有利于资金的清算和划拨转移。1987 年 4 月，中国人民银行再次改革了联行资金清算办法，以分清人民银行和专业银行之间的资金以及专业银行之间的资金，旨在扭转资金相互占用的状况。1989 年，中国人民银行发布《关于改革联行清算制度的通知》，设立了人民银行清算中心，运用卫星通信网的电子联行代替手工联行，专业银行跨系统汇划款项和本系统内大额汇划款项全部通过人民银行清算中心汇划。1991 年 4 月 1 日，电子联行系统投入试运行，初步实现我国异地跨行支付清算业务处理电子化。20 世纪 90 年代中期，中国人民银行启动了电子联行业务到县的建设工作，通过地面通信网络把人民银行县级支行与地市级卫星小站联系起来。各专业银行也积极加强行内电子资金汇兑系统建设，改变了各行“先汇划，后清算”的清算体系，促进了异地汇兑业务的开展，提高了资金汇划的效率。1995 年 5 月，人民银行组织实施电子联行“天地对接”工程，即电子联行在各城市与人民银行会计核算系统、商业银行业务处理系统无须人工干预对接，大大提高了电子联行系统的处理速度。各地同城清算系统、全国电子联行系统、各行电子资金汇兑系统的建立，初步形成了我国具有现代意义的支付清算系统。

2. 支付清算体系迅速发展阶段(2000 年至今)

进入 21 世纪，中国支付体系建设步入创新、跨越发展的新时期。党的十六届三中全面明确提出，要“建立和完善统一、高效、安全的支付清算系统”。2003 年修订的《中国人民银行法》明确规定，中国人民银行负责“维护支付、清算系统的正常运行”。以安全高效为目标的现代化支付体系建设步入加速发展轨道。2005 年 6 月，中国人民银行大额实时支付系统在全国建成，为社会经济活动的开展和资金运行提供了“金融高速公路”。2006 年 6 月，小额批量支付系统建成并推广到全国。2007 年 6 月，全国支票影像交换系统推广运行。2008 年 4 月，境内外币支付系统建成运行，有效解决了外币清算渠道不畅的问题，提高了外币清算效率。至此，初步形成了以中国人民银行现代化支付系统为核心，银行业金融机构内支付系统为基础，全国支票影像交换系统、同城票据交换系统、银行卡支付系统等为重要组成部分的支付清算网络体系。

(二)中国现代化支付系统为核心的支付体系

中国现代化支付系统(China National Advanced Payment System, CNAPS)是中国人民银行按照中国支付清算的需要，并利用现代计算机技术和通信网络开发建设的，能够高效、安全处理各银行办理的异地、同城各种支付业务、资金清算和货币市场交易的资金清算系统。该项目1991年开始规划，于1996年7月启动，分期建设。2002年10月8日，CNAPS中的核心主干线——大额实时全额支付系统正式投入运行。至2005年6月，大额支付系统顺利完成了在全国的建设和推广工作。随着CNAPS项目的完全建成，支付清算领域中的“信息高速公路”全面贯通。这是中国支付结算体系发展史上的一个重要的里程碑，它的建成标志着中国已基本形成了以现代化支付系统为核心的支付体系。CNAPS是各银行和货币市场的公共支付清算平台，是人民银行发挥其金融服务职能的重要核心支持系统。

中国人民银行现代化支付系统主要由大额实时支付系统和小额批量支付系统两个业务应用系统，以及清算账户管理系统和支付管理信息系统两个辅助支持系统组成，建有两级处理中心，即国家处理中心和全国省会（首府）城市处理中心及深圳城市处理中心。

1. 大额实时支付系统

大额实时支付系统主要处理同城和异地的金融在规定起点以上的大额贷记支付业务①和紧急的小额贷记支付业务。大额支付指令逐笔实时发送，全额清算资金，主要为银行业金融机构和金融市场提供快速、高效、安全、可靠的支付清算服务，是支持货币政策实施和维护金融稳定的主要金融基础设施。

大额实时支付系统于中央银行会计集中核算系统、国家金库会计核算系统、银行业金融机构行内支付系统、中央债券综合业务系统、外汇交易及同业拆借系统、银行卡支付系统、城市商业银行汇票处理系统等多个系统连接，共同构成中国支付清算网络体系，如图5－1所示。该支付体系基本覆盖了全国主要的银行业金融机构，处理了几乎所有的经济实体间、银行间支付的跨行清算业务，成为我国社会资金往来和银行间资金往来的核心枢纽，其功能、技术性能和安全效率达到了国际先进水平。

2. 小额批量支付系统

小额批量支付系统主要处理同城和异地纸凭证截留的借记支付业务，以及每笔金额在规定起点以下的小额贷记支付业务。支付指令批量发送，轧差净额清算资金，主要为社会提供低成本、大业务量的支付清算服务。

小额批量支付系统还支持票据支付系统和支付清算组织的接入，为其传输各种支付清算信息，与大额实时支付系统实现了功能互补。

---

① 贷记支付业务是指付款人委托其开户银行主动将款项划给收款人的业务。

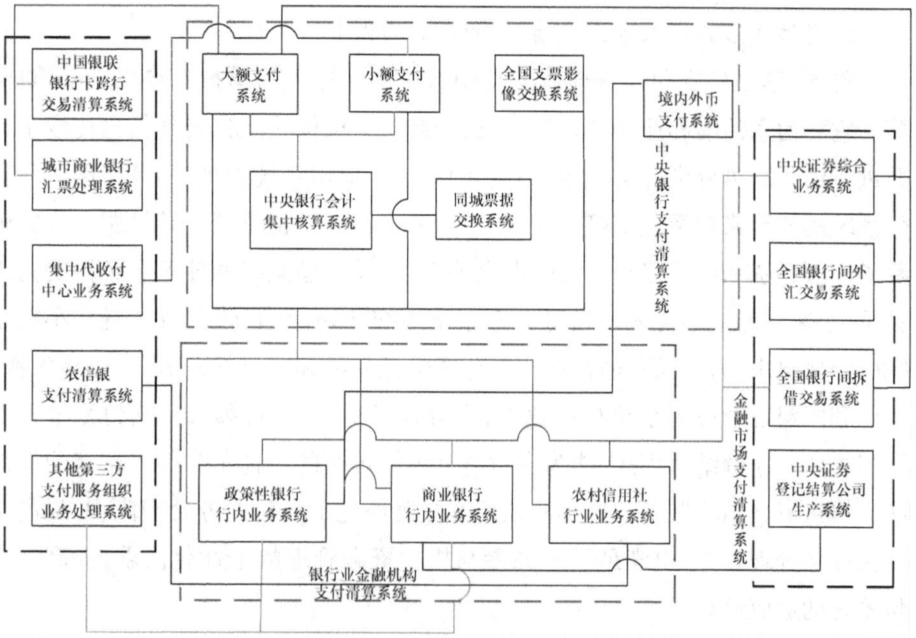

图 5－1　中国支付清算网络体系总体架构图

资料来源：中国支付体系发展报告（2009），93 页。

3. 全国支票影像交换系统

全国支票影像交换系统是运用影像技术将实物支票截留，转换为支票影像信息，通过计算机网络将支票影像信息传递至出票人开户银行提示付款的业务处理系统，是中国人民银行继大额实时支付系统、小额批量支付系统后建成的又一重要金融基础设施。全国支票影像交换系统主要处理银行业金融机构跨行和行内支票影像信息交换，其资金清算通过小额批量支付系统处理。支票影像业务的处理分为影像信息交换和业务回执处理两个阶段，及支票提出行通过影像交换系统将支票影像信息发送至提入行提示付款；提入行通过小额批量支付系统向提出行发送回执完成付款。

（三）第二代支付体系的主要特点

2009 年以来，中国人民银行总行开始着手建设更加统一、安全、高效的第二代支付系统（the 2nd Generation of China National Advanced Payment System，简称 CNAPS2）和中央银行会计核算数据集中系统（ACS 系统）。其中第二代支付系统的网银互联应用系统已经于 2010 年 8 月 30 日上线，2011 年 1 月完成了在全国的推广应用。中国人民银行第二代支付系统也已于 2012 年完成整体建

设,现正处于上线模拟运行阶段。第二代支付系统有以下特征:

1. 提供灵活的接入方式、多样化的清算模式

首先,第二代支付系统能够支持银行机构以法人为单位一点接入、一点清算。它将信息传输和业务处理相分离,所有参与机构接入到公共信息传输平台并进行清分后再分别提交大额、小额、网银三个应用系统处理。其次,第二代支付系统的清算账户系统直接为大额、小额和网银系统提供资金结算服务。它解除了大额系统和清算账户系统的绑定关系,以及小额系统和轧差服务器的内嵌关系,小额和网银系统无须通过大额系统提交轧差净额,轧差服务器从小额系统中分离出来,为小额和网银系统管理净借记限额和提供轧差服务,这样大额、小额和网银三个应用系统相互独立,可分别运行。最后,第二代支付系统开发了多边轧差净额结算模式,能为支付清算组织提交的一揽子参与机构多边轧差净额提供资金结算服务。这样的处理方式既简化了支付业务处理流程,提高了支付业务处理效率,也满足了不同参与机构资金管理的个性化需求,提高了支付系统的适应性。

2. 支持本外币交易的 PvP(即对等支付结算),完善人民跨境支付结算功能

对等支付结算简称 PvP 结算,是指不同币种资金同步进行交收并互为交收条件的结算方式。第二代系统设计了 PvP 结算的完整流程,通过大额支付系统、外汇交易清算系统和结算银行的同步处理,本、外币两笔即时转账业务将分别完成外汇交易中本币和外币的资金转账处理,避免了外汇交易的本金风险。第二代支付系统将跨境业务划分为资本项目下跨境支付和退款,服务贸易结算和退款,货币贸易结算和退款等多种支付种类,报文采用 ISO20022 标准并支持英文填写。第二代支付系统拓展了跨境业务的种类,有利于支持人民币用于跨境支付以及境外支付的最终结算。

3. 提供全面的流性风险管理

银行机构的流动性水平是中央银行实施货币政策和商业银行经营管理共同关注的指标,也是影响支付系统清算效率和安全的重要因素。第二代支付系统除保留第一代支付系统的自动质押融资、日间透支、大额清算业务排队、小额排队业务撮合、清算窗口管理等功能外,还从以下方面提高支付系统的整体运行效率,完善流动性风险管理功能:一是为大额排队业务设计了日间双边撮合和业务截止多边撮合机制,只要排队业务符合撮合条件,即可解救因账户余额不足导致的排队队列;二是为在央行开立多个清算账户的法人银行提供了“资金池”管理功能,当分支机构清算账户因缺乏头寸而出现排队业务时,系统依据

法人银行事先授权自动将资金从法人银行调入分支机构账户解救排队业务;三是为不同法人银行提供自动拆借功能,当法人银行头寸不足支付时,系统依据法人银行事先签订的拆借协议,启动法人银行之间的资金拆借功能,化解流动性风险,确保当日不能解退的轧差净额清算业务完成最终结算。

4. 建设网银互联平台,适应创新业务的发展

第二代支付系统的网银互联应用系统已经于2010年8月30日上线,2011年1月完成了在全国的推广应用。网银互联系统实行7×24小时连续运行,客户可基于存折账户、借记卡账户或贷记卡账户发起网银支付业务,并可实施获知对方收款人入账情况。网银互联平台实现了各商业银行网银系统的互联互通,提高了跨行网银支付的清算效率,促进商业银行提升网银服务水平,有利于支持新兴电子商务的发展。第二代系统还加强了非金融支付服务组织的支付业务功能,为集中代收付中心开辟了实时代收、实时代付业务功能,增加了协议信息验证功能,统一了协议核验要素。

第二节 中央银行的经理国库和会计业务

一、中央银行的经理国库业务

作为政府的银行,中央银行负有办理和管理国库业务的重要职责。通过经理国库,确保国家预算资金的及时收付、准确核算及库款安全,对于灵活调度资金、实现财政收支平衡、沟通财政和金融之间的联系、促进财政政策和货币政策的协调配合具有重要意义。

(一)国库制度

国库(State Treasury)是国家金库的简称,主要任务是为国家办理预算资金的收入和支付、政府债券的发行和兑付以及保管政府持有的黄金和外汇资产的正常运转。国库制度就是指对国家预算资金的保管、出纳及相关事项的组织管理与业务安排。

根据世界各国对国家财政预算收支的组织管理及业务实施情况,对国库的经管可以大致分为独立国库制和委托国库制两种形式。独立国库制是指国家特设经管国家财政预算的职能机构,专门办理国家财政预算收支保管、出纳工

作,目前世界上只有少数国家采用独立国库制。委托国库制是指国家不单独设立经管国家财政预算的专门机构,而是委托银行(主要是中央银行)经理国库业务,接受委托的银行根据国家的法规条例,负责国库的组织建制、业务操作机管理监督。目前,多数国家尤其是实行中央银行制度的国家实行委托国库制。中央银行经理国库,有助于提高国库管理效率;有利于财政部门和金融部门的相互链接、相互制约和相互监督。

新中国成立后,国家决定建立中央金库。1950 年 3 月 3 日公布了《中央金库条例》,规定各级金库均由中国人民银行代理。1984 年,中国人民银行专门行使中央银行职能。为了适应体制改革和国库管理需要,1985 年 7 月 27 日,国务院公布了《中华人民共和国国家金库条例》,对国库的性质、任务、职责、权限作出明确规定,并确定由中国人民银行具体经理国库。

(二)国库的职责

根据 2002 年 6 月 21 日发布的《中华人民共和国国家金库条例》的规定,国库职责包括以下几个:

一是准确、及时地收纳国家各项预算收入。国库须依照国家财政管理体制、税务部门级国库制度规定的缴纳办法,准确、及时地办理税款的缴库及各级库款的划分和留解,以保证各级财政预算资金的运用。

二是为财政机关开立账户,审查并办理国家预算支出的拨付。按照国家财政制度规定及银行开户管理办法,各级财政应在同级国库开立账户;各级国库根据有权支配库款的财政机关填发的付款凭证,并对其进行严格审查后,办理同级财政库款的支拨。

三是对各级财政库款和预算收入进行会计账务核算,正确反映财政收支执行情况。各级国库须按期向上级国库和同级财政、征收机关报送日报、旬报、月报及年度决算报表,并定期与上述部门进行对账,以确保双方数字准确一致。

四是协助财政税务部门组织预算收入及时缴库,按照国家财政制度规定办理库款退付。对屡催不缴预算收入的单位,除根据征收机关填发的凭证核收滞纳金外,有义务协助财税机关扣收其应缴预算收入。预算收入属于国家所有,应由国家统一支配,任何单位、个人都不得任意冲退;对于有正当理由需要退还的预算收入,国库须按照国家财政制度规定办理库款的退付。

五是组织、管理和指导下级国库和国库经收处的工作。各级国库应经常开展对下级国库的定期、不定期检查及工作指导,督促其履行规定职责,及时解决工作中的问题。

六是办理国家交办的与国库有关的其他工作,如代理国家进行国债和其他政府债券的发行与兑付。

（三）国库的权限

根据《中华人民共和国国家金库条例》的规定,国库权限包括以下几个:

一是各级国库有权监督、检查征收部门所收款项是否按规定及时全部纳入国库,发现拖延或违法不缴的,应及时查究处理。

二是各级财政机关要正确执行国家财政管理体制规定的预算收入划分办法和分成留解比例;对于擅自变更各级财政之间收入划分范围、分成留解比例,以及随意调整库款账户之间余额的,国库有权拒绝执行。

三是各级财政、征收机关应按国家统一规定的退库范围、项目和审批程序办理退库,对不符合国家规定要求办理退库的,国库有权拒绝执行。

四是监督财政存款的开户和财政库款的支拨,对违反财政制度规定的任何开户和库款支拨,国库有权拒绝执行。

五是国库对任何单位和个人强令办理违反国家规定的事项,有权拒绝执行,并及时向上级报告。

六是国库的各种缴库、退库凭证的格式、尺寸、各联颜色及用途、填写内容等,须按国库条例实施细则和银行会计基本制度规定办理,未经国库、财政及征收机关协商同意的凭证,以及不符合规定的凭证,不能使用。国库有权拒绝受理不合规定的凭证。

二、中央银行的会计业务

中央银行会计业务是针对中央银行的职能特点及业务范围,按照会计的基本原则制定核算形式和核算方法,体现和反映中央银行履行职能,进行监督、管理、核算财务的业务,是由中央银行的特有地位和职能所决定的一种专业会计。

（一）中央银行会计的对象与特点

1. 对象

中央银行会计的对象是中央银行行使职能、办理各项业务,进行金融宏观调控等活动所引起的资金变化与运动的过程和结果,包括中央银行和商业银行等金融机构的全部资金活动。

2. 特点

中央银行作为国家金融活动的核心机构,其会计业务也就具有不同于普通金融机构会计,它是体现和反映中央银行履行职能和业务活动的会计安排,是

中央银行反映经济情况、监督经济活动、预测经济前景、参与经济决策的重要工具。其业务的特点具体体现在以下几个方面:

(1)中央银行会计是对中央银行行使和自身业务活动的会计核算、会计分析和会计检查。作为国家的金融权力机关,中央银行在负有制定和执行货币政策、维护金融稳定等职能之外,还要为政府和商业银行等金融机构提供各种服务,如支付清算、经理国库、代理国家发行和兑付国债及其他政府证券、金融统计与分析等。由此产生的资金变化和财务活动需要由适应中央职能和业务特征的中央银行会计核算形式和核算方法进行连续、系统、全面的反映和监督。

(2)中央银行职能引起的货币发行与回笼、存贷款的增减变化以及其他资金变动,都必须通过会计核算加以完成。从核算内容、核算方法到会计科目、会计报表到会计凭证的设置,均体现金融宏观管理的职能特征。

(3)中央银行担负着指导、管理、监督商业银行及其他金融机构会计核算的职责,需要按照金融宏观调控和金融监督的需要,建立体现中央职能的会计体系。

(4)各类金融机构均需按期向中央银行呈报规定的会计、财务报表,中央银行需要全面、系统地掌握银行资产负债表结构和资金流量变化,以对银行间的资金清算进行管理,对金融机构信贷资金活动进行综合分析与监测。从这个意义上讲,中央银行的会计活动既可揭示商业银行和其他金融机构的经营活动与资金变化,又可以综合反映国家的金融、货币状况。因此,中央银行会计具有核算管理、预测分析与参与决策的特点。

(二)中央银行会计的任务

中央银行的会计工作是行使中央银行职能的重要工具和手段,既具有核算作用,又有管理职能。根据《中国人民银行会计制度》(2005 年修订版),中国人民银行会计工作的任务是:

一是正确组织会计核算,真实、完整、及时记录和反映各项业务活动情况和财务收支状况,为履行中央银行职能和国家宏观经济决策提供信息和依据。

二是实施会计管理和会计监督,维护财产和资金的安全。

三是开展会计分析,披露会计信息。运用会计资料和数据,分析金融业务变化情况,为金融决策提供信息。

四是提供金融会计服务,协调银行业的会计事务。强化会计的内部控制和制度建设,防范中央银行自身会计风险,指导和督促金融机构健全会计风险防范机制。

（三）中央银行会计的职能

中央银行的会计职能是指会计工作在中央银行行使职能、加强金融管理活动中所发挥的功能和作用，主要包括以下几点：

1. 反映职能

中央银行会计部门通过对会计科目的设置和运用、对会计报表的制作和分析、为商业银行等金融机构和政府部门开立账户、办理资金的划拨与清算等会计活动，综合反映经济和金融动态、金融机构存贷规模、货币流动状况、国家财政收支及预算执行情况，为制定和调整货币政策及金融监管政策提供重要依据。

2. 监督职能

中央银行会计的监督职能是通过会计核算、会计分析和会计检查的综合运用，监督金融机构的经营和资金活动，督促其认真遵守财经纪律，保证国家金融法律法规的贯彻执行；监督中央银行系统内部的财务收支和预算执行情况，保证财务收支计划的完成；监督内部控制机制的运作，保证中央银行资产安全。

3. 管理职能

中央银行一方面通过设计和制定会计科目、内控机制和会计电算化系统等，建立中央银行会计核算体系，管理中央银行系统内的会计工作；另一方面根据国家的会计立法，制定金融企业会计准则和规范金融企业会计工作、审批和修改金融机构的会计制度和会计科目，并促使其符合国际标准。

4. 分析职能

中央银行通过财务分析和经营管理分析，将各类业务数据转化为充分反映金融体系和全社会资金运动状况与变化趋势的会计信息资料，从而进一步深化会计核算职能，有助于中央银行掌握宏观经济和金融动态，强化中央银行的其他职能。财务分析是中央银行对自身及金融机构的财务收支进行的综合分析，旨在评价与确定金融系统的经济效益状况。经营管理分析是通过对货币投放于回笼、存款准备金增减变化、国家预算收支等的分析，反映宏观经济状况；通过对金融机构资产负债及相关情况的分析，评价与考核其安全性、流动性及盈利性水平，掌握金融机构的运用状况，为金融监管提供依据。

中央银行会计分析的主要内容包括：资产、负债及所有者权益的结构及其变化情况，基础货币的投放回笼及其流向和流量情况，储备资产运营情况，金融机构准备金头寸情况，公开市场操作开展情况，联行在途资金情况，现金投放与回笼情况，经理国库资金情况，固定资产的增减变化及构成情况，财务收支情况,表外重要事项,其他情况。

第三节　中央银行的调查统计业务与宏观经济分析

一、金融统计的对象

(一)含义

金融统计是按照规定的统计制度,根据统计的一般原理,运用科学的统计方法,对金融活动的现象的数量信息进行收集、整理和分析,从而为经济和金融决策提供依据和政策建议的过程。在金融统计工作中,必须遵循客观性、科学性、统一性、及时性和保密性原则,并严格按照规定的业务程序处理信息。

(二)对象

金融统计的对象是指以货币和资金运动为核心的金融活动,因此统计的对象包括金融活动的主体:

1. 金融机构

金融机构是专门从事各种金融活动的金融组织,是金融活动的主体。在不同的金融体制下,金融机构的组成也不相同。现阶段我国金融机构主要由中央银行、商业银行、政策性银行、金融合作机构和其他金融机构组成。

2. 金融业务

金融业务是金融机构从事金融活动的内容。与我国现阶段的金融机构相对应,国内开展的金融业务主要有:中央银行业务、商业银行业务和其他金融业务。

3. 金融市场

金融市场是进行金融活动的场所。按照金融市场的职能划分为货币市场和资本市场;按照金融业务的内容,划分为存贷款市场、债券市场、股票市场、外汇市场等;按照地域范围,划分为国内金融市场和国际金融市场。

二、金融统计的主要内容

金融统计的内容反映了经济和金融体制的状况。为适应国家金融管理对金融统计的要求,全面反映国家经济金融运行状况与发展态势,更准确地调控货币供应量，更有效地实施金融监管，中国人民银行逐步建立了科学、有效并符合国际通行准则的以中央银行为核心的金融统计体系。目前，我国金融统计的主要内容包括：

1. 货币统计

制定和实施货币政策是中央银行的主要职能，因此金融统计的首要任务就是提供关于货币供应量的基本数据。按照国际货币基金组织的货币供应量统计方法，我国货币统计采取两种并行的方式：其一，单独编制货币供应量统计表和基础货币统计表等；其二，根据国际货币基金组织的《货币与金融统计手册》的相关要求并结合我国的实际情况，编制货币概览和金融概览。按照国际货币基金组织的货币供应量统计方法，各成员国的货币供应量统计常采用三级汇总形式进行：第一级，将金融资料合并为货币当局、存款货币银行和非货币金融机构三个职能部门，并分别形成三个部门的汇总资产负债表；第二级，将汇总后的货币当局资产负债表与存款货币银行的资产负债表合并，编制出“货币概览”，用于反映货币当局和存款机构的对外资产和负债情况；第三级，将汇总后的非货币金融机构资产负债表与货币概览合并成“金融概览”。

2. 信贷收支统计

信贷收支统计是对金融机构以信用方式集中和调剂的资金进行反映与分析的专门统计，综合地反映宏观经济运行中金融机构信贷资金的来源、性质、分布、投向，是中央银行和商业性金融机构了解金融信息的主要渠道，对分析货币政策、反映货币流通状况、进行金融宏观调控与监测具有重要价值。信贷收支统计报表一般分为旬报、月报、季报和年报，以信贷资金收支余额表的表式编制，由资金来源和资金运用两部分组成。目前，我国的信贷收支统计报表包括全部金融机构信贷收支表、中央银行信贷收支表、国家信贷收支表、其他银行信贷收支表、农村信用社信贷收支表、金融信托投资机构信贷收支表、城市信用社信贷收支表及财务公司信贷收支表等。

3. 金融市场统计

金融市场统计重点反映各金融市场的交易主体、交易对象、交易工具、交易方式、交易价格以及交易规模等状况，一般以金融市场类型为划分标准。目前，我国的金融市场统计包括：货币市场统计、资本市场统计、外汇市场统计和黄金市场统计。

4. 保险统计

保险统计是通过各种调查，对和保险相关的信息及数据资料进行整理和分析,以反映保险及相关经济活动规模和程度、市场结构、承包水平、保费收入、理赔支出和盈利状况的统计。

5. 对外金融统计

对外金融统计是关于涉外金融活动信息的统计。随着我国对外开放的逐步深入,对外经济联系的日益增加,对外金融统计更加重要。对外金融统计主要包括以下内容:金融机构外汇信贷收支统计、国家外汇收支统计、国家对外借款统计和国际收支统计。

6. 资金流量统计

资金流量统计是从收入和分配社会资金运动的角度描绘国民经济各类交易活动、各部门资金来源和运用以及各部门间资金流量、流向变动的一种统计核算方法。资金流量统计的数据描述由资金流量表体现,资金流量表反映国民经济各部门之间,以及国内和国外之间所发生的一切金融交易的流量。

资金流量核算包括两个层次:一是反映与实物经济相对应的资金活动,通常称为资金流量核算(实物交易部分);二是反映与金融交易相对应的资金活动,称为资金流量核算(金融交易部分)。我国从1992年开始试编资金流量表,1998年初正式对外公布了1995年以来的资金流量统计数据。2006年开展金融资产存量核算。资金流量核算和资金存量核算一起组成了完整的金融账户体系,以反映全社会资金总量、结构及在各个部门之间的分配和流动情况,描述各经济部门资金来源、运用状况。2010年开始中国人民银行试编制季度资金流量表,提高资金流量核算时效性,加强融资格局监测分析。

7. 社会融资总量统计

社会融资总量是全面反映金融与经济关系,以及金融对实体经济资金支持的总量指标。社会融资总量具体指一定时期内(每月、每季或每年)实体经济从金融体系获得的全部资金总额。其中的金融体系为整体金融的概念,从机构看,包括银行、证券、保险等金融机构;从市场看,包括信贷市场、债券市场、股票市场、保险市场以及中间业务市场等。2010年,中国人民银行着手编制社会融资总量统计指标,以适应宏观调控的需要。

三、中央银行的经济统计调查

为了及时、准确地反映国民经济发展态势,以及为制定货币政策、调控宏观经济提供更加综合、全面的信息依据,中国人民银行于1986年起逐步建立和完善了反映经济景气变化的经济调查统计制度,这对于完善中央银行的统计信息体系,

和更好地行使中央职能具有重要意义。中央银行着手的经济统计调查主要有:

1. 工业景气统计调查

1986 年起,中国人民银行建立了国营工业生产企业流动资金及主要经济活动情况定期调查制度,调查内容包括企业主要经济指标和企业经济情况分析。工业景气统计调查涉及 27 个行业,样本企业结构与中国工业企业结构基本适应。1991 年,中国人民银行建立了 5 000 户工业企业景气调查月报制度,调查内容包括企业财务指标、资金状况、成本效益状况、投资状况等。1992 年又建立了 5 000 户工业企业季度问卷调查制度。调查对象以国有大中型工业企业为主,还包括一些具有相同经济规模,有代表性的集体工业生产企业及产供销一条龙的企业集体。1993 年以后增加了部分合资、外资及股份制工业生产企业。调查内容电工业企业 65 个主要财务指标和问卷两部分组成。这一调查为中央银行判断、分析和预测经济运行情况提供了有力支持。

2. 城乡居民储蓄问卷调查

中国人民银行于 1988 年开始该项调查,旨在了解居民储蓄的心理预期变化,对储蓄存款的稳定性、阶层分布和动态趋势进行准确判断。目前该调查依照分层随机抽样原则,按季度对全国城镇储户进行抽样调查,采用标准化的调查问卷和访谈形式,每次调查的样本量为 2 万份。调查内容主要包括储户对经济运行的总体判断、储蓄动机与消费意向、对收入和物价的判断与预期、储户基本信息等方面的内容。在此基础上编制了当期收入感受指数、未来收入信心指数、当期物价满意指数、未来物价预期指数、当期就业感受指数与未来就业预期指数。通过该项调查,及时了解城镇居民的储蓄、消费、投资行为及心理预期的变动,为中央银行货币政策决策和调控宏观经济提供依据。

3. 物价统计调查

20 世纪 80 年代起,中国人民银行开始进行物价统计调查工作,旨在及时掌握价格总水平和变动趋势,增强中央银行监测货币及经济运行的能力,完善中央银行货币政策的预警系统。在此基础上,中国人民银行于 1994 年开始实行批发物价调查统计制度,编制批发物价指数(WPI),WPI 样本覆盖面广,可与经济总体指标相对应,同时因其时效性强、滞后经济周期时间短,成为中央银行考察通货膨胀水平、分析宏观经济的核心指标之一。2001 年,批发物价指数更名为企业商品交易价格指数,并按月向社会发布企业商品价格指数(Corporate Goods Prince Index,CGPI),作为全面测度通货膨胀水平和反映经济波动的综合物价指数。

4. 银行家问卷调查

为了把握银行业的景气状况和评价货币政策效果，以便更好地为制定货币政策和宏观决策服务，2004 年，中国人民银行和国家统计局联合建立了银行家问卷调查制度，该项调查由人民银行具体组织和实施。通过对全国 2 850 余家中外资商业银行（含农村信用社）行长（主任）的问卷调查，了解其对宏观经济形势、货币政策实施状况、信贷需求及投放以及银行业景气状况等的判断和预测。在此基础上，编制银行家宏观经济信心指数、银行业景气指数、贷款需求指数和货币政策感受指数等。此项调查为中央银行掌握银行业发展动态、信贷供求变化以及货币政策决策提供了有价值的信息，同时也为社会各界了解银行业景气状况和货币政策意图提供了新的渠道。

四、中央银行的宏观经济分析

宏观经济分析是指对国民经济短期活动诸方面的反映、判断、评价和剖析。其特点是综合性、系统性和时效性。具体来说，中央银行宏观经济分析的内容包括两大方面，一是金融分析，二是经济分析。这两个方面密切联系不可分割，构成了中央银行宏观经济分析的整体。

（一）金融分析

1. 基础货币分析

基础货币是货币当局的资产负债表中负债方的储备货币，具体包括中央银行发行的货币、金融机构在中央银行的存款，以及非金融机构在中央银行的存款。由于基础货币是整个银行体系创造货币的源泉，因此，中央银行基础货币的数量是影响全社会货币供应量的关键。

2. 货币供应量分析

中央银行要密切监测货币供应量与经济增长和物价变动的协调情况，如果它们之间的差距拉大，就应及时调整货币政策，通过增减货币供应量保持经济的稳定增长。

3. 信贷收支分析

信贷收支分析主要是通过对全部金融机构存贷款的变动情况进行解释说明，包括存款分析和贷款分析。各项存款是金融机构的主要资金来源，各项存款中，又主要由企业存款和储蓄存款构成。贷款是银行资金运用的主要方面，是企业最重要的外部资金来源。银行信贷与股票、企业债券一道，形成企业在国内筹资的主要渠道。

4. 居民储蓄存款分析

居民储蓄存款是一个非常重要的金融指标,一方面,它是金融机构重要的资金来源,并且是准货币的主要构成部分;另一方面,它是城乡居民主要的金融资产,是社会的潜在购买力。居民储蓄的增减变化对国内消费需求的扩大或收缩有着直接的影响,是金融分析中的一项主要内容。

(二)经济分析

1. 工业生产形势分析

工业生产形势分析一般从速度、结构、效益三个方面来进行:分析生产速度,主要看工业增加值和工业产值的增减情况;分析生产结构,主要是看生产结构是否合理,找出影响生产速度的结构特征;分析经济效益,主要是看工业企业投入产出情况以及资金使用效益情况。

2. 农业生产形势分析

中央银行分析农业生产形势,一是分析农业投入。投入决定产出,农业投入有多种渠道,中央银行的分析则应侧重分析农业信贷投入,以此说明金融部门对农业的支持力度。二是分析生产状况。主要是分析种植面积、种植结构和产品产量等。

3. 投资分析

在投资分析中,一是要重点分析投资规模。固定资产投资规模是指一定时期实际用于增加固定资产投资的资金数量。二是要重点分析投资结构。分析投资结构,需要结合不同时期的特点,观察和分析投资结构是否与生产结构、需求结构及产业发展方向相适应。投资结构分析的内容很多,通常有生产性投资和非生产性投资结构分析、基本建设和技术改造投资比例分析、物质生产部门和非物质生产部门投资结构分析等。

4. 消费需求分析

中央银行在分析消费需求时,侧重于以下方面:一是结合居民家庭收入、储蓄和投资变动分析消费需求变化。二是结合消费结构的变动分析消费需求的变化。三是分析影响消费需求的各类因素。除了收入因素外,价格水平和价格预期、利率水平、国民收入分配状况和金融资产收益率等因素都会对消费产生影响。

5. 市场和物价分析

市场包括国内市场和国际市场。在中央银行宏观经济分析中,要联系国际市场分析国内市场,但分析的重点应放在国内市场,其中应重点分析生产资料市场和消费品市场。生产资料市场分析,主要观察生产资料的购销情况,如果生产资料购销旺盛,表明中间需求增加,其深层原因一般是投资需求增长过快引起的。消费品市场主要用社会消费品零售总额增长指标来反映,消费品零售总额增加,必然拉动生产的增长,而消费品零售总额下降,则会使产成品上升,或者使商业库存上升,从而会影响未来生产的持续增长。物价分析是中央银行宏观经济分析不可缺少的内容。物价水平的变动通常用物价指数来表示。中央银行要通过调控货币供应量影响市场物价水平,应更加关注具有先行特征的物价指数。影响物价变动的因素有很多,既可能是需求因素,也可能是供给因素;既可能是国内因素,也可能是国际因素。在分析中必须弄清影响近期物价水平变动的主要因素,在此前提下才能对症下药,实施有效的宏观调控。

6. 国际收支分析

影响国际收支的因素主要是外贸进出口,因而在国际收支分析中外贸进出口分析是主要内容。国际收支分析还应将收支差额与一国对外经济活动规模、外汇储备状况等结合起来进行。一国国际收支状况不是孤立的,而是整个国民经济状况和世界经济政治形势综合作用的结果。只有将国际收支放到这一大背景下进行深入分析,才能找到影响其平衡的根本原因,从而为制定和调整有关宏观政策,改善国际收支状况,扩大对外经济活动规模提出金融对策。

本章小结

中央银行为商业银行及其他金融机构提供支付清算服务,是执行一国金融监管核心职责的重要体现。中央银行支付清算服务的效率和风险对本国金融稳定和经济安全有着举足轻重的影响。支付清算体系是中央银行向金融机构及社会经济活动提供资金清算服务的综合安排,包括清算机构、支付清算系统和支付清算制度。支付清算系统主要面临信用风险、流动性风险、系统风险、法律风险、非法风险和操作风险。美国次贷危机之后,该系统的风险受各国政府高度重视,各国均采取有效措施管控支付系统风险。随着中国人民银行对信息化建设的重视,中国已基本形成了以现代化支付系统为核心的支付体系。

作为政府的银行,中央银行负有办理和管理国库业务的重要职责。通过经理国库,确保国家预算资金的及时收付、准确核算及库款安全,并且对于灵活调度资金、实现财政收支平衡、沟通财政和金融之间的联系、促进财政政策和货币政策的协调配合具有重要意义。中央银行按照会计的基本原则制定核算形式和核算方法,针对中央银行的职能特点及业务范围开展会计业务。中央银行会计业务主要通过制定年度决算、会计报告和进行会计分析实现财务核算、监督和管理。

中央银行通过货币统计、信贷收支统计、金融市场统计、保险统计、对外金融统计和资金流量统计进行金融统计;通过工业景气统计调查、城乡居民储蓄问卷调查和物价统计调查进行经济调查统计,并在此基础上分析宏观经济。

复习思考题

1. 中央银行的支付清算业务包括哪些内容?
2. 支付系统风险有哪些?危害何在?应该如何控制和防范该风险?
3. 我国的支付清算体系经历了哪些发展变革?
4. 中央银行经理国库的职责和权限有哪些?
5. 中央银行会计业务的任务和职能包括哪些内容?
6. 中央银行如何进行宏观经济分析?

【参考文献】

[1]黄达.金融学[M].2版.北京:中国人民大学出版社,2009.

[2]刘锡良,曾志耕,陈彬.中央银行学[M].北京:中国金融出版社,1997.

[3]赵何敏,黄明皓.中央银行学[M].北京:清华大学出版社,2012.

[4]王广谦.中央银行学[M].北京:高等教育出版社,2011.

[5]陈学彬.中央银行概论[M].北京:高等教育出版社,2006.

[6]中国人民银行结算司.中国支付体系发展报告(2006,2009,2010).

[7]付一书.中央银行学[M].2版.上海:复旦大学出版社,2012.

[8]戴相龙.中国人民银行五十年[M].北京:中国金融出版社,1998.

[9]周小川.转轨期间经济分析与经济政策[M].北京:中国经济出版社,1990.

[10]戴根有.中央银行宏观经济分析——若干理论和方法[M].北京:中国金融出版社,1995.

[11]胡波.解析央行第二代支付系统及其影响[J].银行家,2012(4).

[12]中国人民银行网站。

第六章

中央银行的货币政策目标

【本章结构】

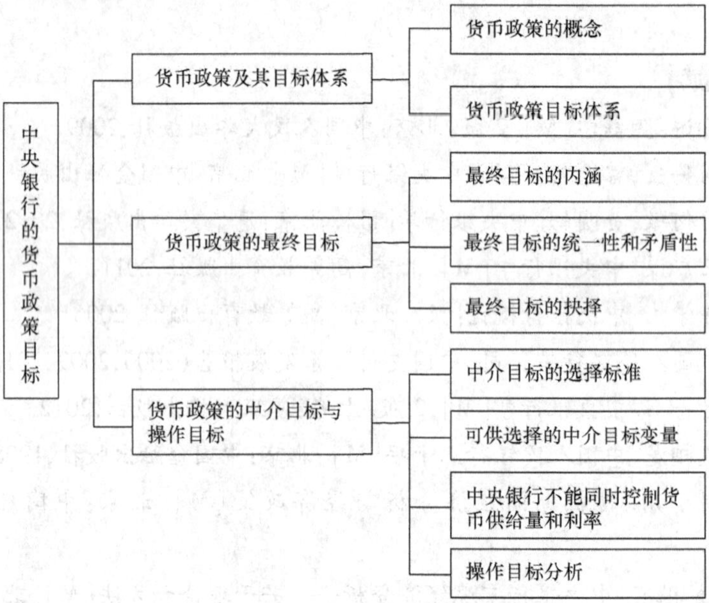

【学习目标】

1. 掌握货币政策的含义、特征及其对宏观经济的影响
2. 了解货币政策目标体系的三个层次
3. 掌握货币政策最终目标的抉择

4. 掌握货币政策中介目标的选择
5. 掌握货币政策操作目标的选择

【本章提要】

货币政策是一项特殊的经济政策，它对一国的经济社会发展有着重要的促进作用。货币政策目标包括最终目标、中介目标和操作目标。最终目标的四大目标具有对立统一性，各国在最终目标的选择上具有单目标、双目标和多目标的争论。常见的中介目标变量有货币供应量、贷款量和利率等，货币当局通过设定中介目标，运用操作目标来达到货币政策最终目标。

【关键术语】

货币政策　最终目标　物价稳定　充分就业　经济增长
国际收支平衡　中介目标　操作目标

第一节　货币政策及其目标体系

一、货币政策的概念

（一）货币政策的内涵

所谓货币政策，是指货币当局或中央银行为实现既定的经济目标，运用各种工具调节货币供给量和利率等金融变量，进而影响宏观经济运行的方针和措施的总称。货币政策是一项重要的经济政策，它的变化会引起总需求与总供给的变化、一般价格水平的变化、经济增长速度乃至整个社会经济结构的变化。

货币政策具有较为广泛的内容，它包括货币政策的最终目标，实现最终目标的政策工具，各种操作目标与中介目标，货币政策传导机制和货币政策效应等。这些内容紧密联系，构成了一个国家货币政策的有机整体。通常，中央银行在制定与实施货币政策时，都要对这一有机整体进行统筹考虑。首先，中央银行通过分析经济形势与金融形势的变化，根据宏观经济与金融体系的实际情况，确定货币政策的最终目标，然后再恰当选择能实现该最终目标的政策工具。不过，从货币政策工具的运用到货币政策最终目标的实现有一个很长的传导过程，在这个过程中，货币当局无法直接观察到其行动对最终目标的影响。因此，必须选择确立操作目标与中介目标，并通过它们的变化来观察货币政策工具是否有效，进而方便中央银行的下一步调整，比如明确货币政策工具变动的方向与力度。货币政策一经制定，与之相配套的信贷政策、汇率政策、利率政策等一系列金融政策也随之制定下来。

（二）货币政策的特征

与一般的经济政策相比，货币政策具有以下几个特征：

第一，货币政策是一项宏观经济政策。一国的宏观经济目标基本上也是货币政策目标。货币政策旨在通过调控货币供应量、利率、汇率等金融变量来维系经济稳定与协调发展，保证宏观政策目标的实现。货币政策以总量调节为主，同时注重总量调节和结构调节相结合。

第二，货币政策主要是间接调节经济的政策。对宏观经济的调节方式有间接调节与直接调节两种。货币政策对经济活动的调节主要是间接调节，采用经济的、法律的手段来调节宏观经济。

第三，货币政策是以需求管理为核心的经济政策。社会总需求与社会总供给之间的平衡关系，是国民经济中最重要的关系之一。有些宏观经济政策着眼于影响社会总供给来影响宏观经济，而有些则偏重于通过影响总需求来影响宏观经济。货币政策主要通过对社会总需求的调节，来实现社会总需求与社会总供给的平衡。

第四，货币政策目标有长期性，而货币政策的各项具体措施又具有短期性、时效性的特点。所以，货币政策不能笼统地说成是一种长期性的经济政策还是一种短期性的经济政策，它是目标的长期性与措施的短期性的动态结合、短期措施服从长期目标的政策系统。这是货币政策与其他经济政策的重要区别。

（三）货币政策对宏观经济的影响

货币政策对宏观经济的影响可从其对价格总水平的影响，对经济增长的影响，对就业的影响，对金融稳定的影响等方面来分析。

1. 货币政策对产出和价格总水平的影响

货币政策对产出、就业和通货膨胀的影响可以通过 $AD-AS$（总需求—总供给）模型来进行分析。在 $AD-AS$ 模型中，货币政策对经济的影响，是通过货币供给的变动推动总需求曲线变动，使经济的均衡点从原有的均衡点向新的均衡点移动来实现的。

当实行扩张性货币政策时，如图6－1所示，货币供给增加，总需求曲线从AD_1右移至AD_2，其与总供给曲线的交点由E_1右移至E_2，价格总水平由P_1上升到P_2，产出水平由Y_1提高到Y_2。因此，随着货币供给的增加，物价和产出都在增长，但经济增长水平高于通货膨胀水平。随着货币供给的进一步增加，经济增长逐步放慢，如Y_3到Y_4；而通货膨胀却逐步加剧，如P_3到P_4；反之则相反。需要注意的是，由于总供给曲线形状的差异，总需求的变动对经济增长和通货膨胀的影响是不同的。总供给曲线形状也就成为理解货币政策效应差异的关键点。

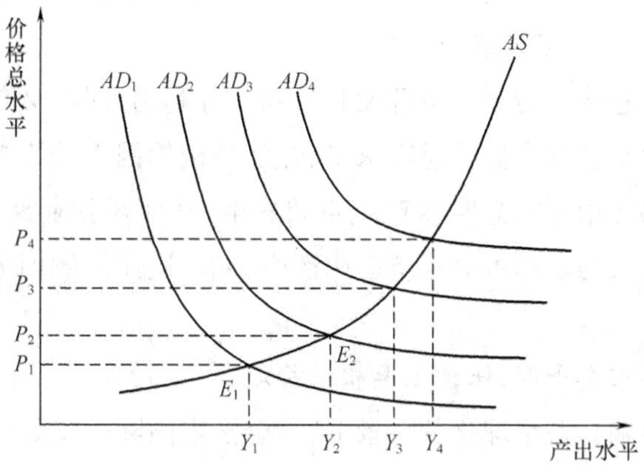

图6－1 货币政策对经济的影响

2. 货币政策对经济波动和金融稳定的影响

一般而言，货币政策具有“逆经济风向”的特性，适当的货币政策有利于抑制经济的过度波动。当经济过热时，紧缩性货币政策有利于抑制经济的进一步膨胀；而当经济衰退时，扩张性货币政策有利于刺激投资和消费，促进经济复苏。因此，货币政策是抑制经济波动、促使经济稳定增长的重要调节手段。但是，货币政策传导是一个十分复杂的过程，影响其效应的因素很多，货币政策的使用不当反而会加剧经济的波动。

（四）货币政策在宏观调控中的作用

在市场经济条件下，货币政策作为政府调控宏观经济的重要手段之一，主要具有以下5个方面的作用：

1. 促进社会总需求与总供给的均衡

总供给是指一定时期内国民经济各部分供给的商品与劳务的总和，总需求则是一定时期内对商品与劳务的需求总和。社会总需求与总供给的均衡是社会经济平稳运行的重要前提。社会总需求与社会总供给只有在总量上和结构上都保持平衡,国民经济才能持续、协调、稳定发展,否则,国民经济就难免出现诸如物价上涨、工人失业、资源供应不足等问题。中央银行能够通过货币政策来影响社会总需求,进而促进社会总需求与总供给达到均衡。

2. 促进经济稳定增长

首先,货币政策的正确实施可以为经济社会提供一个稳定的、良好的货币金融环境。其次,由于各种因素的影响,经济增长不可避免地会出现各种波动,剧烈的波动不利于经济的持续稳定增长。一般而言,货币政策作为一种稳定经济的政策,能够通过"逆经济风向"的调节作用,达到保持经济稳定增长的目的。

3. 促进充分就业,实现社会稳定

非充分就业意味着劳动力资源没有得到充分利用,同时又是社会不稳定的隐患之一。就业水平的高低受总需求量、经济结构等因素的影响。通过一般性货币政策工具的运用可对总需求产生重要影响,从而对就业产生影响;通过选择性货币政策工具的运用可对经济结构产生影响,进而影响因为结构性失衡而产生的失业。

4. 促进国际收支平衡,保持汇率相对稳定

在经济和金融日益全球化的背景下,一个国家国际收支的平衡与汇率的相对稳定是保持其国民经济稳定发展的必要条件。货币政策通过对本外币政策协调,本币供给控制,利率和汇率的适时适度调整等措施,对促进国际收支平衡,保持汇率相对稳定具有重要作用。

5. 保持金融稳定,防范金融危机

保持金融稳定是防范金融危机的重要前提。货币政策通过各种政策工具的合理运用,可以控制社会信用总量,有利于抑制金融泡沫与经济泡沫的形成,避免泡沫的突然破灭对国民经济特别是金融部门的猛烈冲击,有利于保持金融稳定和防范金融危机。

二、货币政策目标体系

明确货币政策目标是整个货币政策制定与实施过程的首要任务,只有确立了货币政策目标才能有的放矢地围绕目标选择货币政策的操作指标和政策工具,进而建立货币政策体系,发挥货币政策调控经济的功效。一般来讲,按照中央银行对货币政策目标的影响速度、影响程度以及施加影响的方式,货币政策目标可划分为三个层次:最终目标、中介目标和操作目标。

最终目标是中央银行通过货币政策在一段较长时期所要达到的目标,基本

上与一国的宏观经济目标相一致，具体包括物价稳定、充分就业、经济增长和国际收支平衡等。但是，中央银行并不能直接调控最终目标，而只能通过货币政策工具对它们施加间接的影响和调节。由于从货币政策工具的运用到货币政策的最终目标实现之间有一个相当长的作用过程，为了及时准确地判断货币政策的力度和效果，中央银行需要有一套便于决策和控制的过程指标（包括操作目标与中介目标），将货币政策工具的操作与货币政策最终目标联系起来。

在这些过程指标中，操作目标是接近货币政策工具的金融变量，具体包括准备金、基础货币、短期利率等。它们直接受货币政策工具的影响，对货币政策工具的变动反应较为灵敏，是政策工具操作直接影响的指标。中介目标处于最终目标和操作目标之间，与最终目标联系密切，其变动可以较好地预告最终目标可能出现的变动。一般而言，中介目标包括货币供给量和长期利率。但在一定条件下，银行信贷规模和汇率等也可以充当中介目标。货币政策的操作目标、中介目标和最终目标与宏观经济的相关性程度逐渐增强，但受中央银行的控制程度逐渐减弱，三者有机构成了货币政策的目标体系。

20 世纪 90 年代以来，国际上出现了一种新的货币政策决策和操作规则——通货膨胀目标制。通货膨胀目标制的基本含义是：中央银行明确以物价稳定为首要目标，并向外界公布未来一段时间所要达到的目标通货膨胀率；同时，中央银行通过一定的方法预测目标期的通货膨胀率，然后根据预测结果和目标通货膨胀率之间的差距来决定货币政策的调整和操作，使得实际通货膨胀率接近目标通货膨胀率。在通货膨胀目标制下，传统的货币政策目标体系发生了重大变化，在政策工具与最终目标之间不再设立中间目标，货币政策的决策依据主要依靠定期对通货膨胀的预测。自 1990 年新西兰率先采用通货膨胀目标制以来，已有加拿大、英国、瑞典等多个国家先后实行。

第二节　货币政策的最终目标

一、最终目标的内涵

货币政策最终目标是中央银行实施货币政策所要达到的最终目的。一个国家不同时期的最终目标可能是不同的。一般而言，中央银行货币政策的最终目标包括物价稳定、充分就业、经济增长和国际收支平衡等。

（一）物价稳定

所谓物价稳定，就是指物价总水平在短期内没有显著的、剧烈的波动。物价水平不稳定有两种表现形式：一是物价总水平普遍持续上涨（通货膨胀）；二是物价总水平普遍持续下降（通货紧缩）。

通货膨胀特别是严重的通货膨胀，将导致：①社会分配不公，一些人的生活水平因此而下降，社会矛盾尖锐化。②借贷风险增加。通货膨胀时贷出资金的人将遭受额外的损失，正常的借贷关系将遭受破坏。③相对价格体系遭到破坏。价格信号作为市场机制有效配置资源的基础遭到破坏，经济秩序混乱，并最终影响经济的稳定增长。④严重的通货膨胀导致货币严重贬值，可能导致货币体系的彻底崩溃。

虽然在现实经济生活中物价不稳定更多地表现为通货膨胀，但通货紧缩的影响也不能忽视。通货紧缩将严重地影响企业和公众的投资和消费预期，制约投资需求和消费需求的增长，使企业销售下降，存货增加，利润下降，企业倒闭和失业率上升，经济增长停滞甚至严重衰退，国家陷入经济危机。因此，抑制通货膨胀和避免通货紧缩是货币政策目标不可分割的两个方面。

稳定物价并不是将物价水平冻结起来长期保持不变，由于人们对物价变动的承受力不同和国家经济发展战略所追求的目标不同，在不同的国家，不同的社会经济条件下，中央银行货币政策的稳定物价目标也会有不同的标准。但有一点十分清楚，就是各国政府和中央银行都极力控制物价总水平的波动，以实现经济的持续、协调、稳定增长。

（二）充分就业

所谓充分就业，是指在一定的工作条件下，凡有能力并自愿参加工作者，都能找到适当的工作。将充分就业作为货币政策的最终目标，源于 1929 ~ 1933 年西方资本主义经济危机导致的大规模的失业。由于市场并不能自发地保证充分就业，西方国家普遍实行了干预经济的政策，充分就业也就成了货币政策的重要目标之一。

充分就业并非人人都有工作，失业与充分就业并存并不矛盾，因为经济中会存在自愿失业和摩擦性失业。自愿失业是指劳动者不愿意接受现行的货币工资水平和现行的工作条件而自愿放弃工作所引起的失业；摩擦性失业是指由于季节的、技术性的、经济结构的变化等原因造成的临时性失业。凯恩斯提出了非自愿失业的概念。非自愿失业是指劳动者愿意接受现行的工资水平和现行的工作条件，但仍然找不到工作。这种非自愿失业被认为是有效需求不足造成的，又称为“需求不足的失业”。在凯恩斯看来，只要消除了非自愿失业，也就实现了充分就业。

造成劳动者失业的原因是多方面的，但与中央银行货币政策直接相关的仍然是货币因素，也就是有货币支付能力的社会总需求不足。因此，中央银行要实现充分就业目标，就要通过增加货币的供给来扩张社会总需求。但是，不管中央银行采取什么措施来扩张需求，失业率水平不可能降低到零。对充分就业目标的衡量很难用一个统一的指标值来表示，而应根据不同的社会经济条件与发展状况来判断。有的经济学家认为，失业率为3%时可视同充分就业，而美国大多数学者认为4% ~5%的失业率就可视为充分就业，并将其称为“自然失业率”。

（三）经济增长

所谓经济增长，是指一国或地区实际经济产品与劳务总量的增长。目前世界上大多数国家都以国民生产总值（GNP）增长率、国内生产总值（GDP）增长率、人均GNP增长率、人均GDP增长率作为衡量经济增长的主要指标。

经济增长是多种因素综合作用的结果，它涉及各种经济资源的增长以及资源的有效利用。中央银行所能影响的是经济增长中的几个因素，如投资率、储蓄率以及要素资源的优化配置。此外，中央银行还能通过创造一个适宜的货币环境来促进经济增长。

（四）国际收支平衡

所谓国际收支平衡，是指一国对其他国家的全部货币收入和货币支出保持基本平衡，两者相抵后略有顺差或逆差。该目标是在西方主要国家国际收支日益恶化的背景下提出的。20世纪60年代，美国的国际收支不断恶化，大量美元外流降低了世界各国对美元的信心，使以美元为中心的国际货币制度受到严重威胁。70年代初出现了两次大的美元危机，由此导致国际货币金融局势动荡不定。鉴于这种情况，许多国家无论顺差国还是逆差国，为了防止输入型的通货膨胀或防止国际清偿能力不足，都纷纷提出了国际收支平衡的货币政策最终目标。

一个国家国际收支出现失衡，无论是顺差与逆差，都会影响到国内的货币供应量，进而影响国内经济。巨额的国际收支逆差可能导致外汇市场对本币信心的急剧下降，资本大量外流，外汇储备急剧下降，本币大幅贬值，并导致严重的货币和金融危机。20世纪90年代的墨西哥金融危机和亚洲金融危机的爆发就是这方面的例证。而长期的巨额国际收支顺差，使大量的外汇储备闲置，造成资源浪费；同时，为购买大量的外汇而增发本国货币，可能导致或加剧国内的通货膨胀。此外，巨额的经常项目顺差或逆差还可能加剧国际贸易摩擦。当然，相比之下，逆差的危害比顺差更大，因此各国调节国际收支失衡主要是为了减少甚至消除国际收支逆差。

货币政策在调节国际收支方面具有重要作用。在资本项目自由兑换的情况下，提高利率将吸引国际资本的流入，降低资本项目逆差或增加其盈余；反之相反。汇率的变动对国际收支平衡也具有重要影响，本币贬值有利于促进出口，抑制进口，降低贸易逆差或增加其盈余，但却不利于资本项目的平衡；反之相反。

二、最终目标的统一性和矛盾性

货币政策的最终目标之间是对立统一的关系。

（一）物价稳定与充分就业

英国经济学家菲利普斯（A. W. Philips）最先从理论上分析了稳定物价与充分就业目标之间的关系。他认为，失业率与物价上涨率之间，存在着一种此消彼长的关系。也就是说，一个国家要减少失业或实现充分就业目标，必然要增加货币供给量，降低税率，增加政府支出，以此刺激社会总需求的增加。而总需求的增加，在一定程度上将引起一般物价水平的上涨。相反，如果要压低物价上涨率，就得缩减货币供给量，提高税率，削减政府支出，以此抑制社会总需求的增加。而社会总需求的缩减，必然导致失业率的提高。稳定物价与充分就业的关系可以用图 6 - 2 的"菲利普斯曲线"来说明。

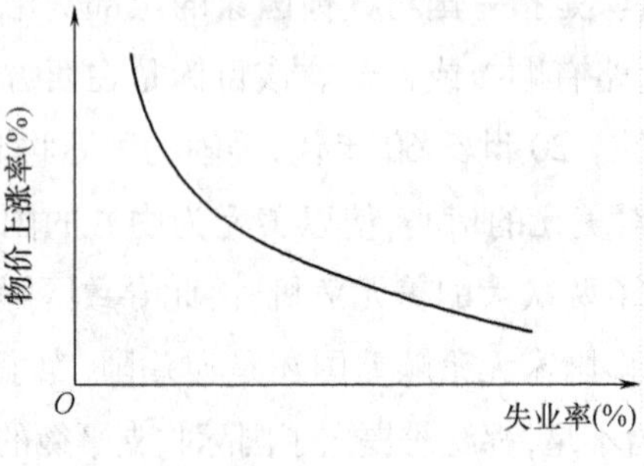

图 6 - 2 菲利普斯曲线

（二）物价稳定与经济增长

从根本上讲，物价稳定与经济增长二者是统一的：物价稳定是经济增长的基础，只有稳定物价，才能为经济的持续、稳定增长提供良好的货币金融环境；经济增长又是物价稳定的物质基础，只有经济增长，才能不断地增加有效供给，改善供求关系,实现供求平衡,从而获得物价的稳定。

但是世界各国的经济发展史表明,政府在促进经济增长时,往往会采用扩张信用和增加投资的办法,其结果必然造成货币供应量的增加和价格上涨。而为抑制通货膨胀采取的提高利率、减少货币供应量等紧缩性货币政策又可能会因抑制投资而影响经济增长。

(三)物价稳定与国际收支平衡

物价稳定与国际收支平衡两目标之间的关系取决于一个国家所处的经济状况:

当一个国家国际收支逆差与通货膨胀并存时,稳定物价与国际收支平衡之间不存在冲突。若中央银行采用紧缩性货币政策减少总需求以降低物价时,总需求的减少能减少进口,同时利率的上升能刺激资本流入,这两者都能缓解国际收支状况。

当一个国家国际收支顺差与通货紧缩并存时,稳定物价与国际收支平衡之间也不存在矛盾。若中央银行采用扩张性货币政策扩大总需求,总需求的扩大能增加进口,同时利率的下降会导致资本外流,这两者都能改善国际收支状况。

当一个国家国际收支逆差与通货紧缩并存时,稳定物价与国际收支平衡之间将会发生冲突。中央银行采用扩张性货币政策扩大总需求以期刺激经济时,总需求的扩大、利率的下降反而会导致国际收支逆差扩大。

当一个国家国际收支顺差与通货膨胀并存时,稳定物价与国际收支平衡之间将会发生冲突。同样的道理,中央银行紧缩货币可以降低通货膨胀,但会加大国际收支顺差规模。

(四)充分就业与经济增长

通常情况下,在促进经济增长的过程中,往往要扩张信用,增加货币供给,刺激社会总需求。而社会总需求的增大,在一定程度上会增加就业机会,从而使失业率降低。而就业水平的提高会带来更多的产出,促进经济的增长。

但在许多情况下,两者也会出现不一致。例如依靠科技进步,经营管理现代化所实现的高经济增长并不能带来高就业,经济增长的过程中会出现资本有机构成的提高,出现机器排挤工人的现象。再如,片面地强调高就业,硬性分配劳动力到企业单位就业,造成人浮于事,效益下降,产出减少,可能会导致经济增长速度放慢。

(五)充分就业与国际收支平衡

当国际收支平衡是在非充分就业的情况下发生时,政府往往使用扩张性政策来增加就业量。随着就业、收入和产量的增加,对投资品和消费品的需求都将增加，进口相对于出口来说也会有所增加，若进口的增长速度超过出口的增长速度，则出现国际收支顺差减少或逆差增加。所以，充分就业目标的实现有可能以国际收支失衡为代价。同时，充分就业条件下的工资水平是较高的，较高的工资成本不利于本国产品在国际市场上竞争，从而不利于出口，可能会导致国际收支失衡。

（六）国际收支平衡与经济增长

国内经济增长会导致对进口商品的需求增加，如果本国出口的增长不足以抵消这部分增加的进口需求，就会导致贸易收支逆差。另外，外资的流入可以弥补贸易收支造成的国际收支不平衡；但是，从动态的角度来看，若本国不具备有效利用外汇的能力，就会导致将来国际收支的不平衡。

三、最终目标的抉择

（一）关于货币政策目标选择的争论

由于货币政策最终目标之间的矛盾性，货币政策在客观上难以同时兼顾所有的目标。所以在制定货币政策时必须对诸多目标有所取舍，这就产生了货币政策目标的选择问题。在这个问题上，理论界一直存在着争论，并形成了单目标论、双目标论和多目标论等观点。

单目标论认为，由于客观上存在着各个目标之间的矛盾，货币政策只能以单一目标为己任。在具体选择哪一个最终目标上又存在两种对立的观点：一种从物价稳定是经济正常运行和发展的基本前提出发，主张选择物价稳定作为货币政策的唯一目标；另一种则认为经济增长是物价稳定的基础，主张以经济增长为货币政策的唯一目标。

双目标论认为，在选择货币政策目标时，应当同时兼顾稳定币值和经济增长两大目标。这种观点的理论基础在于：经济增长是物价稳定的物质基础，而物价的稳定又有利于经济的长期稳定增长。二者是互相制约和互相影响的，只偏重某一目标的结果是在长期经济运行中难以实现该目标，而且还会影响经济的稳定发展。

多目标论认为，货币政策作为宏观经济调控的重要手段，对各个宏观经济目标都具有十分重要的影响，不能只以一个或两个宏观经济目标作为其政策目标，而应该根据不同时期经济运行的需要不断调整货币政策目标，从而在总体上兼顾与平衡各个目标。

理论上的争论以及不同的经济情况导致各个国家在货币政策最终目标的

选择上存在诸多差异。在实践中，绝大部分国家都在不同程度上兼顾了各种目标。不过各国根据自己的具体情况对各目标的优先程度有各自的排列次序。目前，多数国家都将物价稳定作为首要的目标，在物价稳定基本实现的条件下，实现经济持续增长，同时保持国际收支平衡和汇率的稳定。

由于宏观经济环境在不断变化，因此，不同时期的货币政策的相对重点也应该变化。在经济紧缩时期，保持经济的稳定增长和实现充分就业是货币政策目标的相对重点；在经济高涨时期，保持物价稳定则成为货币政策的首要目标；而在国际收支失衡、汇率急剧波动和金融动荡时期，保持国际收支平衡、维持汇率的稳定和金融稳定则成为该时期货币政策的首要任务。

（二）我国中央银行的货币政策目标选择

我国的货币政策目标选择实际上经历了一个从双重目标到单一目标的转变过程。1984 年，中国人民银行专门执行中央银行职能以后，开始提出自己的货币政策目标。1986 年 1 月，国务院发布了《中华人民共和国银行管理暂行条例》，其第三条规定："中央银行、专业银行和其他金融机构……，其金融业务活动，都应当以发展经济、稳定货币、提高社会主义经济效益为目标。"从实际上确定了我国货币政策目标为双重目标。然而，经过近十年的实践表明，双重目标在我国难以实现，中央银行在执行双重目标时，往往顾此失彼，以致两个目标都难以很好地实现。

1995 年 3 月通过的《中国人民银行法》规定中央银行的货币政策目标为："保持货币币值的稳定，并以此促进经济增长。"这一新的货币政策目标是单一的，即以"保持货币币值的稳定"作为中央银行货币政策的最终目标，在这个基础上促进经济增长。这样的定位解决了过去双重货币政策目标的模糊与矛盾，界定并理顺了"稳定货币与发展经济"的内在联系，把"币值稳定"作为经济增长的前提。币值稳定是经济效率原则得以发挥的前提条件；币值稳定具有维护社会财富分配公平和激发劳动者积极性的功能，有利于形成经济健康发展的良好社会环境；币值稳定是实现其他宏观经济目标的必要条件。与此同时，"稳定币值"的目的是为了促进经济增长，只有这样才能缩小同发达国家之间的差距。

"保持货币币值的稳定，并以此促进经济增长"的货币政策目标，是多年来我国货币政策最终目标的艰难探索与借鉴国外经验的结晶，它既遵循国际货币政策最终目标选择的一般规律和发展惯例，同时也兼顾了现阶段我国的国情，符合我国社会经济发展的特征与要求，有利于货币政策功能作用的充分发挥。

第三节 货币政策的中介目标与操作目标

一、中介目标的选择标准

从货币政策工具的运用到货币政策最终目标的实现之间有一个相当长的作用过程。在这个作用过程中有必要及时了解政策工具是否得力,估计最终目标能否实现,这就需要借助于中介目标的设置。中介目标是指与最终目标有紧密相关性,并且对货币政策工具的运用反应迅速的金融变量。事实上,货币当局本身并不能直接控制和实现诸如物价稳定、经济增长这些最终目标。它只能运用货币政策工具,通过对中介目标的调节,最后实现货币政策的最终目标。因此,中介目标就成了货币政策作用过程中一个十分重要的中间环节。对它们的选择是否正确以及选定后能否达到预期调节效果,关系到货币政策最终目标能否实现。通常认为中介目标的选取要符合如下一些标准:

第一是可测性,即信息资料要能够被中央银行迅速而精确地获得,并且变量指标定义的内涵和外延较为明确与稳定。

第二是可控性,指通过政策工具操作,能够有效地对中介目标变量进行控制。

第三是相关性,指中介目标变量必须与最终目标变量之间有密切的联系,作为操作目标的变量又必须与中介目标密切相关。

第四是抗干扰性,货币政策在实施的过程中常会受到许多外来因素或非政策因素的干扰,只有那些受干扰程度低的变量才能选作中介目标。

另外,经济及金融环境不同,中央银行为实现既定的货币政策目标而采用的政策工具也不同,选择作为中介目标的金融变量也必然有区别。

二、可供选择的中介目标变量

根据中介目标的选择标准,尤其是根据可测性、可控性、相关性这三个标准来确定的中介目标的变量有两类:一类是规模变量,主要是指货币供给量和贷款量;另一类是价格型变量,主要是利率,有时汇率也可作为中介目标。

（一）货币供给量

下面考察货币供给量作为中介目标是否满足“三性”要求。

1. 货币供给量的可测性

货币供给量分别可以通过对中央银行、商业银行和其他金融机构的资产负债表的统计得到，具有较好的可测性。

2. 货币供给量的可控性

中央银行掌握着基础货币的投放，在货币乘数稳定或者可预测的情况下，货币供给量在理论上有一定的可控性。因为货币供给量的变动既取决于基础货币的变动，也取决于货币乘数的变动，所以中央银行对货币供给量的控制能力也不是绝对的，还要受公众和商业银行的影响。

3. 货币供给量的相关性

货币供给量与最终目标变量之间有较好的相关性，但这种相关性的强弱会受到经济、金融环境的影响。比如，金融创新活动就可能削弱它们之间的稳定的数量关系。

由于货币供给量是一个多层次概念，以货币供给量作为中介目标，面临以哪一个层次的货币供给量作为中介目标的问题。在选择 M_1 还是 M_2 的问题上有着不同的见解。一般情况是，随着金融市场的发展和金融工具的丰富，货币控制的重点向更为广泛的货币层次转移。我国在 20 世纪 90 年代初期和中期是以 M_1 为货币控制的重点，从 90 年代末期开始就逐步将控制重点转向了 M_2。

（二）贷款量

以贷款量作为货币政策的中介目标，在可测性方面是没有问题的。其可控性则与银行制度有一定的关联，在中央银行可以直接规定商业银行的贷款规模的情况下，其可控性就很强；在中央银行不能实施直接的贷款限额管理的情况下，其可控性就差一些。但是，在后一种情况下，中央银行也可以通过各种手段调节贷款量。在相关性方面，贷款总量直接影响货币供给量的多少和社会总需求，进而影响产出和物价。特别是在金融市场发育程度低、直接融资规模小的情况下，贷款量对总需求的影响比较强。相对而言，在规模变量中，比较常见的是选择货币供给量作为中介目标，贷款量则往往作为辅助变量。

（三）利率

下面考察利率作为中介目标是否满足“三性”要求。

1. 利率的可测性

中央银行可以直接从货币市场和资本市场上得到各种利率水平和利率结

构的信息，其可测性是没有问题的。

2. 利率的可控性

中央银行可以通过公开市场操作、再贷款(再贴现)利率的变动等方法影响货币市场短期利率，进而引导长期利率变化。在一些对利率实现直接管制的国家，其可控性更强。

3. 利率的相关性

利率水平的高低直接影响投资和消费行为，从而影响总需求和最终目标。

但利率作为中介目标也存在着一些缺点：

一是利率与最终目标变量的相关性强弱主要取决于投资对利率的弹性，弹性高则相关性强，弹性低则相关性弱。而货币需求的利率弹性既受经济体制的影响，也受金融市场发育程度和经济运行状况等的影响。

二是中央银行能够控制的是名义利率，而对经济产生实质影响的是预期实际利率，预期实际利率等于名义利率减去预期通货膨胀率，由于对未来通货膨胀率的预期难以准确测定，这就增加了对实际利率控制的困难。

三是由于市场利率种类很多，到底哪一个利率最适合，也存在着选择上的困难。

(四)汇率

汇率的可测性没有问题，其可控性和相关性能在不同程度上得到满足。在一些开放的小型经济中，汇率可以作为主要的中介目标。这些国家或地区的货币当局确定其本币同另一个经济强大国家货币的汇率水平，并通过货币政策操作，盯住这一水平，从而实现最终目标。但对于大国而言，要保持本国货币政策的独立性，一般不采用汇率目标。

三、中央银行不能同时控制货币供给量和利率

货币供给量和利率分别是最常使用的规模型和价格型中介目标变量。中央银行不能同时实现对货币供给量和利率的控制，货币供给量目标和利率目标只能选择其中的一个。首先，假定中央银行以货币量为中介目标，要控制货币供给量。此时，中央银行就难以控制住利率。图 6－3 是一个货币市场供求图。虽然中央银行预期货币需求曲线位于 Md_e，但是由于产出或物价水平出现意外波动，或者经济中其他冲击使得公众对金融资产的选择偏好发生变化，货币需求曲线并不能保证就真的处于预期的位置。如果中央银行将货币总量目标定为 M^*，那么，中央银行预期利率为 i_e。这个利率水平也许是中央银行的目标水平。但是，货币需求曲线在 Md_1 和 Md_2 之间的波动也将造成利率在 i_1 和 i_2 之间

波动。所以,追求货币量目标就意味着利率的波动。

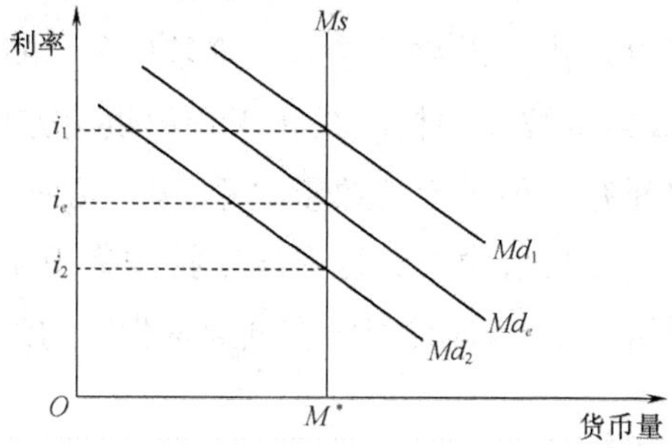

图6-3　以货币量为控制目标会导致利率的波动

结合图6-4分析以利率为控制目标的时候,货币供给量是否能被控制住。假定中央银行预期货币需求曲线处于 Md_e,由于同样的原因,货币需求曲线将在 Md_1 和 Md_2 之间波动。此时,中央银行要将利率控制在 i_e,就会导致货币供给量在 Ms_1 和 Ms_2 之间波动。

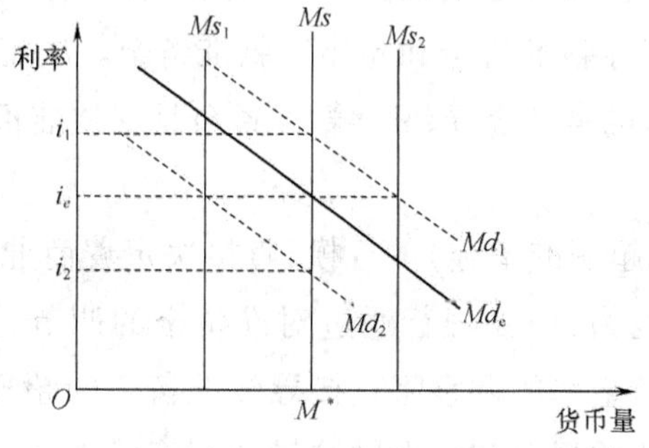

图6-4　以利率为控制目标会导致货币量的波动

既然中央银行不能同时控制住货币供给量和利率两个目标,那么,在最常用的两类中介目标——货币供给量和利率之间,到底哪一类更适合做中介目标呢?对这个问题,不同学派有不同的理论观点。

(一)凯恩斯主义学派的理论主张

凯恩斯主义者一般主张以利率为中介目标。他们认为,利率对总支出有相当重要的作用,特别是对投资有很大的影响,利率是整个货币传导机制中的关键变量。这样,在经济过热、需求过旺时,中央银行就应该通过货币政策操作提高市场利率,抑制总需求;在经济有衰退迹象时,则通过反向操作降低市场利率刺激总需求。

（二）货币主义的理论主张

以弗里德曼为代表的货币主义学者一般主张货币政策以货币供给量为中介目标。这一主张是以现代货币数量论为理论基础的。货币主义认为货币需求函数是稳定的，造成经济波动的根源是在于货币供给方面，而且经济中货币供给量与名义产出之间有一种稳定的数量关系；另一方面，货币供给量又是外生的、可控的金融变量。因此，中央银行只要坚持按货币供给量与经济增长之间的固定比例关系供给货币，就能使经济在低通货膨胀的条件下稳定增长。

四、操作目标分析

货币供应量和利率两种指标一般被视为远期指标。这类中介目标离货币政策的最终目标较近。中央银行对这些指标的控制力弱于像超额准备金和基础货币这样的短期指标。经常被用作操作目标的变量是准备金和基础货币，有时短期利率也可以作为操作目标。

（一）准备金

准备金是商业银行和其他金融机构在中央银行的存款及其持有的库存现金。准备金分为法定存款准备金和超额存款准备金。法定存款准备金是按法定存款准备金率提取的准备金，超额存款准备金是存款准备金总额中超过法定存款准备金的部分。

准备金（特别是超额准备金）的规模，直接决定着商业银行等金融机构的流动性状况和放贷能力，中央银行通过对准备金的调节，可以影响中介目标变量。法定存款准备金率的调整将直接导致准备金的超额部分的变化，这进一步会引起银行贷款的规模和货币供给量及利率等中介目标的变动；中央银行可以通过公开市场业务来改变总准备金和超额准备金的规模，进而影响中介目标变量。

但是，以准备金为操作目标，也存在一些缺陷：

1. 商业银行的超额准备金并不能为中央银行准确控制

在经济发展时期，商业银行会减少超额准备金而扩大贷款或投资业务；在经济不景气时，商业银行为保证资金安全，会增加超额准备金。超额准备金的多少很大程度上取决于商业银行在一定经济形势下所采取的行为。

2. 超额准备金作为内生变量和政策变量时的反向运动，容易引起中央银行的错误判断

作为内生变量，超额准备金在经济上升时期减少，经济衰退时期增加。而

作为政策变量,在经济不景气时,中央银行拟增加商业银行的超额准备金以扩大社会总需求,但此时商业银行已经自动增加了超额准备金,这就使中央银行难以判断其政策效果。

(二)基础货币

基础货币是指流通中的现金和准备金之和,又称为“高能货币”或“强力货币”。由于货币供给量等于基础货币量乘以货币乘数,在货币乘数一定的情况下,只要控制住基础货币,就控制住了货币供给量,进一步还可以影响市场利率水平。中央银行可以通过再贴现窗口和公开市场业务对基础货币进行调节和控制,但这种控制并不是绝对的。特别是通过再贴现窗口的控制,其效果在很大程度上取决于商业银行的需求。

货币乘数的决定因素中,法定存款准备金率是中央银行直接决定的,但是,超额准备金率和现金存款比率则不是由中央银行直接决定的。当然,中央银行也可以通过各种手段对现金存款比率和超额存款准备金率施加影响。相对说来,基础货币作为操作目标具有较强的可测性与可控性,并且相关性也较强,目前它是我国中央银行一个重要的操作目标。

(三)短期利率

货币市场短期利率在有的国家也被用作操作目标。短期利率作为操作目标有如下的优点:①它受货币供应量和中央银行再贴现率影响,可以影响货币供求和投资行为,进而影响社会总需求;②它同再贴现率和货币供求关系有较高的相关程度,能较好地传递货币政策意愿。经常被选作操作目标的短期利率是银行同业拆借利率。同业拆借市场是货币市场的基础,也是一个主要的子市场,其利率是整个货币市场的基准利率。中央银行可以通过公开市场业务、再贴现率等手段来实现对同业拆借利率的调控,进而可以影响货币供给量和其他利率。但是,短期利率易受通货膨胀、市场供求和心理预期的影响,使得短期利率的可控性减弱,影响货币政策的效果。

本章小结

1. 货币政策是国家宏观经济政策的重要组成部分。中央银行的主要功能就是制定并贯彻执行货币政策,对国民经济实施宏观调控,以达到物价稳定与经济增长等目标。

2. 货币政策的最终目标之间存在着统一性和矛盾性，中央银行对货币政策最终目标的选择应该充分考虑宏观经济环境的变化。目前多数国家将物价稳定作为首要的目标，在物价稳定基本实现的条件下来实现经济增长和充分就业，同时保持国际收支平衡和汇率的稳定。

3. 有多个经济变量都有可能作为货币政策中介目标，它们各有适应性与缺点，不同学派对中介目标选择也有不同的观点，但争论一般集中在货币供给量与利率上。

4. 经常被用作操作目标的变量是准备金和基础货币，有时短期利率也可以作为操作目标。

复习思考题

1. 货币政策有哪些基本的特征？
2. 货币政策最终目标有哪些？其内在关系如何？
3. 试结合我国实际阐述我国如何对货币政策最终目标进行抉择。
4. 什么是货币政策的操作目标和中介目标？其选择标准是什么？
5. 试结合我国实际对可供选择的操作目标进行比较分析。

【参考文献】

[1]张强，陈新国. 中央银行学[M]. 北京：首都经济贸易大学出版社，2003.

[2]王广谦. 中央银行学[M]. 北京：高等教育出版社，2011.

[3]罗斌，龙薇. 中央银行学[M]. 长沙：湖南大学出版社，2003.

[4]万解秋，贝政新. 中央银行概论[M]. 上海：复旦大学出版社，1999.

[5]黄达. 金融学[M]. 北京：中国人民大学出版社，2004.

[6]张强，乔海曙. 金融学[M]. 北京：高等教育出版社，2013.

第七章

中央银行的货币政策工具

【本章结构】

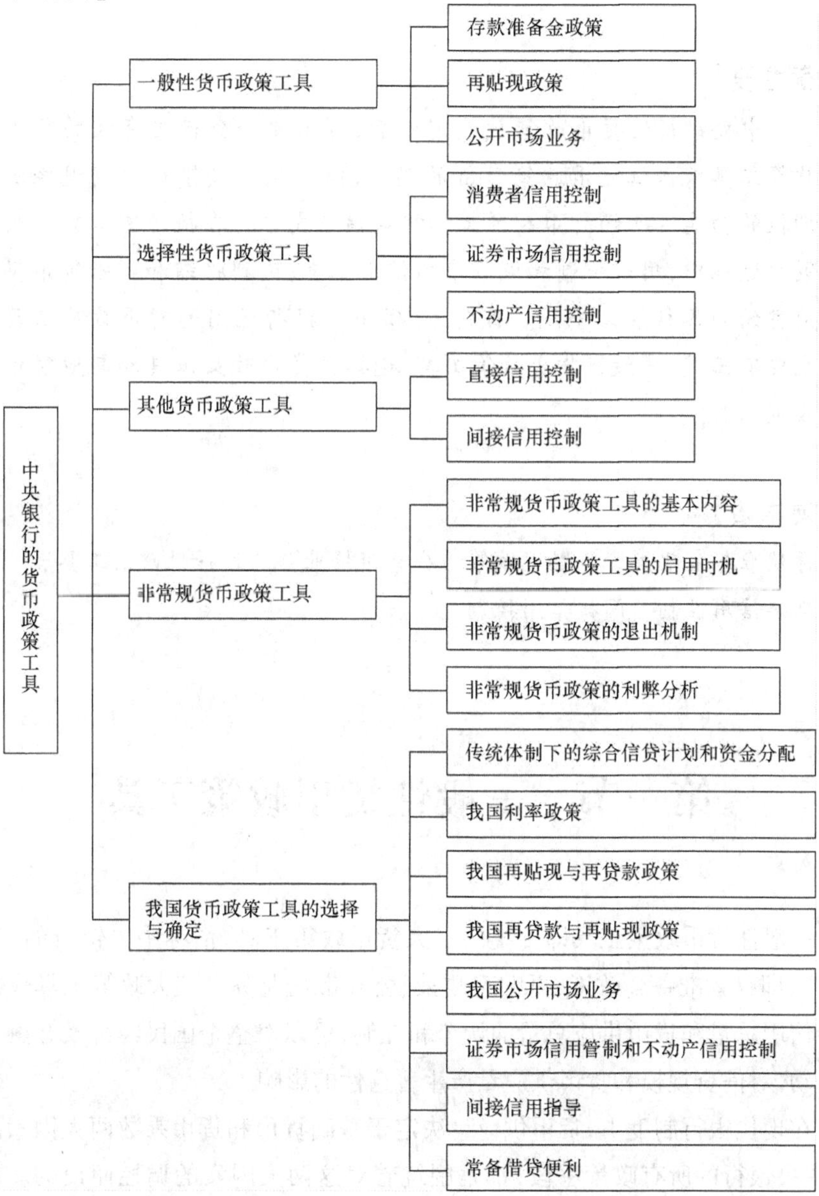

【学习目标】

1. 理解货币政策工具的内涵和类型
2. 掌握一般性货币政策工具及其作用
3. 理解选择性货币政策工具的种类及作用
4. 了解其他货币政策工具的种类和作用
5. 掌握各种货币政策工具,尤其是一般性货币政策工具的适应性
6. 理解我国货币政策工具运用的现状与改革方向

【本章提要】

中央银行的货币政策被确定以后,就需要一套行之有效的货币政策工具来保证货币政策目标的实现,以加强中央银行对宏观经济调控的功能。所谓货币政策工具就是指中央银行在执行国家货币政策的过程中,用以控制和调节市场信用总量,达到收缩和扩张货币供应目的的各种策略手段。目前,可供中央银行运用的货币政策工具主要有三类,一般性货币政策工具、选择性货币政策工具和其他货币政策工具。

【关键术语】

存款准备金政策　再贴现政策　公开市场业务　选择性政策工具
直接信用控制　间接信用控制

第一节　一般性货币政策工具

一般性货币政策工具即传统的三大货币政策工具,俗称中央银行的"三大法宝",即存款准备金政策、再贴现政策、公开市场业务。三大政策工具作用于社会信用总量和货币供应总量的调节和控制,可以对整个国民经济及金融领域的活动,对信贷规模和货币供应量产生普遍性的影响。

在现代银行制度下,货币供应量决定于基础货币和货币乘数两大因素。因此,中央银行的所有政策手段,都是围绕着对这两大因素的调控而设的。在一

般性货币政策工具中,公开市场操作和再贴现主要决定的是基础货币量,而存款准备金率则是决定货币乘数的主要因素。

一、存款准备金政策

(一)存款准备金政策的含义与基本内容

存款准备金政策是指中央银行在法律所赋予的权力范围内,通过规定或调整商业银行交存中央银行的存款准备金比率,以改变货币乘数,控制商业银行的信用创造能力,间接地控制社会货币供应量的政策措施。

法定存款准备金建立的最初目的是为了保持银行资产的流动性,增强现金兑付能力,从而保证存款人的利益和银行本身安全。自 1935 年美联储首次改变法定准备金率,规定会员银行的最低存款准备限额后,准备金制度开始演变成"发挥金融调节机制"作用的手段。

商业银行的准备金由法定准备金和超额准备金两部分组成,其中超额准备金是银行资产业务和创造存款货币的基础。此外,商业银行还可以向中央银行借款和在金融市场上筹资来扩充它的准备金。因此,从准备金来源看,商业银行总准备金又可以分为自有准备金和借入准备金两部分。

一般说来,法定存款准备金制度主要包括以下内容:

1. 确定存款准备金制度的适用对象

一般而言,所有商业银行和其他存款类金融机构都是存款准备金制度的实施对象,但也有些国家按照存款余额的多少来规定其对象。例如美国规定所有存款机构,包括商业银行和储蓄机构,都必须执行联邦储备体系的缴存存款准备金的规定;中国存款准备金制度适用于各种银行、信用社、信托投资公司及财务公司等;日本银行制定的存款准备金政策的适用对象是商业银行(包括在日本的外国银行)、长期信用银行、外汇银行、互助银行、存款余额超过 1 200 亿日元的信用金库、农林中央金库。

2. 规定存款准备金比率

存款准备金率决定了金融机构的实际负担,是指金融机构缴存的存款准备金占其存款总额的比例。凡商业银行吸收的存款,必须按照法定比率向中央银行缴存一定的准备金,其余部分才能用于放款或投资。许多国家对不同类别的存款都规定了不同的存款准备金率,存款的期限越短,其流动性越强,所以应规定较高的准备金比率;反之,对期限较长的存款,则存款准备金率可相应低些。该比率的区间可以从 0～100%,但一般都在0～20%之间,法定准备金比率每次一般变动0.25%或0.5%。如加拿大1992年规定活期存款最高准备率为10%,定期存款最高准备率为3%。

3.规定可充当存款准备金的内容

多数国家规定,存款准备金由商业银行的库存现金和商业银行在中央银行的存款两部分组成,只有存入中央银行账户的存款才能充当法定准备金,而商业银行持有的其他资产不能充作法定准备金。但也有例外,例如在英国,合格的准备资产除上述两项之外,还包括国库券、商业票据和一年期以下的公债等。法国则规定,一些具有高度流动性的资产(如政府债券)也可作为存款准备金的组成部分。国外一般都规定,未经中央银行同意,存款准备金不得随意动用,且不支付利息。

4.规定存款准备金的计提基础

规定存款准备金的计提基础即规定哪些存款应该缴存存款准备金,确定计提的基数及基期。对于计提准备金账户余额,有两种不同方式确定。一种是按照考核期内的日平均存款余额作为计提基数;另一种是按照考核期末存款负债余额计提。关于缴存存款准备金的基期的确定,一种做法是当期准备金账户制,是指一个结算期的法定准备金以当期的存款作为计提基础;二是前期准备金账户制,是指一个结算期的法定准备金以前一个或前两个结算期的存款余额作为计提基础。不同国家对缴纳存款准备金的要求也各不相同,如表7-1所示。

表7-1 不同国家缴纳存款准备金的规定(截至2014年1月23日)

地区	对　象	存款准备金率
欧元区	所有信用机构	2%
美国	8.9亿美元以上的存款机构	10%
	1.33亿至8.9亿美元的存款类机构	3%
	1.33万美元以下的小型存款机构	没有缴存准备金的要求
日本	所有金融机构	0.05%~1.20%
中国	大型金融机构	20%
	中小金融机构	16.5%

5.规定存款准备金利息付息标准

许多国家中央银行不向商业银行支付存款准备金利息,如美国、日本、英国、加拿大、瑞士、德国等。我国是对存款准备金支付利息的少数几个国家之一。目前,我国人民银行规定的法定存款准备金的年利率为1.62%,超额准备金的年利率为0.72%。

6.规定存款准备金处罚条款

许多国家规定若干处罚条款,在存款准备金不能按时、足额缴纳的情况下,对违反规定的金融机构处以一定的处罚,以确保存款准备金制度的顺利实施。如中国人民银行规定金融机构按法人统一存入人民银行的准备金存款低于上旬末一般存款余额的8%,人民银行对其不足部分按每日0.06%的利率处以罚息。金融机构分支机构在人民银行准备金存款账户出现透支,人民银行按有关规定予以处罚。金融机构不按时报送旬末一般存款余额表和按月报送月末日计表的,依据《中华人民共和国商业银行法》第78条予以处罚。上述处罚可以并处。

此外,存款准备金制度还包括了存款准备金的执行标准和存款准备金持有期的考核办法等内容。

(二)存款准备金率变动对商业银行的作用过程

存款准备金政策的核心是通过存款准备金比率的提高或降低,影响商业银行信用创造倍数,以达到调节社会信用规模和市场货币供应量的目的。当中央银行调低法定准备金率时,商业银行的超额准备金增加,在货币乘数机制作用下,市场上的货币供应量成倍增加。相反,若中央银行调高法定准备金率,则减少商业银行的超额准备,抑制商业银行的信用创造能力。若此时商业银行的超额准备已全部贷出,则会迫使商业银行迅速收回已贷出的部分款项或已做出的部分投资,在货币乘数机制作用下,市场货币供应量成倍减少。

(三)法定存款准备金政策的作用

1.保证商业银行等存款货币机构资金的流动性

流动性是商业银行经营过程中必须时刻关注的一个重要问题。如果没有法定存款准备金制度规定,商业银行可能受较好的贷款条件的诱惑而将资金大量贷出,从而影响银行的流动性和清偿力。法定存款准备金制度的建立,强制银行将准备金存入中央银行,可从制度上避免这种情况的发生,以保证银行资金的流动性。

2.集中一部分信贷资金

中央银行进行宏观金融调控,需要一定量的、可随时支配的资金。一般而言,中央银行不存在资金不足的情况,因其本身是货币发行银行。但是无节制地经常发行货币,容易引起货币市场混乱。所以实行存款准备金制度,使中央银行集中部分信贷资金以履行其职能,如办理银行同业之间的清算,向金融机构提供信用贷款和再贴现贷款等,以调剂不同地区和银行间短期资金的余缺。

3. 调节货币供给总量

准备金政策的运用是通过中央银行的负债业务来进行的。商业银行和其他金融机构在中央银行缴存的存款准备金是中央银行重要的资金来源之一。当中央银行提高准备金率时,在存款余额一定的情况下,商业银行和非银行金融机构在中央银行的准备金账户上的法定准备金部分增加,超额准备金减少,如果商业银行愿意保留原来数额的超额准备金,则需要提高准备金账户上的资金总额。不管是哪一种方式,商业银行可用于贷放的资金总额都会减少,从而缩小整个信用规模,最终减少货币供应量,对整个经济产生收缩的作用。而当中央银行降低准备金率时,会出现相反的情况。改变法定存款准备金率是最有力的一种货币政策工具,任何中央银行都可以用它来控制国家的货币供给。其效力体现为双重影响:一方面,法定存款准备金率的变化只改变银行体系中法定准备金和超额准备金的构成和分配;另一方面,随着时间的推移,法定存款准备金率的调整将直接影响商业银行等存款货币机构创造派生存款的能力,从而影响货币乘数,继而影响经济体系中货币供给的增长速度。

(四)法定存款准备金政策的优缺点

法定存款准备金政策作为一种货币政策工具,其优点是:对货币供给量具有极强的影响力,力度大,速度快,效果明显。

同时,法定存款准备金政策存在明显的局限性,主要表现在:

1. 法定存款准备金政策作用力猛烈,对经济震荡大

即使中央银行把法定存款准备金率调整很小的幅度,都会引起货币供应量的巨大波动。由于法定存款准备金政策缺乏弹性,作用过于猛烈,故不宜随时调整,不能作为中央银行日常操作工具。

2. 法定存款准备金政策对各类银行的影响不一样

因为超额准备金并不是均等地分布在各银行,法定准备金率的提高,可能使超额准备率较低的银行立即陷入流动性困境。

(五)法定存款准备金政策的调整趋势

由于法定存款准备金政策对商业银行的超额准备金、货币乘数及社会货币供应量均有较强烈的影响,对整个经济和社会大众的心理预期等也都会产生显

著影响，因而法定存款准备金率有固定化倾向和降低的趋势。尤其是在发达国家中央银行的货币政策操作中，调整法定存款准备金比率的做法已经开始被弃用，甚至走向衰亡了。如美国很早就建立了法定存款准备金制度。在过去100多年的时间里，美国一直在不断强化法定存款准备金管制，调整法定存款准备比率成了美联储重要的政策工具之一。但是，在20世纪80年代的《货币控制法》和《甘恩・圣杰曼法》之后，美国开始对法定存款准备制度进行调整。尤其是在1992年之后，美国开始大幅度降低法定存款准备比率。而格林斯潘入主美联储之后，更是将调整法定存款准备金比率这一猛烈的货币政策工具束之高阁。

二、再贴现政策

（一）再贴现政策的含义与基本内容

再贴现政策是中央银行通过制定或调整再贴现利率来干预和影响市场利率以及货币市场的供给和需求，从而调节市场货币供应量的一种政策措施。再贴现政策的内容包括两方面：一是再贴现率的制定和调整，二是规定申请再贴现的商业银行资格。通过对这两方面控制，中央银行分别从短期和长期调节货币供应量。再贴现率通常低于市场利率，这使得商业银行套取中央银行信用有机可乘。为此，各国中央银行都对这类贷款加以严格限制，防止再贴现资金被滥用，商业银行应把再贴现视为一种特惠而非权利。

中央银行通过再贴现窗口向商业银行提供的贷款主要有三类：调整性信贷、季节性信贷和持续性信贷。调整性信贷最为普遍，是为了帮助银行解决因暂时性存款流出可能带来的短期流动性需要而发放的短期贷款，其利率是基础贴现率。季节性信贷，用于满足那些位于度假和农业区域的少数商业银行的季节性需要，其利率与市场利率挂钩，高于基础贴现率。持续性信贷，主要用于援救面临倒闭或经营不善的银行，属于应急性贷款，取得这类信贷的银行必须提交阐明需要持续性信贷的申请和恢复银行流动性的计划，其利率高于基础贴现率。

（二）再贴现政策对商业银行的作用过程

再贴现政策主要是通过影响商业银行的信贷成本来发挥作用。从再贴现窗口借款，银行要面临三类成本：再贴现率所代表的利息成本；为申请贴现而接受信誉调查的成本和因过于频繁地申请再贴现，以致将来的申请可能要遭拒绝的成本。中央银行通过影响商业银行的借款成本，从而影响基础货币的投放、货币供应量和其他经济变量。当中央银行需要紧缩信用时,会相应地提高再贴现率,使商业银行因借款成本提高而减少向中央银行再贴现,或者用其他资产偿还中央银行的借款。出于成本上升的考虑,商业银行会随之提高贷款利率,从而中央银行达到了减少基础货币投放,收缩信用的目的。当中央银行降低再贴现率时,信用扩张,银根放松,市场利率相应降低。

再贴现率与银行准备金以及市场货币供应量呈反方向变动,同市场上长短期利率呈同方向变动,中央银行视经济形势的发展,根据国内资金供求状况和外资流动的必要来调整再贴现率。

（三）再贴现政策的作用

• 再贴现率的升降会影响商业银行等存款货币机构的准备金和资金成本,从而影响它们的贷款量和货币供给量。

• 再贴现政策对调整信贷结构有一定效果。如通过规定再贴现票据的种类,影响商业银行的资金投向,或对再贴现的票据实行差别再贴现率。

• 再贴现率的升降可产生货币政策变动方向和力度的告示作用,从而影响公众预期。

• 再贴现政策具有防止金融恐慌、维护金融稳定的重要作用。再贴现政策的运用能够充分体现中央银行"最后贷款人"的职能,能够在一定程度上防止危机的恶化和蔓延,稳定金融,稳定社会大众的信心。

（四）再贴现政策的优缺点

再贴现政策最大的优点是中央银行可利用它来履行"最后贷款人"的职责,并在一定程度上体现中央银行的政策意图,既可以调节货币总量,又可以调节信贷结构。但它同样存在着一定局限性:

1. 在控制货币供给量方面存在局限性

从控制货币供应量来看,再贴现政策并不是一个理想的控制工具。这是因为:中央银行通过发放再贴现贷款投放出去的基础货币数量并不是中央银行可以控制的,中央银行处于被动地位。借款的主动权掌握在商业银行手中,商业银行是否愿意申请再贴现,或再贴现数量的多少,决定于商业银行。在金融市场较发达的条件下,商业银行随时可以从货币市场取得补充资金,因此,商业银行一般很少申请再贴现借款。虽然中央银行可以降低贴现率,鼓励商业银行借款以补充准备金,但是它不能强迫商业银行借款或使用这些准备金。当商业银行超额准备金充裕时,再贴现政策的重要性就更弱了。特别是在经济萧条、资金需求减少的情况下,即使降低再贴现率,也不能吸引商业银行等金融机构更多地借款。

2. 告示效应有一定的局限性

再贴现率的调整有时不能准确反映中央银行的政策意图，并可能会引起公众误解。当市场利率高于再贴现率时，贴现贷款量也将增加，中央银行为使贴现总量不至于过多，不得不提高再贴现率，使它和市场利率一致，尽管此时中央银行并没有要紧缩货币的意图，但再贴现率的提高会使公众产生通货紧缩的预期。

3. 再贴现政策缺乏弹性

因为再贴现率的经常调整会引起市场利率的频繁波动，会使商业银行和企业无所适从，但中央银行不随时调整再贴现率，又不利于中央银行灵活调节市场货币供给量。如果中央银行把再贴现利率定在某个固定水平上，市场利率和贴现率之间的利差会使贴现贷款的规模随着市场利率的波动产生较大的变动，进而引起货币供给量的大幅波动，而这种波动并不反映中央银行的政策意图，反而使得货币供应量的控制更加困难。

4. 再贴现政策只能影响利率水平而不能影响利率结构

即使影响利率水平，也必须具备两个前提条件：一是中央银行能随时准备按其规定的再贴现利率自由地提供贷款，以此来调整对商业银行的放款量；二是只有当市场利率高于再贴现利率且利差足以弥补商业银行承担的风险和贷款管理费用时，商业银行才愿意通过再贴现融资。然而现实情况并非能完全满足上述条件。

（五）再贴现政策的改革趋势

由于再贴现政策的局限性，一些经济学家建议把市场利率和再贴现利率捆绑在一起，以消除市场利率与再贴现率之间的利差。这样既可以让中央银行继续运用再贴现工具，发挥“最后贷款人”的作用，又消除了导致贴现贷款数量变化的利差根源，使商业银行不再可能利用利率差别从贴现窗口谋利，还使得再贴现率变动不再传递什么信号，从而消除公众可能的误解。弗里德曼甚至建议中央银行取消再贴现政策的运用，但是中央银行不同意，中央银行认为再贴现政策的运用对减少市场利率波动有一定的效果。但是经济学家的建议已经对中央银行产生了一定的影响，所以近几年来，随着中央银行宏观调控市场化手段的广泛运用，再贴现手段已逐步减少运用，再贷款数额逐步萎缩，作为调控货币供应量的政策作用明显降低。

三、公开市场业务

（一）公开市场业务的含义与基本内容

所谓公开市场业务，有时也称作公开市场政策，就是中央银行在金融市场上公开买卖各种有价证券，以控制货币供应量，影响市场利率水平的政策措施。

一般来说，公开市场业务主要包括以下操作内容：

1. 公开市场业务操作计划

公开市场操作室具体负责公开市场业务，根据中央银行货币政策意图和商业银行储备状况，操作室制定操作计划并加以实施。中央银行在公开市场上买卖的证券主要是政府公债和国库券，在有的国家中央银行也可买卖地方政府债券、政府担保的证券、金融债券、银行承兑汇票等。至于在一定时期具体的证券买卖数量则根据当时市场的货币供求状况来决定。

2. 公开市场操作的目的

公开市场操作有两个目的：主动操作目的和防卫操作目的。中央银行带有主动操作目的时，是一种积极的操作行为，其意图是通过改变商业银行的准备金水平和基础货币，使社会货币供应量在一个较长时期内增加或减少。防卫操作目的是指中央银行在实施货币政策时，发现银行储备、货币供应量受到一些意外因素的影响，为消除这些因素影响，通过采取回购性操作进行临时性调节，但货币总量较长时期内基本不变。通常，中央银行在调整货币供应量时，这两种目的同时存在。

3. 公开市场业务操作对象

中央银行公开市场操作是与政府债券一级交易商进行的，按买卖证券差异，有广义和狭义之分。广义对象包括政府债券、公司债券、银行承兑汇票、外汇黄金等；狭义对象主要是政府债券，特别指国库券。1996 年我国公开市场业务开始时操作的对象只有短期国债，1998 年中国人民银行将国债、中央银行融资券和政策性金融债券都纳入操作对象，2000 年以后中国人民银行进一步扩大公开市场业务的操作对象，操作的灵活性、前瞻性大大提高。

4. 公开市场操作的交易方式

公开市场操作的交易方式分为直接买卖和有条件买卖两种。直接买卖是中央银行直接从二级市场上买入或卖出有价证券，进行基础货币的投放或回笼，它通常以拍卖方式同证券交易商进行现货买卖。有条件的买卖协定分为正回购交易和逆回购交易。其中：正回购是指中央银行先向经纪人出售证券并约定在未来一定时期内再购买此证券,适用于解决银行准备金临时过剩问题,是中央银行从市场收回流动性的操作。逆回购交易指中央银行先向证券经纪商购买证券,并约定于规定日期内再由证券经纪商向中央银行购回证券的交易行为,适用于解决商业银行准备金临时性不足问题,是中央银行向市场上投放流动性的操作。

5. 公开市场操作时间

操作时间可划分为定期操作和非定期操作。顾名思义,定期操作是中央银行定期在二级市场上进行交易的行为,它事先公开其将进行的证券、外汇拍卖或赎回计划,为商业银行提供流动性资金,操作具有预先性和公平性。非定期操作是不定时发生的操作,是预先不公开、事后也不报告的离散型操作行为,此操作速度快、灵活性强,但预先性和公平性差。

(二)公开市场业务对商业银行的作用机制

一般来说,当金融市场上资金缺乏时,中央银行就通过公开市场业务买进有价证券,这实际上就相当于中央银行向社会投入了一笔基础货币。这些基础货币如果是流入社会公众手中,则会直接地增加社会的货币供应量,如果是流入商业银行,会使商业银行的超额准备金增加,并通过货币乘数作用,使商业银行的信用规模扩大,社会的货币供应量倍数增加。同时,由于中央银行购买有价证券,会使证券价格上涨,市场利率下降,社会投资增加,次级社会需求增长。相反,当金融市场上游资泛滥,货币过多时,中央银行就可以通过公开市场业务卖出有价证券,无论这些证券是由商业银行购买,还是由其他部门购买,总会有相应数量的基础货币流回中央银行,引起信用规模的收缩和货币供应量数倍减少。

(三)公开市场业务的作用

1. 调控存款货币银行准备金和货币供给量

中央银行通过在金融市场买进或卖出有价证券,可直接增加或减少商业银行等存款货币机构的超额准备金水平,从而影响存款货币银行的贷款规模和货币供给总量。

2. 影响利率水平和利率结构

当中央银行买进或卖出有价证券时,货币供给增加或减少,从而影响利率水平。此外,中央银行在公开市场买卖不同期限的有价证券,可直接改变市场对不同期限证券的供求平衡状况,从而使利率结构发生变化。

3. 与再贴现政策配合,可以提高货币政策效果

由于再贴现率与货币供给量变化之间的关系并不确定,中央银行改变再贴现率并不能使紧缩性货币政策奏效。这时,中央银行如果在改变再贴现率的同时,在公开市场上卖出证券,则存款类金融机构的储备必然减少,紧缩性货币政策目标就可以实现,从而增强政策的效果。

4. 降低货币流通量的波动幅度

假定其他条件不变,货币供给量决定货币流通量。但是,有时货币供给量的决定是被动的。第一,政府财政的收入和支出有季节性的差别,在税收高峰期买入债券,可增加市场资金;在财政支出的高峰期卖出债券,可回笼资金,达到金融市场稳定的目的。第二,政府发行新债时,中央银行不能直接购买新债。但是仍然可以通过买入旧债,向市场供应资金和压低市场利率,保证新债的顺利发行和降低政府发债成本。第三,抵消因外汇储备流出和流入引起的金融市场波动。在外汇储备流出大于流入时,可买入债券,增加货币供给;反之,则卖出债券,回笼货币。

(四)公开市场业务的优缺点

公开市场业务日益成为许多国家最重要的日常性货币政策工具,它有如下优点:

- 公开市场业务是中央银行主动采取的,并能对银行准备金产生直接预期的效果,而不像再贴现那样,处于被动地位。
- 公开市场业务可以进行经常性、连续性的操作,买卖证券的规模可大可小,直到满足中央银行的要求为止。
- 中央银行可以通过公开市场业务,对货币供给量进行微调,而不会像法定存款准备金那样产生震动性影响。
- 金融市场情况一旦发生变化,中央银行能迅速改变其操作方向,精确而灵活地调节市场货币供给量。而其他货币政策工具则不能迅速地逆转。

作为一种货币政策工具,公开市场业务也不可避免地存在一定的局限性:

- 公开市场操作较为细微,政策意图的告示作用较弱。
- 需要以较为发达的有价证券市场为前提。
- 在某些情况下,商业银行可以通过其他方式弥补准备金的不足,从而使公开市场业务不能很好地发挥作用。

(五)公开市场业务发挥作用的经济、金融环境

公开市场操作要正常发挥作用,必须有适当的经济、金融环境:

• 中央银行必须具备强大的、足以干预和控制整个金融市场的资金实力。这是中央银行运用公开市场业务的重要前提。

• 中央银行对公开市场业务具有弹性操纵权力，能自主决定买卖证券的种类、数量及时间等。

• 拥有全国性信息流动自如的金融市场，以保证中央银行独立执行货币政策，协调配合其他政策的实施。

• 金融商品多元化，信用制度相对发达。

以上三大政策工具都是通过对信用总量的调节，以控制全社会的货币供应量，从而调节整个宏观经济。但是，这些政策措施并不能影响商业银行体系的资金运用方向以及不同信用方式的资金利率。因此，中央银行除应拥有一般性的货币政策工具之外，还应有选择性的货币政策工具及其他政策工具。

第二节 选择性货币政策工具

选择性货币政策工具，是指中央银行针对某些特殊的经济领域或特殊用途的信贷而采用的信用调节工具。一般性货币政策工具主要是针对社会信用总量和货币供给总量进行控制，而选择性的货币政策工具则偏重于调整资金结构和经济结构。这两类货币政策工具的配合使用，可以同时兼顾到总量调节和结构调整。选择性货币政策工具主要有：消费者信用控制、证券市场信用控制和不动产信用控制等。

一、消费者信用控制

消费信用是由企业或银行提供给消费者的信用。企业提供给消费者的信用，一般采取提前付货、分期付款的方式；银行提供给消费者的信用，则是采取贷款形式。所谓消费者信用控制，是指中央银行对不动产以外的各种耐用消费品的销售融资予以控制的政策措施。这种信用的发展程度与商品供应和货币供应量有直接关系。如果消费品供应短缺，再大量开展分期付款的消费信用，就会造成商品供应紧张，甚至加剧通货膨胀，为此，中央银行必须对各种耐用消费品的销售融资予以控制和调节。

消费信用控制的主要内容包括：

第一，规定分期购买耐用消费品首期付款的最低限额，这样既可以降低该类商品信贷的最高贷款额，又能够限制那些缺乏现金支付首期付款的消费。

第二，规定消费信贷的最长期限，即最长在什么时间内必须全部付清，从而提高每期还款金额，限制平均收入水平和目前收入水平较低的人群的消费。

第三，规定可用消费信贷购买的耐用消费品种类，对不同消费品规定不同的信贷条件，这样可以限制消费信贷的规模。该类措施在消费膨胀时能够有效地控制消费信用的膨胀；相反，在经济衰退、消费萎缩时，应放宽甚至取消这些限制措施，从而提高消费者对耐用消费品的购买能力，刺激消费回升。

一般说来，在需求过大和通货膨胀时，中央银行要加强对消费信贷的控制，办法是：提高首期付款的额度，缩短分期付款的期限；反之则反。例如，美国在第二次世界大战期间因为通货膨胀而制定了"W 号规则"，以及在之后的朝鲜战争中都对消费者购买耐用消费品采取了信贷的限制措施。国会授权联储对消费者以金融信用形式购买大额资产规定首期支付最低标准要求，其对象包括房屋、汽车以及其他耐用消费品。这一工具的使用一方面可以通过收缩需求，降低通货膨胀压力，另一方面可以在不提高名义利率的条件下，使信用从私人部门流向政府部门。

由于大部分消费信贷是直接或间接来自各金融机构，因而中央银行对消费信用的控制，不但会影响企业的销售，而且会影响银行存款和货币数量的增减。

二、证券市场信用控制

为防止信用膨胀的投机活动，中央银行对各商业银行办理的有价证券的贷款进行控制。所谓有价证券信用控制是指，通过规定证券信用交易的法定保证金比率，控制以信用方式购买股票和债券的数额。法定保证金比率，又称保证金比率，指证券购买人首次支付占证券交易价款的最低比率。中央银行规定保证金限额的目的，一方面是为了控制证券市场信贷资金的需求，稳定证券市场价格；另一方面则是为了调节信贷供给结构，通过限制大量资金流入证券市场，使较多的资金用于生产和流通领域。保证金比率越高，现金支付的比重越大，信用方式购买有价证券的比重则越小。最高贷款额度与保证金比率之间存在以下关系：

$$\text{贷款最高额度} = (1 - \text{保证金比率}) \times \text{证券交易额}$$

有效的证券市场控制对中央银行宏观调控是十分必要的。一方面，中央银行能控制证券市场的信贷资金的供求，平抑证券市场价格，防止过度投机，稳定金融市场。另一方面,中央银行通过这种限制增加其他资金市场的资金供给,调节信贷资金流向,使信贷资金得到最优化配置。除此之外,信用控制直接、灵活的特点避免了对其他领域的负面影响。

最先实施证券市场信用控制的国家是美国,其曾于 1934 年制定了《证券交易法章》,设置 A、T、U、G 四条规则,实施信用控制,收到了抑制投机、防止经济波动的效果。此后,这种方法陆续为其他一些国家采用。

三、不动产信用控制

不动产信用控制是指中央银行对商业银行及其他金融机构的房地产贷款(包括购买新房、建筑业和经营房地产企业贷款)的管制。其主要规定不动产贷款的最高限额、贷款的最长期限、第一次付款的最低金额以及分期还款的最低金额。不动产信用控制的目的主要在于限制房地产投机,抑制房地产泡沫。20 世纪 50 年代初,美国为确保经济资源合理利用,制定了"X 号规则"对不动产信用进行控制,以制止通货膨胀。随后,这种监管手段逐步在世界范围内推广开来。

不动产需求特别是住房消费具有投资额大、期限长等特点。不动产对货币政策相当敏感,它的投资对经济增长具有乘数作用,与宏观经济走势紧密相关。因此,实施不动产信用控制能控制不动产信贷规模,抑制过度投机,避免经济波动。

资料链接

我国商业银行住房信贷政策

根据 2006 年 5 月 24 日国务院转发的建设部等九部委联合制定的《关于调整住房供应结构稳定住房价格的意见》,5 月 31 日,中国人民银行发布了《关于调整住房信贷政策有关事宜的通知》,规定从 2006 年 6 月 1 日起,商业银行(含农村合作银行、城乡信用社)发放的住房贷款(不包括住房公积金贷款)首付比例不得低于 30%;对于购买套型建筑面积 90 平方米以下的自住房贷款最低首付比例仍执行 20% 的规定。

2010 年 9 月 29 日,中国人民银行发布了《中国银行业监督管理委员会关于完善差别化住房信贷政策有关问题的通知》,要求各商业银行暂停发放居民家庭购买第三套及以上住房贷款;对不能提供一年以上当地纳税证明或社会保险缴纳证明的非本地居民暂停发放购房贷款;对贷款购买商品住房,首付比例调整到30%及以上;对贷款购买第二套住房的家庭,严格执行首付比例不低于50%、贷款利率不低于基准利率1.1倍的规定。

资料来源:中国人民银行网站

(四)优惠利率

优惠利率指中央银行对国家拟重点发展的某些部门、行业规定较低贷款利率,目的在于刺激这些部门及行业的生产,调动它们的积极性,以实现产业结构和产品结构的调整和优化。优惠利率主要配合国民经济产业政策使用,如对急需发展的基础产业、能源产业、新技术、新材料的生产,出口创汇企业和产品的生产等,制定较低的优惠利率,提供资金方面的支持。优惠利率不仅在发展中国家多有运用,发达国家也普遍采用。

实行优惠利率有两种方式:一是中央银行对需要重点发展的部门、行业和产品制定较低的贷款利率,由商业银行执行;二是对需重点发展的部门、行业和产品的票据制定较低的再贴现率。我国在此方面也使用较多,享受优惠贷款利率的贷款有技术改造贷款、外贸出口产品收购贷款、粮棉油贷款、民政部门福利工厂贷款、老少边穷地区发展经济贷款等4类22种。

第三节 其他货币政策工具

其他政策工具包括直接信用控制和间接信用指导。直接信用控制的效果较为直接,具有行政性、强制性特征;间接信用指导的效果与中央银行独立性相关,具有指导性、间接性特性。

一、直接信用控制

直接信用控制是指中央银行基于质与量的信用管制目的,以行政命令或其他方式,直接对金融机构尤其是商业银行的信用活动进行控制,手段包括信用分配、流动性比率管理、直接干预、利率最高限额及开办特种存款等。

(一)信用分配

所谓信用分配是指中央银行根据经济形势,对商业银行资金投向进行合理分配和限制的措施,以达到信贷资金的最优配置,通常以拒绝商业银行贷款申请或者限制贷款用途等方式加以实施。信用分配最早始于18世纪英格兰银行，目前这种手段被资金供求不平衡的发展中国家广泛采用。有的国家和地区甚至采取设立专项信贷基金的手段，支持某些领域的发展。1998年1月1日，中国人民银行取消了对我国国有商业银行的贷款规模限额控制，仅按年（或季度）下达贷款增量的指导性计划，实行“计划指导、自求平衡、比例管理、间接调控”的信贷资金管理体制。

（二）流动性比率管理

流动性比率管理是指中央银行规定商业银行全部资产中流动性资产所占的比重。规定的流动性比率越高，商业银行能够发放的贷款，特别是长期贷款的数量就越少，因而可以起到限制商业银行的信用扩张的目的。商业银行为保持中央银行规定的流动性比率，一方面缩减长期放款比重，扩大短期放款比重；另一方面，必须持有一部分随时应付提现的资产。流动性比率管理，可以限制信用过度扩张，保证商业银行支付能力，降低其经营风险。但是流动性比率与收益率成反比，因此过高的流动性比率不利于商业银行的经营。

（三）直接干预

直接干预，是指中央银行依据有关法定的授权，以“银行的银行”身份，对商业银行的授信业务进行干预，其目的是使商业银行在业务经营中遵循国家的信用政策。中央银行进行直接干预的方法有：直接规定各商业银行的放款及投资方针；直接限制商业银行的资产项目和贷款额度；直接干预银行对活期存款的吸收；拒绝业务不当的商业银行的再贴现要求或采取高于一般利率的惩罚性利率给其融资。

（四）利率最高限额

利率最高限额是指中央银行依法直接对商业银行的存、贷利率的水平实行限制，防止商业银行利用利率作为竞争手段，扰乱金融秩序。中央银行规定商业银行吸收存款利率的上限和发放贷款利率的下限，或者对定期和储蓄利率的最高限度实施控制。如1980年之前美国的Q条例规定，活期存款不准付息，对定期存款和储蓄存款规定利率最高限额等。

实行利率管制虽然使中央银行能直接调控利率，但计划利率不能反映资金供求变化，从而使利率的调节机制受阻。随着市场逐步完善，利率市场化是必然趋势，中央银行应通过调节货币供应量来影响利率水平，对利率进行弹性管理。目前，各国中央银行对利率的直接限制都有所放松，我国也加速了利率市场化的步伐。

表 7-2 我国利率限额政策一览表

时 间	政 策
2004 年 1 月 1 日	商业银行、城市信用社贷款利率浮动区间扩大到[0.9,1.7],农村信用社贷款利率浮动区间扩大到[0.9,2]
2004 年 10 月 28 日	贷款上浮取消封顶,同时允许贷款利率较基准利率下浮 10%
2012 年 6 月 7 日	存款利率较基准利率上浮 10%,并允许贷款利率下浮 20%
2013 年 7 月 20 日	全面放开金融机构贷款利率管制,包括取消金融机构贷款利率 0.7 倍的下限等 4 项措施,由金融机构根据商业原则自主确定贷款利率水平;对农村信用社贷款利率不再设立上限

(五)特别存款

特别存款是指中央银行在银行体系中出现过剩超额准备时,要求按一定比例把这种超额准备缴存中央银行冻结起来的一种存款方式。其目的在于限制商业银行信用扩张能力,紧缩货币供应量。当发生较为剧烈的通货膨胀时,中央银行可以运用这种方式压缩银行体系的放款规模,从而减少货币供应量。特别存款不支付利息且一般发生在高通胀时期。

二、间接信用控制

间接信用控制措施是指中央银行采取行政手段间接影响商业银行的信用创造能力的措施,主要通过道义劝告和窗口指导的方式进行。

(一)道义劝告

道义劝告是指中央银行利用其声望和地位对商业银行及其他金融机构的业务活动提供指导、发表看法、劝告其遵守和贯彻中央银行政策,以影响商业银行贷款数量和投向,从而达到调控信用的目的。道义劝告不具有强制性,不依靠法令赋予的特殊权力,而是通过各金融机构领会政策意图,自愿合作。如英格兰银行遇到政策改变时,常侧重幕后劝告,邀请商业银行的负责人交换意见,取得各银行自愿合作。道义劝告之所以能够在现行的金融体制下得以实施并使中央银行的政策意图得以有效传达,关键在于中央银行的领导地位,中央银行的声望越高,地位越独立,道义劝告的作用也越明显。

(二)窗口指导

窗口指导又称“贷款增加额限制”、“资金运用平衡量指导”,是指中央银行根据产业行情、物价走势和金融市场动向,对商业银行下达指令,要求其把贷款增加额限制在适当范围内，目的是调节银行信用总量，并不对放款用途作质的限制。"窗口指导"曾一度是日本主要的货币政策工具。

此外，间接信用管制还有金融检查、公开宣传等手段。中央银行利用其在金融系统中的特殊地位和声望，运用控制信用的法律权力和手段对商业银行的运营进行调控。相比其他货币政策手段而言，间接信用管制灵活性大，所引发的经济波动小。

第四节　非常规货币政策工具

长期以来，理论界对于货币政策的研究主要立足于常规货币政策范畴，对于危机救助的政策工具也倾向于选择传统的货币政策工具。自 2001 ~ 2006 年日本中央银行实行数量宽松的货币政策以来，有关非常规货币政策的研究也随之兴起。美国金融危机爆发后，随着非常规货币政策在全球范围内的广泛实施，理论界与中央银行家们对于非常规货币政策的研究进一步深化。

一、非常规货币政策工具的基本内容

国际货币基金组织有关专家将非常规货币政策工具分成了以下三类：

（一）流动性宽松措施

流动性宽松措施与常规政策框架下中央银行主要在货币市场行使最后贷款人的职能有所不同，在非常规政策框架下，中央银行将对整个金融市场提供流动性支持，一方面，中央银行可以通过扩大交易对手范围、延长融资期限、降低抵押品要求、出借高信用等级债券等方式向国内金融市场注入流动性，提供高等级债券；另一方面，中央银行还可以通过双边货币互换方式提供外汇流动性支持。

（二）信贷宽松措施

信贷宽松措施主要通过向特定借款人提供直接或间接的信贷支持，来促进信贷市场复苏。美联储倾向于运用多种政策工具扩大中央银行资产规模来实施信贷宽松政策（Bernanke，2009），欧洲中央银行则主要通过买入商业票据、企业债券及资产支持债券来降低信贷市场的利差，并将其作为实施信贷宽松政策的主要手段（Bini Smaghi，2009）。

（三）数量宽松措施

数量宽松措施通常在基准利率趋近于零的情况下才被采用，与信贷宽松措施不同的就是信贷宽松措施可以在基准利率高于零的情况下付诸实施，其主要通过中央银行买入政府债券的方式来降低国债收益率，并以此促进实体经济复苏（Bini Smaghi，2009）。

二、非常规货币政策工具的启用时机

中央银行从常规货币政策转向非常规货币政策并无确切的时间表或者统一的路径。事实上，有关中央银行何时启动非常规货币政策仍然存在争论。一种观点认为，当金融危机影响过于强烈，中央银行不得不将基准利率调降至零时，中央银行通过进一步下调利率来刺激经济增长的空间已经不复存在，这时中央银行只能借助于非常规货币政策来应对危机的冲击。一般情况下，中央银行可以通过三种渠道来实施非常规政策：一是引导市场对长期利率的预期，二是改变中央银行资产负债结构，三是扩大中央银行资产负债表的规模。也有一种观点认为，非常规货币政策不一定非要在基准利率为零时才被采用，当常规货币政策传导渠道严重损坏时，即使基准利率仍有下调空间，也可以及时启用非常规货币政策工具来改善货币政策传导机制。

三、非常规货币政策退出机制

非常规货币政策的退出需要根据货币市场、资本市场、消费信贷市场乃至实体经济、就业复苏状况分步骤实施，以美国为例，在金融危机的救助后期，大体有以下三种情形：

（一）自动退出

自动退出的基本条件是货币市场、资本市场融资功能得到恢复，主要体现为部分非常规货币政策工具使用频率不断下降并逐步停用。

（二）主动退出

主动退出的基本条件是房地产及消费信贷市场企稳回升，主要表现为美联储资产负债表的大幅收缩以及公开市场操作等常规工具的非常规性职能逐步削弱。

（三）全面退出

全面退出的基本条件是财政政策与货币政策的刺激效果明显体现，实体经济及就业状况进一步改善，主要表现是为防止通货膨胀风险提高联邦基金利率，公开市场的利率操作目标基本能够实现。

四、非常规货币政策的利弊分析

（一）非常规货币政策的优势

通常在经济低迷情况下，实施常规货币政策是重要的宏观调控手段。常规货币政策通过调整基准利率进行价格性调控，通过公开市场操作、调整法定存款准备金率进行数量性调控来达到预定目标。然而，在出现流动性陷阱之后，常规的货币政策就陷入了困境，非常规货币政策便成为权宜之计。进一步来说，当经济体受到金融危机的外部冲击后，经济处于下行周期，金融系统的压力骤增，此时市场处于流动性紧缩状态，为增强市场的流动性，央行一般采取降息的常规货币政策手段，以增加市场上的货币供应量。但在金融危机蔓延过程中，传统货币政策的作用很可能被大大削弱。银行在危机中受到重创，银行体系功能下降，货币政策传导机制被破坏，货币供应量急剧紧缩，加剧了资金的紧张状况，可能使金融危机进一步恶化；同时，央行的操作目标是短期利率，降低短期利率将引发一系列资产替代行为，导致中长期利率和证券收益率的普遍下降，从而可能会引发常规货币政策失效。在这样的情况下，非常规货币政策便成为央行进行危机救助的主要工具。

如果说常规货币政策是货币当局通过利率的升降来传递其政策调整方向，并通过调节市场的流动性来影响一国宏观经济走向的话，非常规货币政策则是在危机持续发酵和流动性陷阱状态下的一种无奈之举。当金融市场和实体经济受到严重冲击，央行即使采取零利率政策都不能促进经济复苏时，常规货币政策的操作空间及传导机制会受到“流动性陷阱”的约束而无法发挥作用，央行就不得不寻求非常规货币政策来应对。

（二）非常规货币政策的弊端

非常规货币政策的实施也存在弊端，主要体现在以下几个方面：

1. 削弱了央行的独立性

在非常规货币政策实施中，央行过多地承担政府救助职责，极大地制约了央行制定和实施货币政策的独立性。非常规货币政策工具不仅购买私人部门发行的证券，而且更多地购买长期国债，导致了财政货币化。其后果是不仅直接干预了市场定价机制，导致市场价格水平和成交量不能反映真实的资金需求和风险承受水平，而且加大了财政赤字与货币增长之间的关联度，容易形成货币政策被财政政策绑架的格局。

2. 增大了整体流动性的不确定性

由于商业银行信贷资产证券化派生了大量金融衍生产品，影子银行体系已成为全球“广义流动性”的创造者，助长全球资本流动性过剩的局面。如果大量流动性始终充斥市场，将为未来的通货膨胀埋下隐患。

3. 可能引发全球央行体系的系统性风险

在金融危机蔓延的过程中，各国政府和央行担心大型金融机构倒闭可能会产生多米诺骨牌效应，不得已向这些机构提供直接援助。不过提供援助的规模越大、持续时间越久，机构过度依赖救助继而产生道德风险的可能性就越大。此外，在应对金融危机的过程中，主要经济体央行具有政策出台时间的一致性、政策措施趋同性等特征，这也使主要经济体央行的货币政策互相牵制，对本国货币政策的走向难以把握，增大了各国央行决策中的道德风险和全球央行体系的系统性风险。

4. 非常规货币政策有可能进一步恶化相关贸易体的经济形势

非常规货币政策的最直接表现之一便是使本国货币大幅贬值，有利于本国的出口行业，但是相反也导致相关经济体的货币升值。尤其对于那些处于金融危机旋涡中的出口导向型新兴经济体而言，主要经济体的非常规货币政策有可能引发贸易摩擦，并传导通货膨胀。

第五节　我国货币政策工具的选择与确定

在改革开放前以计划经济为主的时期，我国主要的货币政策工具是信贷计划管理和现金计划管理，并辅之以利率管理。

1983 年中国人民银行专门行使中央银行职能后，再贷款、存款准备金政策等手段逐步出现并发挥作用，利率的调控作用也越来越大。到 1993 年改革前，中国人民银行主要运用再贷款和对金融机构的贷款限额两大政策工具进行宏观调控。1993 年，国务院发布《关于金融体制改革的决定》，提出“实施货币政策的工具是法定存款准备金率、中央银行贷款、再贴现率、公开市场操作、中央银行外汇操作、贷款限额、中央银行存贷款利率。中国人民银行根据宏观经济形势，灵活地有选择地运用上述工具，控制货币供应量”。

1995 年《中国人民银行法》颁布后，我国货币政策工具逐渐由直接调控为主过渡到间接调控为主。过渡时期共存的货币政策工具有贷款规模、再贴现、利率、存款准备金、公开市场业务、再贷款等。1998 年贷款规模控制取消后，传统货币政策工具的作用相对削弱，利率、公开市场业务和存款准备金政策等货币政策工具发挥着越来越大的作用。具体而言，中国人民银行 1994 年 11 月开办再贴现业务；1996 年 1 月正式进行公开市场操作；从 1996 年 5 月 1 日起，多次调整利率；1998 年 1 月 1 日，取消国有商业银行贷款规模控制，对金融机构实行资产负债比例管理和风险管理；1998 年，合并准备金存款和备付金存款账户，下调金融机构的准备金率。综合运用这些调控手段，增强了中央银行灵活调节经济的能力。

一、传统体制下的综合信贷计划和资金分配

综合信贷计划是指中央银行运用指令性计划对整个金融体系中的货币和信用总量加以限定的一种管理手段。中央银行通过编制综合信贷计划。规定各商业银行的贷款增量指标，对各商业银行信贷收支实行统收统支，同时规定向中央银行申请再贷款限额，贷款规模和限额都不能突破。信贷计划一般由国家综合信贷计划、人民银行信贷计划、专业银行信贷计划及非银行金融机构的信贷计划四大部分组成。后两种计划的目的在于控制金融机构资金规模和营运方向。综合信贷计划具有可控性强、操作简单、方式直接、见效快的特点。

在我国原有的计划经济体制下，综合信贷计划对于限制货币派生能力，调控货币供应量，调节经济的效果明显，在整治经济膨胀的过程中发挥了很大作用。但随着经济和金融体制改革的推进，这种作为直接行政管理手段的措施逐步丧失了它的有效性和合理性。1998 年 1 月 1 日，中央银行正式取消对商业银行的贷款限额管理，推行“计划指导、自求平衡、比例管理、间接调控”的资产负债比例管理和风险管理。中央银行从过去依靠贷款规模指令性计划控制转变为间接调控货币供应量，保持币值稳定，以促进经济发展的管理方式。信贷计划成为按年（季）下达的指导性计划。

指导性信贷计划主要着眼于信贷资金的投向方面，1998 年以来，我国中央银行对信贷政策进行了一系列调整。其中主要包括：配合积极财政政策，调整基础设施贷款政策，鼓励和督促商业银行发放国债资金项目配套贷款；调整个人住房贷款等消费信贷政策，规范消费信贷管理；调整农村信贷政策，增加对农村信用社的再贷款，推出适合我国农村实际的大小额农户信用贷款制度；调整

出口信贷政策,支持出口企业扩大出口;调整对中小企业,特别是高新技术企业的贷款政策票据承兑与贴现。

二、我国利率政策

改革开放前,与计划经济和"大一统"的银行体制相适应,我国对利率一直实行计划控制,对利率政策的运用也因时代不同而具有不同的特征。1979年,随着我国经济进入改革开放的新时代,利率管理体制的改革也在不断进行。1985年以后,利率政策开始成为宏观调控的重要手段。作为货币政策工具,利率政策是指中央银行利用其手中掌握的利率杠杆,通过调整货币资金的供求关系来影响信贷规模和信贷结构,进而控制货币供应量、调节货币供给结构。

进入20世纪90年代以来,我国对利率逐步实行市场化改革,以更好地发挥其调节货币供应量,促进经济发展的功能。

我国利率市场化改革主要体现在以下几个方面:

(一)放开了货币市场利率

1996年6月1日放开了银行间同业拆借市场利率,实现由拆借双方根据市场资金供求自主确定拆借利率;1997年6月银行间债券市场正式启动,同时放开了债券市场债券回购和现券交易利率;1998年3月改革再贴现利率及贴现利率的生成机制,放开了贴现和转贴现利率;1998年9月放开了政策性银行金融债券市场发行利率;1999年9月成功实现了国债在银行间债券市场的利率招标发行。2007年1月4日上海银行间同业拆放利率(Shanghai Interbank Offered Rate,简称Shibor)开始运行,为进一步推动利率市场化,培育中国货币市场基准利率体系打下了基础。

(二)逐步扩大金融机构利率浮动权,简化贷款利率种类,探索贷款利率改革的途径

1999年10月对保险公司大额定期存款实行协议利率,对保险公司3 000万元以上、5年以上大额定期存款,实行保险公司与商业银行双方协商利率的办法。1998年将金融机构对小企业的贷款利率浮动幅度由10%扩大到20%,农村信用社的贷款利率最高上浮幅度由40%扩大到50%;1999年允许县以下金融机构贷款利率最高可上浮30%,将对小企业贷款利率的最高可上浮30%的规定扩大到所有中型企业;2002年又进一步扩大试点。同时,简化贷款利率种类,取消了大部分优惠贷款利率,完善了个人住房贷款利率体系。在1998年和

1999 年两次扩大贷款利率浮动幅度的基础上,2002 年初在全国八个县农村信用社进行利率市场化改革试点,贷款利率浮动幅度由 50% 扩大到 100%,存款利率最高可上浮 50%。之后,农村信用社利率浮动试点范围进一步扩大。2003 年开始,国内经济景气度明显回升,扩大贷款利率浮动幅度可以发挥经济自身的适应性调节功能,符合宏观调控的方向。

多方面的有利条件促进贷款利率市场化改革取得了突破性进展:2003 年 8 月农村信用社改革试点地区信用社的贷款利率浮动上限扩大到贷款基准利率的 2 倍。2004 年 1 月商业银行、城市信用社的贷款利率浮动上限扩大到基准利率的 2 倍,贷款利率浮动上限不再根据企业所有制性质、规模大小分别制定。2004 年 10 月基本取消了金融机构人民币贷款利率上限,仅对城乡信用社贷款利率实行基准利率 2.3 倍的上限管理,人民币贷款利率过渡到上限放开、实行下限管理的阶段,市场化程度显著提高。2012 年 6 月 7 日,中国人民银行决定,自 2012 年 6 月 8 日起下调金融机构人民币存贷款基准利率。金融机构一年期存款基准利率下调 0.25 个百分点,一年期贷款基准利率下调 0.25 个百分点;其他各档次存贷款基准利率及个人住房公积金存贷款利率相应调整。2013 年 7 月 20 日起全面放开金融机构贷款利率管制,包括取消金融机构贷款利率 0.7 倍的下限等四项措施。

(三)推进外汇利率改革

2002 年 9 月 21 日进行外汇利率管理体制改革,放开了外币贷款利率;300 万美元以上的大额外币存款利率由金融机构与客户协商确定。适应我国加入世界贸易组织后金融对外开放的实际需要,2002 年 3 月将境内外资金融机构对中国居民的小额外币存款,纳入人民银行现行小额外币存款利率管理范围,对中外资金融机构在外币利率政策管理上实现公平待遇。

2003 年,为贯彻落实党的十六大报告关于“稳步推进利率市场化改革,优化金融资源配置”的精神,中国人民银行初步制定了我国利率市场化改革规划。中国人民银行将按照先外币、后本币,先贷款、后存款,存款先大额长期、后小额短期的基本步骤,逐步建立由市场供求决定金融机构存、贷款利率水平的利率形成机制,中央银行调控和引导市场利率,使市场机制在金融资源配置中发挥主导作用。2004 年 11 月 1 年期以上小额外币存款利率全部放开。

我国利率改革是从货币市场起步的,其中二级市场先于一级市场;在对一般存款利率实行严格管制时,先对大额、长期存款利率进行改革,逐渐扩大贷款利率浮动幅度;在本、外币利率改革次序上,外币利率改革先于本币。整个利率改革过程中,注意了协调商业银行的自我约束能力和中央银行对利率的宏观控制能力。我国中央银行在利率改革上取得了较大进步,但仍带有较多的直接干预色彩,最突出的症结在于利率作为资金价格水平不能完全反映市场供求关系,利率未完全市场化,致使商业银行和企业预算缺乏约束力,严重影响银行资产质量和效益。因此,应尽快创造实现利率市场化的条件,在充分有效的金融监管基础上,逐步实现利率市场化,建立以中央银行对金融机构贷款利率为引导,以同业拆借利率为基础的市场利率体系。完善利率浮动制,扩大利率浮动范围,在设立存款利率上限和贷款利率上、下限的基础上,允许商业银行根据客户资信、贷款种类、期限和风险的不同,自主决定贷款利率。此外,利率市场化还需要稳定的宏观环境、完善的微观基础和发达的金融市场。

三、我国存款准备金政策

我国的存款准备金制度是在1983年9月中国人民银行专门行使中央银行职能后建立起来的,包括法定准备金和备付金两部分。1984年,中国人民银行按存款种类核定了存款准备金比率,即企业存款为20%,储蓄存款为40%,农村存款为25%。其后经历三次调整,到1988年9月,把存款准备金率调高到13%以后,10年没大的变动。1989年进一步规定各专业银行需在13%的法定准备金之外,再缴存5%的备付金。中央银行通过高存款准备金率集中一部分信贷资金,再以贷款方式分配给各商业银行,它实际上是一种集中资金、调节信贷结构的手段,而不是真正意义上的货币政策工具。金融机构为满足支付和清算的需要,还按规定在人民银行开设一般存款账户,长期维持较高的准备金率和备付金率,同时向人民银行借入大量再贷款。另外,准备金和备付金利率较高,商业银行宁愿将资金存在人民银行,不利于正常贷款的投放,不利于货币市场的发展,不利于公开市场操作等间接调控工具的运用。

1998年,中国人民银行对存款准备金制度进行了意义重大的改革,主要内容如下:

第一,调整金融机构一般存款范围。将金融机构代理人民银行财政性存款中的机关团体存款、财政预算外存款,划为金融机构的一般存款。金融机构按规定比例将一般存款的一部分作为法定存款准备金存入人民银行。

第二,将各金融机构在人民银行的准备金存款和备付金存款两个账户合并,称为“准备金存款”账户。

第三,法定存款准备金率从13%下调到8%,由各金融机构总部存入总部所在地的人民银行。对各金融机构的法定存款准备金按法人统一考核。

第四,各金融机构的分支机构在人民银行(分、支行)开设的用于结算的准备金账户按准备金存款计息,但不计入考核之列。准备金存款账户的超额部分由各金融机构自行确定。

第五,金融机构法定存款准备金一般按旬考核。城市商业银行和城乡信用社、信托投资公司、财务公司、金融租赁公司等非银行金融机构法人暂按月考核。从1998年10月份起,所有金融机构统一实行按旬考核。

第六,金融机构准备金存款不足、出现透支或不按时报送报表的,人民银行按有关规定予以处罚。

第七,金融机构准备金存款利率下调到5.22%。同业存款利率不得高于准备金存款利率。

1999年11月,中央银行又将存款准备金率由8%下调到6%,以增加资金供给,刺激经济增长。2003年由6%上调为7%,主要目的是为了防止货币信贷总量过快增长。2004年开始实行差别存款准备金率制度,并将存款准备金率由7%上调至7.5%。2006年我国3次调高了存款准备金率。2007年1月至2008年6月,我国连续15次调高了存款准备金率,目的是加强银行体系流动性管理,保持物价水平的基本稳定。2008年下半年开始,为了应对美国次贷危机的影响,贯彻落实适度宽松的货币政策,保证银行体系流动性充分供应,促进货币信贷稳定增长,3次下调了存款准备金率。

表7-3 2007年以来我国存款准备金率调整表

生效日期	大型金融机构			中小金融机构		
	调整前	调整后	调整幅度	调整前	调整后	调整幅度
2012年05月18日	20.50%	20.00%	-0.50%	17.0%	16.5%	-0.50%
2012年02月24日	21.0%	20.5%	-0.50%	17.5%	17.0%	-0.50%
2011年12月05日	21.50%	21.00%	-0.50%	18.00%	17.50%	-0.50%
2011年06月20日	21.00%	21.50%	0.50%	17.50%	18.00%	0.50%
2011年05月18日	20.50%	21.00%	0.50%	17.00%	17.50%	0.50%
2011年04月21日	20.00%	20.50%	0.50%	16.50%	17.00%	0.50%
2011年03月25日	19.50%	20.00%	0.50%	16.00%	16.50%	0.50%
2011年02月24日	19.00%	19.50%	0.50%	15.50%	16.00%	0.50%
2011年01月20日	18.50%	19.00%	0.50%	15.00%	15.50%	0.50%
2010年12月20日	18.00%	18.50%	0.50%	14.50%	15.00%	0.50%

续表

生效日期	大型金融机构			中小金融机构		
	调整前	调整后	调整幅度	调整前	调整后	调整幅度
2010 年 11 月 29 日	17.50%	18.00%	0.50%	14.00%	14.50%	0.50%
2010 年 11 月 16 日	17.00%	17.50%	0.50%	13.50%	14.00%	0.50%
2010 年 05 月 10 日	16.50%	17.00%	0.50%	13.50%	13.50%	0.00%
2010 年 02 月 25 日	16.00%	16.50%	0.50%	13.50%	13.50%	0.00%
2010 年 01 月 18 日	15.50%	16.00%	0.50%	13.50%	13.50%	0.00%
2008 年 12 月 25 日	16.00%	15.50%	-0.50%	14.00%	13.50%	-0.50%
2008 年 12 月 05 日	17.00%	16.00%	-1.00%	16.00%	14.00%	-2.00%
2008 年 10 月 15 日	17.50%	17.00%	-0.50%	16.50%	16.00%	-0.50%
2008 年 09 月 25 日	17.50%	17.50%	0.00%	17.50%	16.50%	-1.00%
2008 年 06 月 07 日	16.50%	17.50%	1.00%	16.50%	17.50%	1.00%
2008 年 05 月 20 日	16.00%	16.50%	0.50%	16.00%	16.50%	0.50%
2008 年 04 月 25 日	15.50%	16.00%	0.50%	15.50%	16.00%	0.50%
2008 年 03 月 18 日	15.00%	15.50%	0.50%	15.00%	15.50%	0.50%
2008 年 01 月 25 日	14.50%	15.00%	0.50%	14.50%	15.00%	0.50%
2007 年 12 月 25 日	13.50%	14.50%	1.00%	13.50%	14.50%	1.00%
2007 年 11 月 26 日	13.00%	13.50%	0.50%	13.00%	13.50%	0.50%
2007 年 10 月 25 日	12.50%	13.00%	0.50%	12.50%	13.00%	0.50%
2007 年 09 月 25 日	12.00%	12.50%	0.50%	12.00%	12.50%	0.50%
2007 年 08 月 15 日	11.50%	12.00%	0.50%	11.50%	12.00%	0.50%
2007 年 06 月 05 日	11.00%	11.50%	0.50%	11.00%	11.50%	0.50%
2007 年 05 月 15 日	10.50%	11.00%	0.50%	10.50%	11.00%	0.50%
2007 年 04 月 16 日	10.00%	10.50%	0.50%	10.00%	10.50%	0.50%
2007 年 02 月 25 日	9.50%	10.00%	0.50%	9.50%	10.00%	0.50%
2007 年 01 月 15 日	9.00%	9.50%	0.50%	9.00%	9.50%	0.50%

资料来源:中国人民银行网站

健全和完善存款准备金政策的改革措施,有助于理顺中央银行与商业银行等金融机构之间的资金关系,有利于金融机构加强统一管理,提高经营管理水平,增强中央银行宏观调控能力。

四、我国再贴现与再贷款政策

我国于 1980 年起开始在全国少数几个城市试办商业票据的承兑贴现业务。1995 年中国人民银行下发《进一步规范和发展再贴现业务的通知》,开始把再贴现作为货币政策工具体系的组成部分。为进一步规范再贴现业务,1998

年中国人民银行对再贴现机制进行了重要改革，2004 年 6 月中国人民银行又发布了《商业汇票承兑、贴现与再贴现管理暂行办法》。1998 年改革的主要内容如下：

第一，改变了贴现和再贴现利率的生成机制，改变了过去再贴现利率按同档次再贷款利率下浮 5% ~10% 和贴现利率按同期同档次贷款利率下浮 5% ~10% 的做法，使再贴现利率与再贷款利率脱钩，首次成为独立的基准利率种类，有利于中央银行基准利率的形成，有利于商业票据市场和贴现、再贴现业务的发展，有利于中央银行货币政策工具的完善。

第二，调整了再贴现政策和机制，起草并颁发了《关于进一步改进和完善再贴现业务管理的通知》，改进了再贴现业务的操作方式，扩大了再贴现的范围，采取措施加快发展以中心城市为依托的区域票据市场等。

当前主要有以下因素制约了我国再贴现业务的发展：①票据市场发展滞后，使再贴现业务发展缺乏有效而充分的市场条件和环境；②商业银行办理票据承兑和贴现的数量较小，制约了再贴现业务的发展；③中央银行再贴现业务的操作缺陷制约了再贴现业务的发展，如对再贴现实行限额管理，再贴现的条件过严，手续较繁琐等。今后应针对以上问题继续深化改革。

我国长期以来，再贷款的作用比再贴现的作用要强。再贷款是指中国人民银行对商业银行等金融机构发放的信用贷款。从推出这一政策工具之后的很长阶段，再贷款在中国人民银行的资产中占有最大的比重，是我国基础货币吞吐的主要渠道和调节贷款流向的重要手段。1994 年以来，由于外汇占款在中央银行资产中的比重大幅上升，再贷款的比重开始下降。今后，随着改革的深化，更多地发挥其他政策工具的作用将成为既定方向。

五、我国公开市场业务

我国公开市场操作包括人民币操作和外汇操作两部分。外汇公开市场操作 1994 年 3 月启动，中国人民银行总行成立了公开市场业务操作室，从 4 月起正式进入全国联网的银行间外汇市场运作，改变了历年来基础货币单一由信贷计划分配的格局。1996 年，中国人民银行又启动了国债公开市场业务，但是由于商业银行持有短期国债数量有限，且把其视为安全的优良资产，愿意持有而不愿交易，从而给人民银行进行公开市场操作增加了难度。因此，人民币公开市场操作 1998 年 5 月恢复交易以后，人民银行就注意拓展操作工具，使得可供交易的不仅有国债，还有中央银行融资券和政策性金融债券，规模逐步扩大。

1999 年以来,公开市场操作已成为中国人民银行货币政策日常操作的重要工具,包括2 700 亿元特别国债、423 亿元专项国债、1 600 亿元建设国债等。此时,由公开市场操作投放的基础货币占全年基础货币投放的比例达到52%,对于调控货币供应量、调节商业银行流动性水平、引导货币市场利率走势发挥了积极的作用。其基本框架和做法如下:

- 公开市场业务操作实行一级交易商制度。
- 公开市场操作工具包括国债、政策性金融债以及中央银行票据等。
- 交易方式包括回购交易、现券交易、发行中央银行票据等。
- 以招标方式形成价格(利率)机制。公开市场业务操作采用招标方式进行,招标分为数量招标和利率招标两种方式。

在我国进一步发展公开市场业务,应积极做好以下工作:①发展国债市场;②建立高效的资金清算和证券簿记系统;③推进利率市场化改革;④建立健全银行体系;⑤协调中国人民银行同财政部的关系。

资料链接

中国人民银行的公开市场操作——2013 年第二季度

中国人民银行加强对银行体系流动性供求的分析监测,结合春节前后银行体系流动性先降后升的季节性特征,第一季度,合理搭配公开市场短期逆回购和 28 天期正回购,灵活开展公开市场双向操作;第二季度以来,根据流动性管理需要,以 28 天正回购为主开展公开市场对冲操作,并适时恢复发行 3 个月期央行票据,灵活调节银行体系流动性。6 月以来,根据流动性变化调减操作力度与频率,并采取公开市场操作、常备借贷便利(SLF)等工具手段有效应对多种因素引起的短期资金波动。上半年,累计开展短期逆回购操作约 1.34 万亿元,开展正回购操作 7 650 亿元,发行央行票据 1 140 亿元。

保持公开市场操作利率稳定。在外部环境复杂多变的情况下,中国人民银行加强对市场利率走势的分析监测,保持公开市场操作利率稳定,有效引导市场预期。截至 6 月末,28 天期正回购操作利率为 2.75%,3 个月期央行票据发行利率为 2.908 9%。

适时开展中央国库现金管理操作。上半年开展了三期 6 个月期国库现金管理商业银行定期存款业务,共计 1 200 亿元。近两年来,随着银行体系流动性供求形势的变化,中央银行票据发行量总体小于到期量,余额持续下降,一定程度上影响了其二级市场交易的活跃度及作为定价基准的有效性。为此，中国人民银行对部分到期的3年期中央银行票据开展了到期续做，采用市场化方式定价。

资料来源：摘自2013年第二季度中国货币政策执行报告

六、证券市场信用管制和不动产信用控制

在我国改革开放之初，证券市场迅速发展，大量信贷资金违规入市，冲击金融市场，泡沫经济出现。为了规范市场秩序，维护金融安全稳定运行，我国中央银行出台了证券、银行、保险分业经营、分业监管的管理体制，加强对信贷资金的管理，禁止证券经纪公司向客户透支炒股等信用管制措施，这对防范和化解金融风险，提高银行资产质量，推进市场稳定，避免金融危机作出了巨大贡献。

20世纪90年代初，房地产出现过度投机，中央银行对注入房地产业的信贷资金进行严格监控，对抑制房地产经济泡沫发挥了一定作用。到了20世纪90年代末，国内出现有效需求不足，投资疲软，经济增速放慢的现象，针对这一问题，中央银行采取一系列措施放松房地产特别是住房信贷限制，鼓励发放个人住房贷款，从贷款利率、首付款比例、期限和房贷类别等方面提供政策支持，增加消费贷款项目，在投资效应作用下，拉动了国民经济的稳步增长。2013年3月，国务院颁布房地产调控“国五条”实施细则，要求各地方政府于一季度向社会公布本地区年度新建商品住房（不含保障性住房）价格控制目标。要求银行业金融机构不得发放房地产新开发项目贷款，并进一步提高了第二套住房贷款的首付比例和贷款利率。

七、间接信用指导

我国宏观调控方式中，道义劝告和窗口指导具有重大作用。自1987年起，中央银行与商业银行建立了比较稳定的行长碰头会制度。取消贷款规模控制以后，我国在1998年颁布了产业投资指导政策，以指导商业银行的贷款方向，此外还定期（按年或季）对国有商业银行下达贷款增量的指导性计划，引导贷款规模控制。另外，我国曾在1987年和1988年分别对农村信用社和信托公司开立特别存款账户，以保持金融部门平衡发展。

我国中央银行调控手段正由直接调控向间接调控转变，在货币政策工具运用上表现为传统的货币政策工具与新型的货币政策工具结合。主要采用的政

策工具有:存款准备金政策、再贴现政策、公开市场业务一般性货币政策工具和利率政策、信用控制等选择性货币政策工具以及道义劝告和窗口指导等其他货币政策工具。

八、常备借贷便利

立足现有货币政策操作框架并借鉴发达经济体相关经验,中国人民银行于2013年年初创设了常设借贷便利(Standing Lending Facility,SLF),在银行体系流动性出现临时性波动时相机运用。

常备借贷便利的主要功能是满足金融机构期限较长的大额流动性需求。其主要特点表现为:一是由金融机构主动发起,金融机构可根据自身流动性需求申请常备借贷便利;二是常备借贷便利是中央银行与金融机构"一对一"交易,针对性强;三是常备借贷便利的交易对手覆盖面广,通常覆盖存款金融机构。常备借贷便利的最长期限为3个月,目前以1~3个月期操作为主;利率水平根据货币调控需要、发放方式等综合确定。常备借贷便利主要以抵押方式发放,合格抵押品包括高信用评级的债券类资产及优质信贷资产等;必要时也可采取信用借款方式发放。常备借贷便利的使用对象主要为政策性银行和全国性商业银行。2013年6月至9月四个月内我国常备借贷便利余额如表7-4所示。

表7-4 2013年第三季度我国常规借贷便利余额表

时间	常备借贷便利余额(单位:亿元)
2013年6月	4 160
2013年7月	3 960
2013年8月	4 100
2013年9月	3 860

常备借贷便利工具的及时创设,既可以有效调节市场短期资金供给,熨平突发性、临时性因素导致的市场资金供求大幅波动,促进金融市场平稳运行,也有助于稳定市场预期和有效防范金融风险。总体看,开展常备借贷便利操作有助于有效调节市场流动性供给,促进金融市场平稳运行,防范金融风险。

资料链接

开展常备借贷便利操作，促进银行体系流动性总体平衡

第三季度，为保持货币市场流动性合理适度，中国人民银行向符合宏观审慎要求的金融机构提供常备借贷便利，取得了较好的效果。通过连续发行三年期央票冻结长期流动性，同时通过常备借贷便利和公开市场逆回购提供必要的短期流动性支持，两种操作相结合，既有利于在未来国际收支形势不确定的情况下保持流动性适中，也有利于维护货币市场的稳定。三季度以来，鉴于国际收支形势变化、外汇流入量增加，常备借贷便利适度有序减量操作，保持银行体系流动性平稳。9 月末，常备借贷便利余额 3 860 亿元，比 6 月末下降 300 亿元。

资料来源：摘自 2013 年第三季度中国货币政策执行报告

本章小结

1. 货币政策工具是指中央银行可以直接控制的，能够影响基础货币、货币供给量、利率以及信贷活动，进而实现货币政策目标的各种策略手段。一般而言，按操作对象的不同，货币政策工具可分为一般性政策工具、选择性政策工具和其他政策工具三类。

2. 一般性货币政策工具是对社会信用总量和货币供给总量进行调节和控制的政策工具，包括存款准备金政策、再贴现政策和公开市场业务三大政策工具。

3. 选择性货币政策工具是指中央银行针对某些特殊的经济领域或特殊用途的信贷而采用的信用调节工具。选择性的货币政策工具偏重于调整资金结构和经济结构。选择性货币政策工具主要有：消费者信用控制、证券市场信用控制、不动产信用控制和优惠利率。

4. 其他货币政策工具包括直接信用控制和间接信用控制。直接信用控制是指中央银行以行政命令或其他方式对金融机构尤其是商业银行的信用活动进行直接控制，其手段包括利率最高限额、信用分配、直接干预、贷款限额、流动性比率和特种存款。间接信用控制是指中央银行通过道义劝告和窗口指导的方式对信用变动方向和重点实施间接指导。

5. 我国货币政策工具主要有：利率政策、央行再贷款、再贴现政策、存款准备金政策、公开市场业务、常备借贷便利等。

复习思考题

1. 一般性货币政策工具与选择性货币政策工具的基本区别是什么？

2. 请比较中央银行三大一般性货币政策工具各自的优缺点及其适用条件。

3. 法定存款准备金制度主要包括哪些内容？

4. 公开市场业务发挥作用的条件是什么？

5. 非常规货币政策工具包括哪些内容，其使用的条件是什么？

6. 请简述我国中央银行公开市场业务基本操作，并预测一下我国此项业务的发展趋势。

7. 联系实际，分析近两年我国央行主要运用了哪些货币政策工具对我国经济进行了宏观调控？为什么？

【参考文献】

[1]张强，罗斌，陈新国，等. 货币银行学[M]. 重庆：西南财经大学出版社，1996.

[2]张强，陈新国. 中央银行学[M]. 北京：首都经济贸易大学出版社，2003.

[3]张强，乔海曙. 中央银行学[M]. 北京：北京师范大学出版社，2010.

[4]赵何敏，黄明皓. 中央银行学[M]. 北京：清华大学出版社，2012.

[5]付一书. 中央银行学[M]. 上海：复旦大学出版社，2013.

[6]杜朝运. 中央银行学[M]. 厦门：厦门大学出版社，2010.

[7]王广谦. 中央银行学[M]. 北京：高等教育出版社，2011.

[8]曹华. 中央银行学[M]. 北京：科学出版社，2006.

[9]阙澄宇. 欧洲中央银行体系及政策研究[M]. 北京：中国社会科学出版社，2007.

[10]陈燕. 中央银行理论与实务[M]. 北京：北京大学出版社，2005.

第八章

货币政策的传导机制

【本章结构】

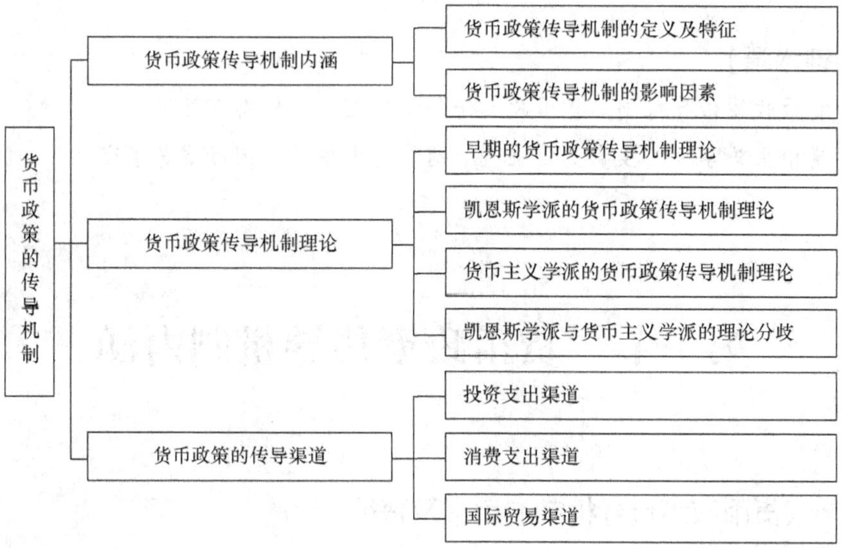

【学习目标】

1. 掌握货币政策传导机制的概念和内涵
2. 了解货币政策传导机制的影响因素
3. 掌握货币政策传导机制理论
4. 掌握货币政策传导渠道

5. 掌握货币政策的信贷传导机制

【本章提要】

货币政策传导机制就是指中央银行确定货币政策目标后,从运用一定的货币政策工具进行操作,到最终实现其预期目标所经过的作用过程。一国中央银行是否能够有效地通过货币政策的操作逐步实现均衡目标,取决于传导机制的顺畅与否。在货币政策的实际传导过程中还存在一些影响货币政策效应发挥的因素,主要有经济形势和环境、金融市场体系的完善程度、其他政策的协调配合、企业和商业银行的市场化程度。代表性的货币政策传导机制理论包括:传统经济学货币数量论、凯恩斯学派和货币主义学派的货币传导机制理论。货币供给影响总支出的具体渠道主要有三类:投资支出渠道、消费支出渠道、国际贸易渠道。

【关键术语】

货币政策传导机制　货币政策传导机制理论　凯恩斯学派

货币主义学派　投资支出渠道　消费支出渠道　国际贸易渠道

第一节　货币政策传导机制内涵

一、货币政策传导机制的定义及特征

所谓货币政策传导机制,就是指中央银行在确定货币政策目标后,从运用一定的货币政策工具进行操作,到最终实现其预期目标所经过的传导途径或作用过程。一般来说,这一过程大体可以分为三个阶段。首先,货币政策工具的运用会直接作用于货币政策的近期中介目标,也就是我们通常所说的操作目标:商业银行准备金、基础货币和短期利率;然后,货币政策操作目标的变动会影响到货币政策的远期中介目标:货币供应量、长期利率和国内信贷规模的变化;最后,由于远期中介目标变动对实际经济活动能够产生比较直接的影响,从而影响最终目标,即实现物价稳定、充分就业、经济增长和国际收支平衡。因此,如果货币政策工具运用得当,就能通过货币政策远期中介目标的变动达到影响货币政策的最终目标。整个过程如图 8－1 所示。

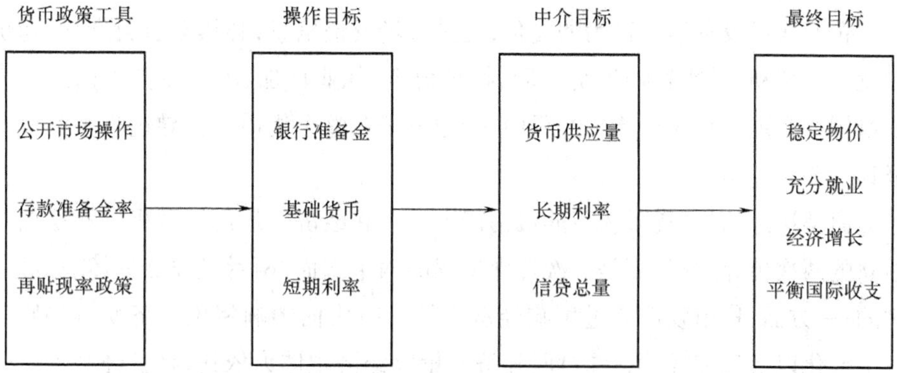

图 8－1　货币政策传导过程示意图

例如,中央银行实行扩张性货币政策,降低法定存款准备金率,商业银行的超额准备金就会增加。这意味着商业银行可供贷款的金额上升,对企业的贷款增加,国内信贷规模扩大,货币供应量就会增加。货币供应量的增加会引起利率水平的下降,进而刺激投资。同时,这一变化还会使股市看涨,债券价格上升,金融资产价格上涨,增加人们的消费需求。总需求的增加会刺激总供给的增加,保证生产顺利增长,生产各部门比例协调,市场交易繁荣,物价基本稳定。在上述过程中,货币政策工具首先对操作变量起作用,操作变量的变动引起中介变量的变化,中介变量的变化影响实际经济活动,进而影响到最终目标。也就是说,货币政策的传导过程可以看成是货币政策措施通过影响经济变量进而影响社会经济的过程。

从另一个角度看,货币政策的传导过程是指货币政策措施通过影响经济主体行为而影响整个社会经济的过程。在市场经济条件下,货币政策的机构传导过程一般由三个基本环节组成,其顺序依次是:

• 从中央银行到各金融机构和金融市场。中央银行通过各种货币政策工具的操作,调节各金融机构的超额准备金、金融市场的融资成本、信用能力和金融机构的行为,控制各金融机构的贷款能力和金融市场的资金融通,从而影响货币的供给与需求。

• 从商业银行等金融机构和金融市场到企业和居民等非金融部门的各类经济行为主体。中央银行通过实施货币政策,如提高或降低利率、扩张或紧缩货币供应量，使商业银行等各金融机构根据中央银行的政策操作调整自己的行为，从而影响各类经济行为主体的投资、储蓄及消费等经济活动。

- 从企业、居民等非金融部门经济行为主体的投资、消费的变化到总产量、总支出量、物价和就业的变动。

企业居民投资消费行为的变化，通过市场反馈信息，必然会引起产量、物价和就业的变动，最终影响经济发展、物价稳定、就业增加、国际收支平衡这些最终目标的实现。在这个传导过程中，金融市场在整个货币的传导过程中发挥着极其重要的作用。

值得注意的是，货币政策的机构传导过程和经济变量传导过程并不是相互独立的两次传导过程，而是一次传导过程的两个方面，两者是浑然一体、不可分割的：一方面，货币政策通过影响经济主体的行为而影响相关经济变量并使其发生变化以实现传导；另一方面，经济变量以经济主体为依托，将各经济主体联系成一个整体，使货币政策作用力依次传递，两者相结合，最终构成一个错综复杂的货币政策传导机制。

二、货币政策传导机制的影响因素

在现实经济中，中央银行实施的货币政策总是不如理论所描述的那样富有成效。这说明，在货币政策的实际传导过程中还存在一些影响货币政策效应发挥的因素，主要有经济形势和环境、金融市场体系的完善程度、其他政策的协调配合、企业和商业银行的市场化程度。

（一）经济形势和环境

宏观经济形势和环境对货币政策具有反作用，影响和制约货币政策的传导。由于宏观经济环境对经济主体的决策和投资选择影响较大，进而会影响到各类经济主体对货币流的态度，影响到货币政策传导的速度。一般来说，当经济活动旺盛时，货币政策传导速度也大大加快；当经济偏冷时，货币政策传导速度也大大降低。

（二）金融市场体系的完善程度

金融市场是货币政策传导的重要媒介，是货币政策传导的基础。在市场经济条件下，从货币政策工具的启动到最终对企业和居民行为的影响，都是借助于金融市场来完成的。金融市场正是通过价格（利率、汇率）信号和供求关系把中央银行行为、商业银行行为、企业和居民行为组成一个有机统一体。因此，一国货币政策传导是否畅通、有效，与该国是否有一个健全、完善的金融市场有着很大的关系。

（三）其他政策的协调配合

货币政策着重于总量的调节和稳定物价水平，而财政政策则更多地表现在结构调整和资源配置方面。各种经济政策有着各自不同的优缺点，它们之间必须相互协调配合，才能达到预期的政策目标。由于现实经济运行中经常出现的是多方面的失衡问题，货币政策必须与财政政策等其他政策相互配合，才能保证货币政策传导机制的畅通。

（四）企业和商业银行的市场化程度

企业和商业银行是货币政策传导的重要对象和载体，其市场化程度如何直接影响货币政策的调控效果。中央银行的货币政策，首先作用于商业银行，然后才能通过商业银行传导给企业和居民，进而影响国民收入和物价水平等经济变量。因此，只有企业和商业银行真正走向市场化，以市场作为资源配置的有效手段，才能对中央银行的货币政策调控反应准确，使货币政策调控成效显著。

第二节　货币政策传导机制理论

货币政策传导机制理论是在货币供求理论的基础上，探讨货币供给量的变化对就业、产量、收入和价格等实际经济因素产生影响的方式、途径和过程的学说。货币政策传导机制分析的是货币数量变化如何对经济产生影响的过程，以及在这一过程中各种市场主体的行为调整和相互协调问题。对这个问题的不同理解，产生了不同的货币政策传导机制理论，其中具有代表性的主要有：传统经济学货币数量论、凯恩斯学派和货币主义学派。

一、早期的货币政策传导机制理论

早期的学者关于货币政策传导机制的研究成果，主要集中体现在传统的货币数量论的相关表述中。最具有代表性的是费雪的现金交易数量论和马歇尔、庇古的现金余额数量论。

美国经济学家欧文·费雪在1911年出版的《货币购买力》一书中提出了著名的现金交易方程式，也被称为费雪方程式或费雪现金交易论。该方程式为：

$$MV = PT \text{ 或 } P = MV/T$$

式中,M 表示一定时期内流通货币平均数量;V 表示货币流通速度;P 表示一般物价水平;T 表示各种商品的交易量。

费雪认为,交易方程式中 V 由制度因素决定,具体地说,它取决于人们的支付习惯、信用的发达程度、运输与通讯条件及其他"与流通中货币量没有明显关系"的社会因素。而 T 则取决于资本、劳动力、自然资源的供给状况和技术水平等非货币因素。正因为 V 和 T 都独立于 M,所以费雪认为,货币数量决定着物价水平。

现金余额论则认为,一国一定时期内的商品数量和货币的流通速度在短期内是不会发生变化的。国民产出在完全竞争均衡机制这只"看不见的手"的调节下,通常处于充分就业水平;而货币的流通速度主要取决于制度性因素如支付制度、支付习惯等,在短期内基本保持稳定不变。货币数量(M)的增加将直接、同比例地引起物价(P)的变化,而不会引起实际产出的变化。

当货币供给量增加时,个人就将感觉到手中实际持有的货币量多,就会增加支出从而减少货币余额,进而引起货币流通速度加快,导致商品供求关系失衡,结果引起物价上涨,并且一定要等到物价水平的上涨幅度恰好与货币供给量的增加为同一比例时,才能产生新的货币均衡。

根据以上观点,我们可以把传统经济学的货币政策传导途径总结如下,即:

$$R \to Ms \to P \to Yn$$

式中,R 表示准备金数量;Ms 表示货币供给量;P 表示市场物价水平;Yn 表示名义收入。

其传导机制是:中央银行的货币政策措施,首先是改变商业银行的准备金数量,引起货币供应量的变动,继而引起市场物价水平的变动,最终造成社会名义收入的变动。

上述就是传统货币数量论关于货币政策传导机制的主要观点,它朴素、简单、清晰地表述了货币政策影响实际经济活动的基本过程。但必须指出的是,早期的货币数量论所阐述的货币作用机制实际上是值得深入推敲的。在早期的金本位制度下,由于货币作为交易媒介和真实商品,二者实际上价值是相同的,因而当流通中金属货币的数量超过实际需要时,就会有多余部分的金属货币自动退出流通;相反,当流通中金属货币的数量不能满足实际需要时,就会有原先处于库存状态的金属货币重新进入流通。实际上,由于金本位制度下金属货币具有自动调节的功能,因而货币数量的变化往往并不能够对物价水平和名义收入产生影响。

二、凯恩斯学派的货币政策传导机制理论

（一）传统的凯恩斯学派的货币政策传导机制理论

凯恩斯在1936年出版的《就业、利息和货币通论》一书中，提出了他关于货币与经济关系的看法，后来他的追随者又在他的理论基础上进一步发展和修正，从而形成了凯恩斯学派的货币理论。凯恩斯把他对货币需求的分析纳入对总需求和总供给的分析框架中，形成了关于货币活动如何影响经济活动，即货币政策传导机制的分析。凯恩斯以其总需求理论和货币需求理论为基础，把货币与利率，利率与投资之间的相互作用联系在一起，形成了传统的凯恩斯学派的货币政策传导机制理论。其基本框架是：

$$M \rightarrow R \rightarrow I \rightarrow E \rightarrow Y$$

该模型的主要环节（或核心）是利率，其描述的货币政策传导机制是：货币供给量（M）的调整首先影响利率（R）的变动，利率又影响投资支出（I），投资支出引起总支出（E）的变化，最终对总产出（Y）产生影响。如果中央银行采用扩张性的货币政策，将会导致货币供给量的扩大，那么它对总产出会产生如下影响：

$$M\uparrow \rightarrow R\downarrow \rightarrow I\uparrow \rightarrow E\uparrow \rightarrow Y\uparrow$$

货币供给量的增加，将会引起货币市场上的资金价格（即利率）的下降，利率的下降意味着企业投资的资金成本下降，这将刺激企业增加投资，社会的投资支出将会增长，企业开工增加，就业增加。这样，社会的总体消费能力将会增长，总支出将增加，社会总产出也将增加。如果货币供给量减少，则货币政策作用的传导过程正好与上述过程相反。

在这个传导过程中，货币政策发挥作用的关键途径有两条：一是货币与利率的关系，即流动性偏好；二是利率与投资之间的关系，即投资利率弹性。在凯恩斯学派的传导机制中，利率是整个传导机制的核心，货币供给量的调整必须首先影响利率的升降，然后才能使投资乃至总支出发生变化。如果货币供给量增加不能对利率产生影响，即存在流动性陷阱，则货币政策无效；如果投资的利率弹性非常低，利率的下降就不会对投资量有显著的刺激作用，则货币政策的传导机制也就会中断。

（二）希克斯的 *IS-LM* 模型

希克斯于1937年在局部均衡分析的基础上对宏观经济的均衡进行了综合分析，建立了 *IS-LM* 模型。这是一种一般均衡分析方法。该模型的假设前提

是：第一，经济中只存在货币与债券两种资产，即在经济体系中，除货币以外的所有资产都可相互完全替代；第二，金融市场以利率出清。在此假设前提下，该模型描述了在价格水平不变的条件下，经济中利率和总产出的决定，反映了货币市场和商品市场相互作用并趋于均衡的过程：

• 假定货币政策工具的运用使货币供给增加，在既定的产出水平下，利率会相应地下降，利率下降会刺激投资，并引起总支出增加，总需求又推动总产出增长。

• 产出量的上升又使货币需求量上升，如果没有新的货币供给投入经济生产，货币供求的对比就会使下降了的利率回升。这是商品市场对货币市场的作用。

• 利率的回升又会使总需求减少，产量下降，产量的下降又导致货币需求下降，那么利率又会回落。这样的变化会循环往复。

• 这一过程最终会逼近一个均衡点，在这个点上，货币市场和商品市场同时达到均衡。在这个过程中，利率是不断波动的，利率可能较原来的均衡水平低，而产出量较原来的均衡水平高。

封闭经济中的利率传导机制概括为如下过程：

$$R\uparrow \rightarrow M\uparrow \rightarrow i\downarrow \rightarrow I\uparrow, C\uparrow \rightarrow y\uparrow$$

如图 8－2 所示，随着中央银行增加准备金（$R\uparrow$）以扩张货币供给，商业银行能够向社会提供的活期存款额增加，其所持有的资产——债券也等幅增加，从而意味着社会货币存量上升（$M\uparrow$），居民货币持有额就会增加、债券持有额就会减少。上述两种情形的结果，必然导致名义利率下降。如果名义价格水平未能完全调整，则真实利率随之下降（$i\downarrow$），最终导致投资及消费增加（$I\uparrow$，$C\uparrow$），国民收入上升（$y\uparrow$）。

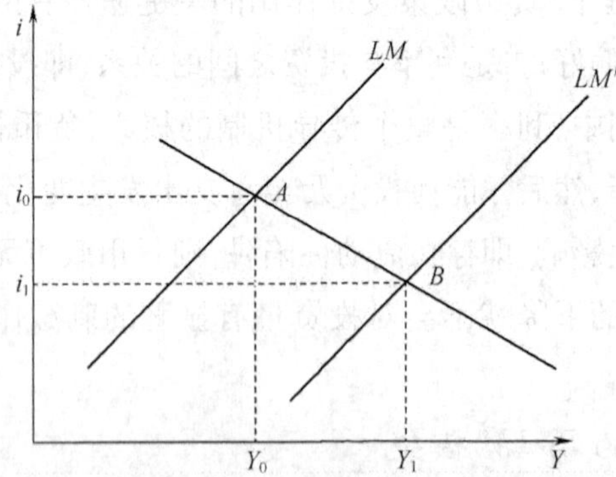

图 8－2　IS-LM 模型示意图

上述传导机制可以扩展到开放经济环境下。与单纯的封闭经济体系相比，开放经济环境中的货币政策增加了一条汇率传导渠道。中央银行增加货币供给导致利率上升后，除通过引发总需求变动影响国民收入外，还将经由汇率波动效应造成国民收入相应变动。此外，本国货币扩张与利率下降将导致汇率贬值（$E\downarrow$），结果造成出口产品竞争力增强与进口产品竞争力减弱，从而直接导致净出口额国民收入上升（$y\uparrow$）。由此可见，在开放经济环境中利率的传导功能进一步增强。其传导过程可描述为图8－3：

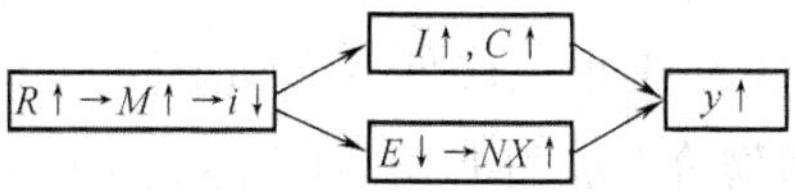

图8－3

三、货币主义学派的货币政策传导机制理论

在20世纪50～60年代，凯恩斯学派经济学处于上升地位时，以米尔顿·弗里德曼为代表的芝加哥大学的一些经济学家提出了一个新的观点：货币对总需求的变动是至关重要的。弗里德曼及其追随者们的货币理论后来被称为货币主义的货币理论。

货币学派认为利率在货币政策传导过程中不起重要作用。同时，货币政策传导过程比较直接和迅速，并不像凯恩斯学派那样间接和迂回。货币学派认为：货币需求有其内在的稳定性，而货币供给是一个外生变量。由于货币需求函数中不包括任何货币供给的因素，因而货币供给的变动并不直接引起货币需求的变化。

当货币供给量增加时，由于货币需求并不改变，公众会发现他们实际持有的货币量比他们希望持有的多。超过意愿持有的货币，或用于购买债券、股票等金融资产，或用于购买汽车、消费品等实物资产直至人力资本的投资。这种支出（即资产结构的调整过程）会影响资产的价格（如有价证券利率会变动），也会影响商品供应的数额与价格。用符号表示为：

$$M\uparrow\rightarrow A\uparrow\rightarrow C\uparrow\rightarrow I\uparrow\rightarrow P\uparrow\rightarrow\cdots\rightarrow Y\uparrow$$

其中，M 为货币供给量；A 为金融资产；C 为消费；I 为投资；P 为价格；…代表可能存在但未被揭示的过程；Y 为产出。

货币学派认为，货币供给的变化在短期内会对实际产量和物价两方面均发生影响；就长期而言，则只会影响物价水平。

四、凯恩斯学派与货币主义学派的理论分歧

凯恩斯学派和货币学派都承认货币供给影响经济，但货币学派的货币政策传导机制理论是在批评凯恩斯学派理论的过程中提出来的。因此，它与凯恩斯学派的货币政策传导机制理论存在着重大分歧，主要表现在：

其一，凯恩斯学派非常重视利率指标在货币政策传导机制中的作用，认为除非扩大（缩减）货币供应量后，能够降低（提高）利率，否则货币政策是无效的。而货币主义学派则不重视利率指标在货币政策传导机制中的作用。他们认为，在增加货币供给量的初期，会降低名义利率和实际利率，但不久名义利率就会因货币收入增加和物价上涨而上升，而实际利率则可能回到并稳定在原先的水平上。

因此，货币政策的影响主要不是通过利率而间接地影响投资和收入，而是因为货币供给量超过了人们所需要的真实现金余额，从而直接影响到社会的支出和货币收入。所以货币主义学派认为，中央银行在决定货币乘数时，应关注货币供应量指标，认为货币供应量的变动能够直接影响社会的支出和货币收入。

凯恩斯学派认为，由于流动性陷阱的存在，将使货币变动对实质经济不产生任何影响。这就是说，一旦利率达到其最小值，货币政策便变得软弱无力，因为多余的货币会被货币持有者以不变的利率吸引。而货币主义学派则认为，货币市场利率只是影响货币变化的相对价格之一。基础货币增加，即使不降低利率，资产价格也会上升。相对价格的变化及其效应对支出的影响，将不会因为流动性陷阱的存在而消除。

其二，凯恩斯学派认为，直接对产量、就业和国民收入产生影响的是投资，而货币对国民收入等因素的影响是间接的。货币供应量增加以后，首先是降低利率，从而提高资本的边际效率，增加投资，经过投资乘数作用，从而引起国民收入、就业量的增加。而货币主义学派则认为，货币供应量的变动与名义国民收入的变动有着直接的联系。由于货币流通速度是一个稳定的函数值，因此，货币供应量的增加则成为直接引起名义国民收入增加的主要因素。

但同时弗里德曼承认，货币供应量的变动能够影响总需求的方式和渠道十分繁多而且复杂。因而，他满足于从实证角度找出货币供应量与名义国民收入的相关性，而不具体探讨货币供应量对于名义国民收入的作用方式或者影响过程。由于货币主义学派没有揭示货币供给量影响总需求变化的渠道，而是仅仅

指出货币供给量的变化会引起总支出变动,所以,人们又把货币主义的政策传递机制称为“黑箱理论”:货币供应量的变动从黑箱的一端进入,名义国民收入的变动从黑箱的另一端显示出来,但是,人们并不知道这一传导过程是如何进行的。

其三,凯恩斯学派认为,传导机制首先是在金融资产方面进行调整,即首先在货币市场进行调整,然后引起资本市场的变化,投资增加,通过乘数的作用,增加了消费和国民收入,最后影响到商品市场。具体地说,中央银行通过公开市场买进债券,一方面增加了货币的供应量,另一方面则促使债券的价格上升,这时,卖出债券的家庭又会用债券的收入去购买股票,从而引起股票价格上涨,利率下降。股票价格的上涨,必然会促进股票的发行,增加投资,从而又促进投资品价格上涨,产量随之增加。同时,投资增加以后,通过乘数作用,也增加了消费,结果导致国民收入的增加。

而货币主义学派则认为,传导机制可以同时对货币市场和商品市场发生影响,并且受其影响的不仅是金融资产,而且也包括实物资产。货币主义学派反对凯恩斯模式仅仅强调一种资产价格——利率。货币主义学派认为,货币资产与实物资产是相近的替代品,因而中央银行通过调整货币供应量能够影响到一系列的资产、利率和产出。

在整个传导过程中,中央银行通过调节货币供应量的变动,不仅能够影响经济主体在货币和其他金融资产之间的选择,而且也影响经济主体在货币与各种消费品等实物资产之间进行选择。传递机制可以同时在货币市场和资本市场发生,受其影响的资产不仅是金融资产,也包括耐用消费品、房屋等真实资产。如中央银行在公开市场上购买债券,导致债券价格上升,利率下降。这时相对地降低了耐用消费品和房屋等真实资产的价格,从而增加了人们对这类真实资产的需求,使其价格上涨,并且会波及其他的一些真实资产,这样循环下去,又增加了新的货币需求,使其社会的名义收入提高。

第三节　货币政策的传导渠道

经济学界一般都认为,中央银行可以通过货币政策的操作来影响货币供给,进而影响总支出。但是,在货币政策的传导过程中究竟是通过什么具体的渠道、借助什么具体的核心变量来影响货币供给和总支出的，货币政策在决定经济活动和价格行为上的作用等问题方面，还没有出现一个被人们广泛接受的观点。从目前看，货币供给影响总支出的具体渠道主要有三类：第一类是通过投资支出渠道起作用；第二类是通过消费支出渠道起作用；第三类是通过国际贸易渠道起作用（如图 8－4 所示）。

货币供给

⇩

	利率对投资的效应	托宾q理论	信贷观点	非对称信息效应	利率对耐用消费品的支出效应	财富效应	流动性效应	汇率对净出口的效应
传导机制	货币供给 ↓ 利率	货币供给 ↓ 股票价格 ↓ q理论	货币供给 ↓ 贷款可得性	货币供给 ↓ 股票价格 ↓ 道德风险逆向选择	货币供给 ↓ 利率	货币供给 ↓ 股票价格 ↓ 金融财富价值	货币供给 ↓ 股票价格 ↓ 金融财富价值 ↓ 财务困难的可能性	货币供给 ↓ 利率 ↓ 汇率
总支出的构成	投资住宅	投资	投资住宅	投资	耐用消费品支出	消费	住宅耐用消费品支出	净出口

⇩

国内生产总值

图 8－4　货币供给影响总支出的渠道

一、投资支出渠道

传统的凯恩斯学派非常强调投资在经济周期波动中的作用，因而有关货币政策传导机制的早期研究主要集中在投资支出上。关于货币政策如何影响投资支出主要有以下 4 种理论：

（一）利率对投资的效应

这实际上是凯恩斯学派的传统货币政策传导机制。其主要思想是:货币供给(M)的增加会导致利率下降,利率下降又促使投资(I)增加,投资增加会引起产出(Y)的增长。其传导机制是:

$$M\uparrow \rightarrow i\downarrow \rightarrow I\uparrow \rightarrow Y\uparrow$$

但是,这种以利率为变量的传导机制可能在以下两种情况下出现被堵塞:一是当出现流动性陷阱时,人们预期利率只会上升,不会下降,货币供给的增加会被人们无限制的货币需求所吸收,而不会导致投资的增加。二是在投资的利率弹性非常低时,利率的下降就不会对投资增加有明显的刺激作用,较小的投资增加对总产出的影响也不明显。正是由于这两种情况的存在,凯恩斯认为财政政策比货币政策更有效。

（二）托宾的 q 理论

托宾研究了金融市场的各种变化对消费和投资决策的影响,从而发展了一种关于货币政策变化通过影响股票价格而影响投资支出的理论,即 q 理论。托宾把 q 定义为

$$q=\text{企业资本的市场价值}/\text{企业资本的重置成本}$$

托宾认为,q 和投资之间是一种正相关关系。企业资本的市场价值数据可以从上市企业的股票价格获知,资本重置成本的价格指数可以在国民收入和国民生产核算账户中查到。因此,托宾的 q 是一个衡量投资状况的有效指标。例如,20 世纪 30 年代经济大萧条时期,股票价格暴跌(1933 年股票价值仅为 1929 年的 1/10),q 降至很低的水平,投资支出也降至极低的水平。1983 年美国出现了投资高潮,虽然当时的实际利率和资本租用价格并不有利于投资,但托宾的 q 值相当大,这证明了托宾的 q 和投资之间的正相关关系。q 对投资的影响的基本原理是:当 q 很低时(q 值小于 1),由于企业资本的市场价值低于资本价格,企业不会购买新的投资品。如果这时企业想购买投资品,可以低价购买其他企业已经存在的资本品。这样对新资本品的购买就会很少,而投资支出是指对新投资品的购买。因此,在 q 值很低时,投资支出也很少。相反,当 q 值很高时(q 值大于 1),企业的市场价值要高于资本的重置成本,这意味着在新厂房和设备上的投资支出可以从发行股票上得到一个比在购买新设施和设备要高一些的价格。

由于企业可以通过发行较少的股票而买到较多的新投资品,企业就会增加投资支出。如果将货币政策和 q 之间、q 和投资支出之间的相互影响联系起来,

货币政策传导机制就可以表述为：

$$M\uparrow\rightarrow Ps\uparrow\rightarrow q\uparrow\rightarrow I\uparrow\rightarrow Y\uparrow$$

（三）信贷渠道

信贷渠道传导理论认为，货币政策可以通过银行贷款的增加或者减少刺激或者抑制投资支出，从而引起总产出的变化。在以银行为主导的间接融资占比较大的国家，商业银行可贷资金量与社会投资支出的关系很密切。因为企业的主要融资渠道是商业银行贷款。这时银行贷款量就会对投资支出，进而对整个经济活动产生重要影响。即使是在资本市场很发达的国家，也并非所有的企业都可以从证券市场融资。在此情况下，银行信贷对那些不能在金融市场上融资的中小企业的重要性就格外突出。

在中央银行采取紧缩性货币政策的情况下，银行可能并不提高利率，而是采取对某些企业实行限额贷款的方式解决资金紧张的问题，银行贷款的供给因此被迫削减。因此，企业贷款可得性或银行可贷资金数量是影响投资支出的重要因素。同样，如果中央银行采取扩张性的货币政策引起货币供给量扩大，会增加银行可用资金。如果银行愿意贷款，那么贷款增加将引起投资支出的增加。其传导过程可描述为：

$$M\uparrow\rightarrow \text{贷款}\uparrow\rightarrow I\uparrow\rightarrow Y\uparrow$$

通过信贷渠道传导货币政策的机制在依赖银行资金为主要资金来源的国家比在资本市场发达的国家作用更为明显。

（四）非对称信息效应

非对称信息效应是指货币政策通过影响股票价格，引起企业资产净值的变化，进而影响银行贷款过程中的逆向选择和道德风险，从而改变投资支出的传导渠道。

非对称信息是指在金融市场上进行交易的双方之间存在着信息不对称，交易的一方对另一方的情况不太了解，在这种情况下可能会出现决策失误。信息不对称会产生逆向选择和道德风险问题。逆向选择反映了在交易之前因为信息不对称而造成的风险问题，道德风险则是在交易之后因为信息不对称而造成的风险问题。由于信息不对称，那些最有可能造成信贷风险的借款者往往就是那些寻找贷款最积极的人。出于这种逆向选择的考虑，银行会认为贷款可能会成为不良贷款的风险增大，于是决定不发放贷款，即使市场上存在风险较小的贷款项目。道德风险是指在贷款发放之后，由于信息不对称，贷款者可能将贷款用于协议之外的项目，从而产生贷款不能归还的风险。为了避免这种风险，银行可能决定不发放贷款。

为了避免或降低银行面临的逆向选择和道德风险出现的概率,银行可以建立老客户档案和签订抵押贷款的债务合约,以此来防止贷款风险。但老客户贷款在银行的贷款中所占的比例很小,因此签订抵押贷款协议成为较为可靠的发放贷款的方式。银行在发放贷款之前必须考虑借款人的资产净值,这两者之间是正向关系。一个企业的资产净值(它等于企业的资产与负债的差额)发挥着类似抵押品的作用。如果一个企业的资产净值比较大,即使在贷款偿付上出现违约,银行仍然可以取得企业资产净值的所有权,将其出售以补偿贷款损失。而且,企业资产净值越大,违约的可能性就越小,因为企业拥有可以偿还贷款的缓冲资产。因此,企业资产净值的增加将减轻银行出于逆向选择而不愿贷款的问题。此外,企业资产净值较高意味着所有者在企业投入了较多的股本,这使其从事高风险投资项目的意愿降低,也减轻了道德风险问题。因此向这类企业提供贷款比较安全。

当货币供给增加,股票价格上升,使企业的资产净值增加时,引起贷款的增长,投资支出的增加。非对称信息效应引起的投资支出的变化过程可描述为:

$$M\uparrow\rightarrow Ps\uparrow\rightarrow\text{企业资产净值}\uparrow\rightarrow\text{逆向选择和道德风险}\downarrow\rightarrow\text{贷款}\uparrow\rightarrow I\uparrow\rightarrow Y\uparrow$$

二、消费支出渠道

关于货币政策与消费支出之间的关系,早期的研究主要集中在利率对耐用消费品支出可能产生的影响上。后来,一些学者考察了消费者的资产负债如何影响消费者的支出决定的问题,提出了货币政策的财富效应,专门研究了货币政策与耐用消费品支出之间的关系。研究者们还发现,由于耐用消费品的流动性很差,股票的流动性比较强,因此股票市场对耐用消费品支出也有影响,从而提出了货币政策的流动性效应。

(一)利率的耐用消费品支出效应

利率的耐用消费品支出效应是指货币政策通过引起利率的变动来影响消费者对耐用消费品支出的决策,进而影响总需求的效应。耐用消费品支出主要指消费者对住房、汽车及家用电器等耐用品的支出。由于消费者用于耐用消费品的支出通常是依靠借款来筹措的,因此利率降低会使在这方面的支出的筹资成本降低,从而鼓励消费者增加耐用消费品的支出。扩张性货币政策引起的利率降低,将刺激消费者增加对耐用消费品的支出。其传导过程可描述为

$$M\uparrow\rightarrow\text{利率}\downarrow\rightarrow\text{消费贷款增加}\uparrow\rightarrow\text{耐用消费品支出}\uparrow\rightarrow Y\uparrow$$

（二）财富效应

货币政策的财富效应是指货币政策通过货币供给的增加或者减少来影响股票价格，使公众持有的以股票市值计算的个人财富变动，从而影响其消费支出的效应。莫迪利亚尼最早利用其消费生命周期理论对货币政策引起的这种消费支出增加进行了研究。他认为消费者是按照时间均匀地安排他们的消费的。这里的消费是指用在非耐用消费品和服务上的开支，它取决于消费者毕生的财富，而不是取决于消费者的当期收入。消费者毕生财富的一个重要组成部分是金融资产，而股票又往往是金融资产的主要组成部分。因此，当扩张性的货币政策使得货币供给量增加，使得普通股的价格上升，金融资产的市场价值上升时，消费者的毕生财富也增加，进而消费增加。财富效应的货币政策传导过程可描述为

$$M\uparrow \rightarrow \text{股票价格}\uparrow \rightarrow \text{金融资产}\uparrow \rightarrow \text{毕生财富}\uparrow \rightarrow \text{消费}\uparrow \rightarrow Y\uparrow$$

莫迪利亚尼通过研究发现，这是一个强有力的货币政策传导机制。在20世纪90年代后期，美国股市持续走高，美国公众持有的金融资产的市场价值上升，这对同期消费支出增加和经济稳定增长具有重要作用。需要说明的是，财富效应中影响消费者支出的是其“毕生财富”，所以，只有股市持续较长时间的上涨才会增加消费者整体的“毕生财富”，这时才具有财富效应。股市短时间的暴涨暴跌则不具有财富效应。

（三）流动性效应

流动性效应是指货币政策通过影响股票价格，使消费者持有的金融资产价值及其资产的流动性发生变化，从而影响其耐用消费品支出变化的政策效应。

人们在进行耐用消费品消费时，通常会根据自己的资产负债状况得出一个关于资产流动性的判断，如果流动性高，人们会增加对耐用消费品的支出；反之，如果流动性低，则会减少对耐用消费品的支出。当预计会遇到财务困难时，无论是个人还是企业，都愿意持有流动性强的金融资产，而不是流动性不足的实物资产。金融资产，例如银行存款、股票、债券等，可以很快在市场上出售，而且在变现时价值损失的可能性也比较小，流动性高。但要想很快出售耐用消费品等实物资产，则可能会出现两种结果：一是找不到合适的买主，二是可能收不回该耐用消费品的完全价值。因此，当发生财务困难的可能性增大时，人们就会减少对耐用消费品的支出；反之，则增加对耐用消费品的支出。

一般地说，当消费者持有的金融资产数量远比其债务要多时，他们对未来发生财务困难可能性的估计会很低，因而会较为愿意购买耐用消费品。当股票

价格上升时，金融资产价值也会上升，人们对发生财务困难可能性的估计会降低，就会愿意增加对耐用消费品的支出。这样流动性效应的传导机制可以描述为：

$$M\uparrow \to Ps\uparrow \to \text{金融资产价值}\uparrow \to \text{财务困难的可能性}\downarrow \to \text{耐用消费品支出}\uparrow \to Y\uparrow$$

三、国际贸易渠道

随着经济国际化和浮动汇率的出现，汇率对净出口的影响已经成为一个重要的货币政策传导机制。货币政策传导的国际贸易渠道是指货币政策的变动通过影响货币供给量进而影响到国内利率，利率的变化引起汇率的变动，进而对净出口产生影响的过程。在这一过程中需要注意以下三个环节。

（一）货币供给对汇率的影响

长期的货币供给增加会使国内的真实利率水平下降，并使国内物价水平上升，这两个因素都会使汇率（以直接标价法计）上升，本国货币贬值。

（二）汇率变动对净出口的作用

商品价格始终都是影响商品交易的重要因素，无论在国内贸易中还是国际贸易中都发挥着重要作用。国际贸易中各国货币之间的比价，即汇率体现了不同国家的同一商品之间的相对价格。汇率的下降意味着本国货币的升值，汇率的上升意味着本国货币的贬值。一国货币升值，该国的出口将下降，进口将增加，从而净出口将减少；如果一国货币贬值，则该国的出口增加，进口减少，从而净出口将增加。

（三）净出口与出口需求

净出口的增加意味着出口需求的增加，出口需求的增加会增加总需求，从而总产出会增加。国际贸易渠道的货币政策传导过程可描述为

$$M\uparrow \to \text{利率}\downarrow \to \text{物价水平}\uparrow \to \text{汇率}\downarrow \to \text{净出口}\uparrow \to Y\uparrow$$

本章小结

货币政策传导机制是指中央银行在确定货币政策目标后，从运用一定的货币政策工具进行操作，到最终实现其预期目标所经过的传导途径或作用过程。大体可以分为三个阶段：操作目标、中介目标、最终目标。

在现实经济中，中央银行实施的货币政策总是不如理论所描述的那样富有

成效。这说明,在货币政策的实际传导过程中还存在一些影响货币政策效应发挥的因素,主要有经济形势和环境、金融市场体系的完善程度、其他政策的协调配合、企业和商业银行的市场化程度。

货币政策传导机制理论是在货币供求理论的基础上,探讨货币供给量的变化对就业、产量、收入和价格等实际经济因素产生影响的方式、途径和过程的学说。货币政策传导机制分析的是货币数量变化如何对经济产生影响的过程,以及在这一过程中各种市场主体的行为调整和相互协调问题。对这个问题的不同理解,产生了不同的货币政策传导机制理论,其中具有代表性的主要有:传统经济学货币数量论、凯恩斯学派和货币主义学派。

货币供给影响总支出的具体渠道主要有三类:第一类是通过投资支出渠道起作用;第二类是通过消费支出渠道起作用;第三类是通过国际贸易渠道起作用。

复习思考题

1. 简述货币政策传导机制的含义。
2. 简述早期货币政策传导机制理论。
3. 简述凯恩斯学派的货币政策传导机制理论。
4. 简述货币主义学派的货币政策传导机制理论。
5. 分析凯恩斯学派与货币政策学派的分歧。
6. 阐述货币政策的传导渠道。

【参考文献】

[1]张强,乔海曙. 金融学[M]. 北京:高等教育出版社,2013.

[2]陈学彬. 中央银行概论[M]. 北京:高等教育出版社,2007.

[3]陈燕. 中央银行理论与实务[M]. 北京:北京大学出版社,2005.

[4]杜朝运. 中央银行学[M]. 厦门:厦门大学出版社,2010.

[5]曾宪久. 货币政策传导机制论[M]. 北京:中国金融出版社,2004.

[6]张强,陈新国. 中央银行学[M]. 北京:首都经济贸易大学出版社,2003.

[7]毛泽盛,卞志村. 中央银行学[M]. 北京:人民出版社,2009.

[8]张强,乔海曙. 金融学[M]. 北京:高等教育出版社,2007.

[9]米什金. 货币金融学[M]. 9 版. 郑艳文,荆国勇,译. 北京:中国人民大学出版社,2011.

[10]保罗·萨缪尔森,威廉·诺德豪斯. 宏观经济学[M]. 9 版. 萧琛,主译. 北京:人民邮电出版社,2012.

[11] Mishkin, Frederic S. The Transmission Mechanism and the Role of Asset Prices in Monetary Policy. NBER Working Paper,2001:8617.

第九章

中央银行货币政策效应分析

【本章结构】

- 中央银行货币政策效应分析
  - 货币政策效应概述
    - 货币政策效应的概念与衡量标准
    - 货币政策效应的理论分歧
  - 货币政策效应的影响因素分析
    - 货币政策时滞与货币政策效应
    - 市场主体预期与货币政策效应
    - 货币流通速度与货币政策效应
    - 货币政策效应的其他影响因素
  - 货币政策与其他政策的协调配合
    - 货币政策与财政政策的协调配合
    - 货币政策与产业政策的协调配合
    - 货币政策与收入政策的协调配合

【学习目标】

1. 掌握货币政策效应的含义与衡量标准
2. 熟悉货币政策效应的理论分歧
3. 掌握货币政策的时滞
4. 熟悉货币政策效应的其他影响因素

5. 掌握货币政策与财政政策的协调配合

6. 熟悉货币政策与产业政策、收入政策的协调配合

【本章提要】

本章共分为三节：第一节是货币政策效应概述，包括货币政策效应的概念、衡量标准以及不同学派关于货币政策有效性的争论；第二节是对货币政策效应的影响因素的分析，货币政策从制定到产生效果具有滞后性，货币政策时滞是衡量货币政策传导有效性的重要指标，此外，其他因素如市场预期、货币流通速度、政治因素、金融创新以及经济金融全球化等都会对货币政策的效应产生影响；第三节是货币政策与其他政策的协调配合，要充分发挥货币政策作用，需要把货币政策与财政政策、产业政策、收入政策等其他经济政策进行协调配合。

【关键术语】

货币政策效应　货币政策有效性　货币中性　货币非中性

货币政策时滞　内部时滞　外部时滞　财政政策　产业政策　收入政策

第一节　货币政策效应概述

一、货币政策效应的概念与衡量标准

（一）货币政策效应的概念

制定和实施货币政策是现代社会各国中央银行的重要职能，其目的是为了实现调节宏观经济运行的政策目标。货币政策能否实现和能够在多大程度实现，以及哪些主要因素影响货币政策目标的实现，即货币政策效应问题，一直是货币政策制定者十分关心的问题。货币政策效应可以定义为中央银行推行一定的货币政策之后，社会经济运行所作出的现实反应和取得的最终实际效果。

货币政策效应与货币政策目标的不同之处在于：货币政策目标是一种主观变量，而货币政策效应则是一种客观变量。一般意义上，货币政策目标就制定

者的主观愿望而言都是好的、积极的，而货币政策效应既有积极的、好的一面，也有消极的、不好的一面。货币政策的效应主要通过效力大小和收效快慢两方面进行反映，分别体现为货币政策的数量效应和货币政策的时间效应。与此同时，货币政策的效应也受到其他制度因素的影响。

（二）货币政策效应的衡量标准

货币政策的效应可以从三个方面加以考察：一是看多大程度上影响了物价水平。在市场经济条件下，物价水平的变动程度可以通过物价指数来加以衡量。物价指数主要包括三类，即消费者价格指数、生产者价格指数和 GDP 平减指数。二是看对经济增长起多大的促进作用，即考察货币政策的实施对产出、就业等实际因素的影响。三是看效应发挥的快慢，即时滞问题，这将在下一节分析货币政策效应的影响因素时作详细的阐述。

以评估紧缩性货币政策为例，如果通货膨胀是由社会总需求大于社会总供给造成的，而货币政策正是以纠正供求失衡为目标，那么这项紧缩性货币政策效应大小如何，可以从以下几个方面加以考察：

第一，如果货币政策的实施，一方面紧缩了货币供应量，抑制了物价水平的上涨，或者是促使价格水平回落，同时又对产出的增长没有产生不利影响，我们就可以认为这项紧缩性货币政策非常有效。

第二，如果通过紧缩的货币供应量，在平抑物价水平上涨或促使价格水平回落的同时，也对产出的增长产生了不利影响，那么对这一政策效果的衡量就要通过对比价格水平变动率与产出变动率而定。如果产出数量的减少小于价格水平的降低，货币政策则可视为效果较好；反之，则货币政策效果较差。

第三，如果紧缩性货币政策无法有效地抑制价格水平的上涨或促使价格回落，反而抑制了产出的增长甚至是产出出现负增长，则可以说此紧缩性货币政策是无效的。对于其他取向的货币政策效应的衡量，也可采用类似的分析思路。

在现实生活中，宏观经济目标的实现还有赖于多种政策如产业政策、收入政策等的配套进行。因此要准确检验货币政策效果，必须结合与其他政策之间的相互作用及作用大小，收集数据，建立模型，进行计量经济分析。

二、货币政策效应的理论分歧

货币政策从制定、实施到产生效果的过程受到许多因素的影响，经济学界对于货币或利率的变动能否有效地影响经济运行，即货币政策的有效性问题，存在较大的分歧。对于货币政策有效性的分歧,一个重要内容是关于货币政策能否影响产出等经济变量。对于货币政策能否对产出等经济变量产生影响,存在货币中性论和货币非中性论之争。货币中性论,是指流通中的货币数量的多少仅影响经济中的价格水平和各种名义变量,而对经济中的真实变量,如实际收入、就业水平等没有任何影响。反之,货币则是非中性的。不同学派关于货币政策有效性的争论,主要有以下观点:古典学派的货币政策中性论、凯恩斯学派的货币政策有效论、货币主义学派的"短期非中性与长期中性论"、理性预期学派的货币政策无效论、新凯恩斯主义的政策有效论。

(一)古典学派的货币政策中性论

古典学派的货币政策中性论又称为"货币面纱观"。"货币面纱观"的基本含义是指货币对于经济中的实际变量没有任何影响。古典学派的观点认为,"货币经济"实际上不过是实物与实物相互交换的"实物经济",货币只不过是覆盖在实物经济之上的一层"面纱"。古典学派是货币中性论的首倡者,古典学派的经济学家认为,工资和价格是极富弹性的,整个社会经济活动总是能够迅速调整到自然产出率水平(Q^*),因此,古典总供给曲线 AS 为一条垂线(图 9-1)。货币政策的实施除了引起价格水平变化以外,对收入、就业、总需求、投资、实际工资及利率等变量都无影响,货币必然是中性的。因此,货币政策和所有的政府干预都是无效的。

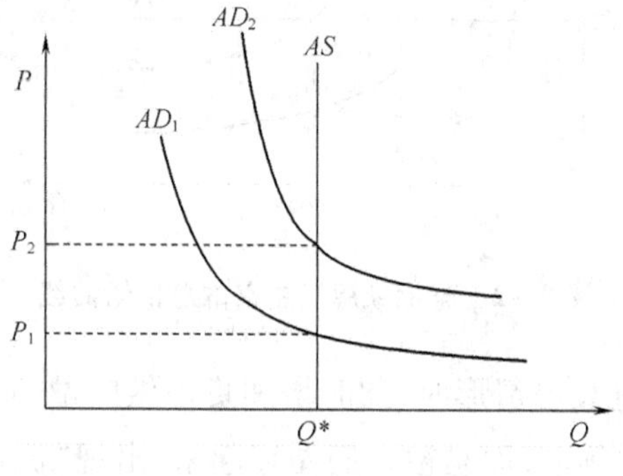

图 9-1 古典学派的总供给曲线

(二)凯恩斯学派的货币政策有效论

1929 年,资本主义世界爆发空前的经济危机,整个经济倒退回了第一次世界大战前的水平,使得古典学派上述的观点受到挑战。凯恩斯发表《就业、利息和货币通论》这一划时代的巨著,否定了古典经济学派关于供给会自行创造需求以及经济会自动调整到自然产出水平的论点。他认为由于有效需求不足,并不能保证自动实现充分就业的均衡,失业是社会的常态,因此需要引入国家干预经济来加以解决。

国家干预经济生活的主要政策手段是货币政策与财政政策。就货币政策来说,凯恩斯学派主张采取"逆经济风向行事"和"相机抉择"的政策:在经济衰退时期,中央银行应采取扩张性的货币政策,增加货币供应量,以降低利率,刺激投资和消费,增加总需求,进而促进经济增长;反之,则相机采取紧缩性的货币政策。凯恩斯学派认为的货币政策效应取决于两个方面:第一,社会的就业状况。如果社会处于非充分就业状况,一般情况下,货币供应量的增加会引起收入的增加和物价水平的上涨,但物价水平上涨的幅度小于货币供应量增加的幅度,此时货币政策可有效地促进经济增长。就 20 世纪 30 年代后一段时间的实际情况而言,增加货币供应量不会对价格水平产生影响,价格水平可看成固定不变的,总供给曲线是一条水平线(图 9-2)。当经济过度繁荣,出现需求拉上型通货膨胀的情形下,紧缩性货币政策具有明显的效应,货币供应量的减少可以有效地抑制通货膨胀。

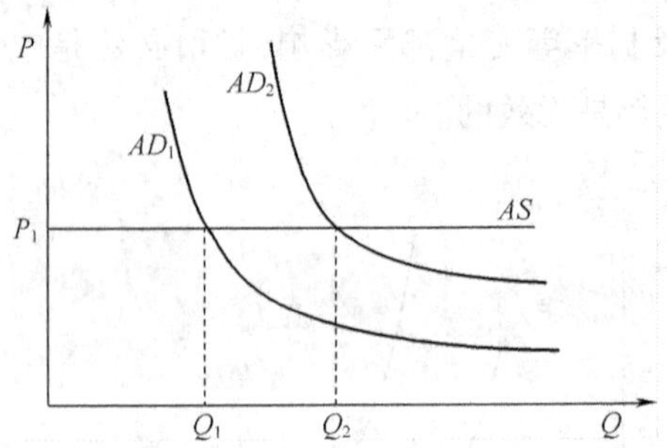

图 9-2 早期凯恩斯主义的总供给曲线

当经济出现严重衰退情形时,此时增加货币供应量,新增加的货币供应量并不会真正进入流通领域,而是被人们储存起来,出现"流动性陷阱"问题。这是因为,在经济严重衰退时期,利率水平已降低到不能再低的限度,人们对货币具有无限的货币需求。此时,货币供应量的增加难以使经济从严重的衰退走向复苏,扩张性货币政策的数量效应极为轻微和不可靠。尽管如此,凯恩斯主义学派仍然认为,在经济严重衰退时期,扩张性货币政策有其必要性,它可以防止衰退局势进一步恶化。

（三）货币主义学派的“短期非中性与长期中性论”

20 世纪 70 年代，“滞胀”问题成为西方各国面临的严重的经济问题。凯恩斯学派无法解释这一现象，因而受到货币主义学派的猛烈攻击。以弗里德曼为代表的货币主义学派强烈反对凯恩斯的相机抉择的货币政策，认为货币政策时滞会使相机调节货币供给的政策进一步加剧经济的波动。货币主义学派根据对历史数据的分析，说明货币供给量的变化对产出有显著的影响，是经济波动的根源，进而得出“货币最重要”的结论；又提出了附加预期的短期和长期菲利普斯曲线。

货币主义学派认为，在短期内，由于生产资源、就业状况不同，货币供应量对名义收入的影响会在产量与价格之间发生不同比例的分割。货币供应量的增长在带来通货膨胀率上升的同时，也刺激了经济的增长。因此，在短期内货币政策是有效的。而随着时间的推移，经济的增长将越依赖于各种“实质因素”——即非货币因素的作用，如事业心、聪明才智、人们勤劳节约的程度、工业和政府的结构、各国之间的关系等。所以，从长期看，货币增长率的变化只会引起价格水平的变化，不会对实际产量产生影响，从而说明货币政策长期无效。弗里德曼认为凯恩斯学派推崇的国家干预恰恰促成经济的波动和紊乱，主张在货币政策操作上实施“单一货币规则”，即中央银行通过对货币供应量进行常数增长率的控制，以避免政策方面的大起大落，让经济更多地自主性调节，防止通货膨胀或紧缩。

（四）理性预期学派的货币政策无效论

理性预期学派是在美国 20 世纪 70 年代才形成发展起来的新自由主义经济学派。其代表人物是罗伯特·卢卡斯。所谓理性预期就是指人们的预测符合实际上将要发生的事实的预期。这种预期是人们根据有关信息（不仅指统计资料，而且包括对于经济变量因果关系的知识）形成的。经济主体在进行理性预期时，通过主动的行为，事先掌握充分的信息，并进行缜密的思考和判断。尽管这种预期偶然也会与实际情况存在误差，但在平均水平上与实际是相一致的。

在理性预期学派看来，由于政府并不比一般社会公众具有信息优势，所以其预定政策的效果就会被理性预期的作用所抵消，致使政府干预经济活动的预定目标落空。如当中央银行采取扩张性的货币政策使通货膨胀上升时，公众根据正确的预期所预先采取的行动将抵消扩张性货币政策的作用，从而导致货币政策无效。因此，理性预期不能使中央银行的货币政策达到预期目标，扩张性的货币政策只会加剧通货膨胀而不会促进经济增长,货币政策在短期和长期都是无效的。

(五)新古典综合派的货币政策有效论

新凯恩斯主义是20世纪70年代以后在凯恩斯主义基础上吸取非凯恩斯主义的某些观点与方法形成的理论。新凯恩斯主义吸收了理性预期假设,但他们认为,由于现实中信息的不完全和非对称,即使是理性预期也难以与政府的行为完全一致;同时由于时间交错的影响,以及价格是黏性的而不是完全伸缩性的,因此即使公众完全预测到货币政策的变动,价格也不能完全调整,因此货币政策仍然是有效的。

第二节 货币政策效应的影响因素分析

一、货币政策时滞与货币政策效应

任何政策从制定到获得主要的或全部的效果,必须经过一段时间,这段时间即称为时滞。货币政策的效果有效力大小和收效迟早之分,这就出现了货币政策时滞的问题。货币政策时滞是指从客观经济形势变化到货币管理当局调整或制定货币政策措施,以及实施货币政策直至对经济运行产生效应之间的时间间隔。时滞是影响货币政策的重要因素。货币政策时滞由内部时滞和外部时滞两个阶段组成。详见图9-3。

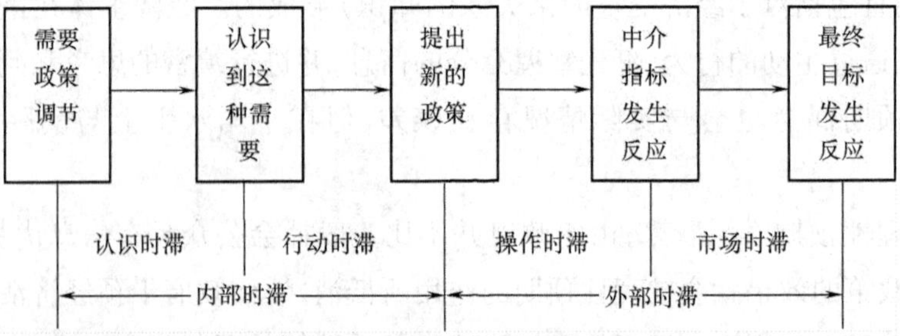

图9-3 货币政策的时滞

（一）内部时滞

内部时滞是指从经济金融形势的变化需要货币政策作某种变更到货币政策当局实际采取行动之间所花费的时间过程。内部时滞由认识时滞和行动时滞两阶段构成。

1. 认识时滞

这是指经济金融形势发生变化，需要货币政策当局采取行动到货币政策当局在主观上认识到这种变化，并认识到要采取行动的时间间隔。认识时滞的存在，一方面是由于信息的收集和情形的判断需要时间，另一方面由于对各种复杂的经济现象进行综合分析，做出客观、符合实际的判断也需要一定的时间。

2. 行动时滞

这是指货币政策当局从认识到需要改变政策，到提出一种新的政策所需耗费的时间。中央银行从认识到客观经济过程中需要实施某项政策，到着手拟定政策实施方案，到按规定程序报批，再到方案的发布实施等，每一个步骤都需要耗费一定的时间。这部分时滞的长短，取决于中央银行占有的信息资料和对经济形势发展的预见能力，体现着中央银行决策水平的高低和对金融宏观调控能力的强弱。

内部时滞的长短，主要取决于一国中央银行信息反馈系统的灵敏程度、预测能力、管理当局的金融决策水平和政策实施效率等多方面的因素。内部时滞的长短与中央银行能否正确地预测、能否准确地实行前瞻性货币政策高度相关。而这又取决于中央银行决策人员的素质，中央银行独立性的强弱、权力的大小以及经济体制的制约程度等诸多因素。

（二）外部时滞

外部时滞，是指从货币当局采取行动开始直到对政策目标产生影响为止的这段过程。外部时滞可分为操作时滞和市场时滞两个阶段。

1. 操作时滞

这是指从货币政策当局调整政策工具到其对中介指标发生作用所需耗费的时间。中央银行一旦调整政策工具的操作方向或力度，需通过操作变量的反应传导到中介变量。这段时滞之所以存在，是因为在实施货币政策的过程中，无论使用何种政策工具，都要通过操作变量的变动来影响中介变量而产生效果。而政策是否能够生效，主要取决于商业银行及其他金融机构对中央银行政策的态度、对政策工具的反应能力以及金融市场对央行政策的敏感程度。

2. 市场时滞

这是指从中介变量发生反应到其对最终目标产生作用所需耗费的时间。货币政策要通过利率的变动、经由投资的利率弹性产生效应；或者通过货币供应量的变动、经由消费的收入弹性产生效应。不仅企业部门对利率的变动、私人部门对货币收入的变动作出反应有一个滞后过程，而且投资或消费的实现也有一个滞后过程。各种政策工具对中介变量的作用力度大小不等，社会经济过程对中央银行的宏观金融调控措施的反应也是具有弹性的。因此，中介变量的变动是否最终能够对最终目标变量发生作用，还取决于调控对象的反应程度。

外部时滞由社会经济结构与产业结构、企业行为等多重因素综合决定。例如，如果投资者和消费者对市场变化及信息的反应迅速，则外部时滞较短；否则，外部时滞则长。又如，当经济发展中产业结构不合理，存在严重的“瓶颈”制约时，货币供应的外部时滞也会拉长。与内部时滞相比，外部时滞较为客观，中央银行对这一时滞进行实质性的控制有较大的难度。

（三）时滞的政策效应

时滞是影响货币政策效应的重要因素。货币政策时滞的客观存在对货币政策效应产生不同的影响。就货币政策的产出效应而言，时滞愈短，产出效应就愈好。如果货币政策的产出效应能较快地有所表现，那么货币当局就可根据期初的预测值，考察政策生效的状况，并对政策的取向和力度作必要的调整，从而使政策能够更好地实现预期的目标。但是，就货币政策的价格效应而言，时滞愈长，货币政策的效应就可能愈好。这是因为人们主观上都希望货币数量增加后，经济能很快增长，而价格上涨应该推迟并放慢速度。

货币政策的时滞究竟有多长在很大程度上是一个实证经济学问题。20 世纪 60 年代以来，西方经济学家利用各种计量经济模型对时滞进行了实证研究，结论有颇多差异。现代货币主义者弗里德曼认为从货币增长率的变化到名义收入的变化需要 6 ~ 9 个月的时间，而对物价产生影响要在此后的 6 ~ 9 个月，故从货币供给量变动到物价变动之间的时滞平均为 12 ~ 18 个月。而索洛和托宾等人认为时滞不过 6 ~ 10 个月。由于货币政策作用时滞的存在，可能使一国货币管理当局政策决策时的意图与实际效果脱节。西方学术界普遍认为货币政策时滞的正常时间为：认识时滞约 3 ~ 6 个月，行动时滞约 1 ~ 2 个月，外部时滞约 12 ~ 18 个月，全部时滞约 16 ~ 26 个月。

二、市场主体预期与货币政策效应

经济中的每个人或者机构都有对未来的预期，预期会影响他们的行为，并对经济生活产生重要的影响。所以,许多经济学家开始对预期进行研究,试图解释各种经济主体的预期是如何形成的,以及预期如何影响其行为。适应性预期的依据不仅考虑历史数据,也考虑历史数据中的不合理成分或者错误成分。但适应性预期仅仅是后顾型的,没有考虑未来信息。理性预期则考虑了各种相关信息,依据历史的、现在和将来的信息作出预期。理性预期认为,微观经济主体预期是合乎理性的、工资价格是充分弹性的,进而认为短期内预期到的货币政策对产出和就业没有影响,货币政策无效。例如,政府拟采取长期的扩张政策,人们通过各种信息预期社会总需求会增加,物价会上涨,在这种情况下,工人会通过工会与雇主谈判提高工资,企业预期工资成本的增大而不愿扩大经营,最后的结果只会是物价上涨而没有产出的增长。但从实际情况看,理性预期的假设条件并不满足,因此在公众不能作出准确预期的情况下,货币政策有效。

为了使货币政策有效,中央银行具有制造让公众"预期不到"的政策的冲动,这也带来"动态不一致问题"。考虑到微观主体的预期,似乎只有在货币政策的取向和力度没有或没有完全为公众知晓的情况下才能生效或达到预期效果。但是这样的可能性不大:中央银行不可能长期隐藏它所要采取的政策意图,即使采取非常规的货币政策,人们也会在不久的将来预期到。如果中央银行长期采取非常规的货币政策,可能会导致微观经济主体作出错误判断,造成经济的混乱。总之,公众的预期行为会使其货币政策的效果打上很大的折扣。

三、货币流通速度与货币政策效应

货币流通速度的变动本身是多种因素综合作用的结果,由于它是决定货币需求量的重要因素,从而对货币政策的效应也有很大的影响。

准确估计货币流通速度变动的方向和幅度对货币政策制定者来说是非常困难的,尤其是在金融创新不断涌现、各种支付工具层出不穷的环境下更是如此。货币流通速度的变化,如果没有被货币政策制定者所预料和加以充分考虑到,或估算这个变动幅度时出现小小的失误,就有可能使货币政策效果受到严重影响。如果货币流通速度增加,而货币当局没有预见到,继续按货币流通速度不变的假设供给货币,那么就会形成过量的货币供给,造成经济过热,甚至引发通货膨胀。

而影响货币流通的因素十分复杂,如货币收支的平均时间间隔、银行支付体系的发育情况、金融基础设施的便利程度、人们的消费观念和储蓄偏好等,都会对货币流通速度造成影响。众多因素的易变性使得对货币流通速度的预测变得很复杂,并且其中任何一个因素的变化,均可能对货币流通速度带来很大影响。总之,货币流通速度的易变性和难以预测性,影响了货币政策的有效性。

四、货币政策效应的其他影响因素

除受上述因素影响外,货币政策的效果也会受到其他外来的或体制等的因素所影响。

(一)政治因素对货币政策效果的影响

在西方国家,政治因素可能会对货币政策效应产生较大的影响。一般来说,高经济增长和低失业会给执政党带来不少选票,所以执政党在大选之前都力图刺激经济,而在大选之后便及时采取收缩政策,形成"政治性经济周期"。但由于大多数西方国家货币当局理事会成员与政府首脑任期不一致,因此,在大选之前,往往出现货币政策与财政政策大相径庭的局面。政府力图刺激国民经济,降低失业,而中央银行则力图稳定国民经济,抑制通货膨胀。这种"政治性经济周期"的存在会在一定程度上影响货币政策的效果。此外,任何一项货币政策方案的贯彻,都可能给不同阶层、集团、部门或地方的利益带来一定的影响。这些主体如果在自己利益受损时作出强烈的反应,就会形成一定的政治压力。当这些压力足够有力时,会迫使中央银行对货币政策进行调整,从而影响货币政策实施效果。

(二)金融创新对货币政策效应的影响

金融机构为了生存、发展和更好地满足客户的需要不断地创造新的金融产品、交易方式、金融市场、金融机构和金融制度等。金融创新对货币政策效应有着重要影响。就货币政策而言,货币政策的中介指标要求符合可控性、可测性、相关性和抗干扰性等几个标准。金融创新的发展使得可以充当中介指标的金融变量在一定程度上偏离了中介指标的基本要求。降低中介指标的可测性、可控性,削弱其相关性,直接对货币政策传导机制产生影响,进而对货币政策效应产生影响。

(三)全球经济金融一体化对货币政策效应的影响

全球经济金融一体化,使得资本跨国流动更加自由,这将对一国货币政策产生影响。蒙代尔—弗莱明模型说明了在资本完全流动的情况下,如果本国实行固定汇率制度,则本国货币政策将失去效率。更进一步,保罗·克鲁格曼提出三元悖论,即货币当局在汇率稳定、资本流动和货币政策独立之间不可能同时实现，最多只能同时实现两个目标，必须放弃其中的一个目标。资本完全流动时，在固定汇率制度下，本国货币政策的任何变动都将被资本流动的变化所抵消，本国货币政策丧失主动性。

第三节　货币政策与其他政策的协调配合

国家对宏观经济进行调控的政策措施，除了货币政策外，还包括财政政策、产业政策、收入政策等，这些政策的调整都会在一定程度上影响社会总供给与总需求的变化。因此，在充分发挥货币政策作用的同时，还需要把货币政策与其他经济政策协调起来配合使用。

一、货币政策与财政政策的协调配合

财政政策是国家利用财政收支的制度性安排，来随机调整税收和公共支出以及转移支出，以调节社会经济供求关系、合理配置资源并优化经济结构，实现社会公平，进而达到社会经济稳定等政治经济目标的手段。财政政策和货币政策既相互联系，又相互区别，仅依靠其中一方面的政策难以实现一国的宏观调控目标。因此，在宏观经济调控中，货币政策必须与财政政策相互协调，积极配合。

（一）财政政策与货币政策的异同

财政政策和货币政策的共同点主要体现为，它们都是通过影响社会总需求，进而影响产出和供求平衡。它们的区别则主要表现在以下两个方面：

第一，财政政策是通过收支影响经济结构，常常用于经济结构的调整，而货币政策则主要是通过货币对经济总量进行调节，而对于结构的调节是次要的。

第二，在经济发生衰退或萧条的时候，为了启动经济、加速经济发展，用财政政策往往见效较快，而用货币政策则较慢；但是在经济过热、通货膨胀的时候，用财政政策调节难度比较大，而货币政策却见效较快。这是因为为了实现经济扩张的目标，财政扩大支出，往往导致货币供应增加，从而促进有效需求的增加。而货币政策在萧条的环境下，是以调低利率来刺激投资的增加，以实现经济扩张，见效往往比较慢。西方国家常常主要依靠财政政策来实现经济的复苏。相反，在抑制经济过热时，财政政策要减少支出，改变税收政策，不仅需要

立法机构讨论，时滞比较长，而且也很难获得社会的认可，而货币政策却可以使用多种工具及时灵活地采取措施，迅速控制货币供应量，可较快见效。

（二）货币政策与财政政策协调配合的方式

货币政策要得以顺利传导，正常地发挥作用，取得预期效果，必须与财政政策积极配合。货币政策与财政政策的配合形式问题也就是松紧的相互搭配问题，这种松紧搭配共有四种组合方式。

1. 双紧模式

双紧模式即紧的财政政策与紧的货币政策的配合。当社会总需求极度膨胀，社会总供给严重不足和物价大幅度攀升，出现了严重的通货膨胀和经济过热现象，抑制通货膨胀成为宏观调控的首要目标时，适宜采取双紧的政策搭配模式。中央银行采取紧缩货币政策，减少货币供应量，提高利率，抑制投资与消费需求。同时采取紧的财政政策，财政通过削减政府支出，提高税率等方式压缩社会有效需求。这种政策配合措施能够有力地抑制社会总需求的过度增长，以缓解通货膨胀。但是这种强有力的抑制社会总需求的措施过于猛烈，如果把握不当，会影响社会生产，导致经济不景气。

2. 双松模式

双松模式即松的财政政策与松的货币政策的配合。这种配合方式主要适用于社会总需求严重不足，生产资源大量闲置，经济衰退严重，解决失业和刺激经济增长成为宏观调控的首要目标时的状况。松的财政政策通过减少税收和扩大支出来增加社会总需求，刺激投资，促进经济增长。松的货币政策通过降低存款准备金率、降低利率等来扩大信贷规模，增加货币供应，从而刺激投资，使社会总需求增加。双松模式的实施可以强有力地刺激总需求扩张，降低失业率，促进经济复苏。其不足之处在于若长期使用或“松”得过度，将会出现大量财政赤字和货币供应过多，引发通货膨胀，影响经济稳定。

3. 松的财政政策与紧的货币政策配合的模式

当社会经济运行表现为通货膨胀与经济停滞并存，产业结构和产品结构失衡，刺激经济增长成为政府调节经济的首要目标时，适宜采用松的财政政策和紧的货币政策配合的模式。这种配合方式的优点在于紧的货币政策有利于抑制通货膨胀，而同时实行较松的财政政策，有利于调整和优化产业结构，促进经济增长。两者搭配使用，既能调节经济结构、促进经济发展，又能有效地控制货币供应量、避免通货膨胀。但这种政策组合在实践中也存在一些问题，如可能产生挤出效应以及长期使用容易积累大量的财政赤字等问题。

4. 紧的财政政策和松的货币政策配合的模式

在社会需求不足、失业压力较大而物价又相对平稳的宏观经济状况，或财政赤字较大与社会总需求严重不足并存的情况下，适宜采取"紧财政、松货币"配合的模式。这种配合模式下，紧的财政政策可以减少政府开支、促进政府收支供求平衡，抑制社会总需求，防止经济过旺和抑制通货膨胀，而松的货币政策通过利率的降低和银行信贷的放松，鼓励企业和私人增加投资，促进经济增长。但是这种政策配合模式也存在一些问题，如紧缩性财政政策往往难以实现，而松的货币政策的实施要产生积极效应需要良好的企业制度基础。

（三）货币政策与财政政策协调配合的方式

通过前面对货币政策和财政政策两种政策的分析，我们可以依据 *LM* 曲线的形状，将货币政策和财政政策的有效作用区间划分为三个区域，分别为凯恩斯区域、中间区域和古典区域，如图 9 - 4 所示。在凯恩斯区域，*LM* 曲线接近水平，由于货币需求对利率没有反应，陷入所谓的凯恩斯"流动性陷阱"，所以货币政策无效，而财政政策完全有效；在中间区域 *LM* 曲线向右上方倾斜，货币政策和财政政策都有效；而在古典主义区域，*LM* 曲线接近垂直，即接近充分就业状态，财政政策无效，而货币政策完全有效。

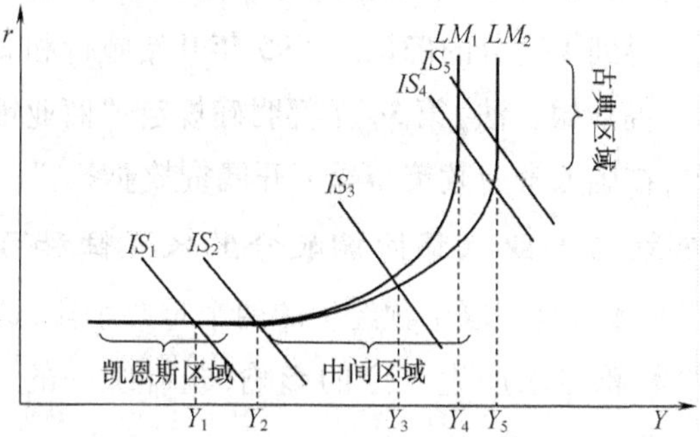

图 9 - 4　财政政策与货币政策的有效作用区间图

二、货币政策与产业政策的协调配合

（一）产业政策的含义

产业政策是指为了优化资源配置、调整产业结构和产业组织形式，政府对某些产业、行业、企业进行一定形式的扶持或限制的政策，它是从社会总供给出发进行的宏观调控的策略。产业政策是政府在尊重市场机制基础作用的前提下，避免市场缺陷可能对国家整体利益造成的损害，用"看得见的手"所进行的适当政策干预。通过政府对经济的自觉干预，避免市场机制的不完备可能对国家整体利益造成的损害，或以较小的代价加快经济发展。

产业政策的提出根源于“市场失效”，即：当垄断和不完全竞争中存在非单纯性的社会经济利益和目标，以及当市场机制不完善时，市场不能单凭自己的力量解决资源的合理分配，需要政府为维护全社会的利益进行适当的政策干预。对于不太发达的国家，产业政策还与“后发优势”理论有较大关系，即不发达国家可以不再简单地听任市场的自发作用，而是通过政府的干预，自觉地研究和吸收先进国家经济发展的经验教训，直接采取成熟的技术、现代化的结构、经济的规模、较低的成本，在较短的时间内实现经济的超常发展。

产业政策作为宏观经济的重要调节政策，其特点在于：第一，产业政策着重于调节商品供给，它主要是通过对供给源泉和基础的调节，使供求在总量和结构上实现平衡。第二，产业政策是以实物为对象，通过干预产业部门之间和产业部门内部的资源分配和使用过程来调节宏观经济运行。第三，产业政策调节时间跨度长，它通过优化资源的分配和使用，来扩大将来的供给能力和完善将来的供给结构，以达到供求总量和结构的长期平衡，因而政策调节的时间跨度是中长期的。

关于我国产业政策和货币政策的相互配合，国家不仅在有关文件中作过明确规定，在法律上也得到了充分的确认。1995 年开始施行和 2003 年 12 月修订的《中华人民共和国商业银行法》第 34 条都明确规定：“商业银行根据国民经济和社会发展的需要，在国家产业政策指导下开展贷款业务。”

（二）货币政策与产业政策协调配合的必要性和可能性

货币政策和产业政策是国家干预经济的两个重要手段，这两个政策的运用都会对社会总供给和总需求产生一定的影响，既有统一的一面，也有矛盾的一面。

1. 货币政策与产业政策的矛盾性

(1) 产业政策要对经济结构进行调整，而结构调整往往会刺激投资需求的增加，如果控制不住，容易引起通货膨胀，此时就与货币政策稳定币值的目标产生了矛盾；反过来，为了稳定币值，需要实行紧缩的货币政策，这样货币供给增量就相对较小，在资产存量结构调整比较困难的情况下，货币紧缩会增加结构调整的难度，会因供血不足使结构调整调而不动，使二者产生矛盾。

(2) 严格意义的货币政策，应该是“一视同仁”的。例如，利率政策中的利率，既然是资金的价格，而资金具有同质性，那么资金价格也应该是同一的，而不应有人为的差别政策。但产业政策为了达到结构调整的目的,则需要实行差别政策,不仅要优先考虑资金的安排,也要求在利率上给予一定的优惠。这样,产业政策的差别原则与货币政策的同一原则就不可避免地存在着矛盾。

2. 货币政策与产业政策的统一性

货币政策和产业政策的目的都是为了最终实现社会总供求的平衡。两种政策的运用有可能实现目标的统一。产业政策对结构进行调整,虽然刺激投资需求从而短期内可能不利于总供求平衡,不利于货币稳定,但结构优化以后,资源得到充分合理运用,短线产品供给增加,同时整个国民经济效益也得到提高,这样相对于需求增加,供给可能增加得更快,结果总需求与总供给的缺口缩小,有利于货币稳定。可见,这里的关键是看产业政策的正确性和有效性以及货币政策的支持力度和准确性。如果产业政策正确而货币信贷政策能紧随其后,就能够实现更高层次的社会总供求平衡。

(三)货币政策与产业政策协调配合的主要体现

货币政策与产业政策的协调配合主要体现在两个方面,一是产业政策对货币政策的导向作用,二是货币政策对产业政策的支持作用。

1. 产业政策对货币政策的导向作用

具体表现在以下几个方面:一是产业政策作为经济发展战略意图的体现,具有相对稳定性,因而从长期看它对短期货币政策具有导向作用,没有明确的产业政策,货币政策紧缩效应会大大降低。二是产业政策作为供给管理政策,是以增加供给来引导有效需求的。货币政策是需求管理政策,在需求膨胀条件下,压缩需求是必要的,其结果只能实现低水平的总量平衡。用产业政策直接调节供给结构,引导需求流向支持供给管理,是一种积极的政策管理办法。三是产业政策以其差别性引导货币政策的差别性,因为在我国由于市场机制还不健全,货币政策在一定程度上负担着结构调节的任务,需要产业政策引导,脱离产业政策的引导,货币政策差别化就没有目标,就可能导致资源浪费。四是产业政策作为一种结构调整政策,为货币政策实现中长期均衡提供了保证。

2. 货币政策对产业政策的支持作用

根据产业政策提出的产业发展序列的要求,制定相应的信贷政策,对企业实行分类排队,区别对待,提出优先支持企业和限制贷款企业,对符合产业政策要求的企业给予贷款支持,对不符合产业政策的企业进行必要的信贷限制。同时,在贷款利率上实行差别利率,对符合产业政策要求的行业或企业实行低于正常贷款利率的优惠利率,或实行补贴,支持相关产业的发展。

三、货币政策与收入政策的协调配合

收入政策主要是为了调节社会有效需求以及保证收入分配相对公平而采取的强制性或非强制性的工资物价管理政策。货币政策需要收入政策的有效配合才能取得良好的实施效果。在治理通货膨胀时,为了配合紧缩的货币政策,控制消费的过快增长,可以采取控制集团购买力、对某些商品实行限价管理、抑制工资和奖金过快增长等收入政策措施。要解决有效需求不足,治理通货紧缩,中央银行可以采取扩张性的货币政策,并配合收入政策来启动消费,如提高居民收入,建立完善的社会保障制度等。

(一)收入政策的理论依据

收入政策通常定义为旨在影响或控制价格、货币工资和其他收入的增长率而采取的除货币和财政措施以外的政府行为,是政府为了影响和控制一般物价水平上升或下降的速度而采取的强制性或非强制性的限制或提高货币工资和价格的政策。因此也称其为工资和物价管理政策。

收入政策是在西方国家通货膨胀的背景下提出的,其最初目的是为了限制物价上涨。但在世界各国的经济运行过程中,既存在因货币供给量过多导致的通货膨胀问题,也存在因货币供给量过少引发的通货紧缩问题。因此,收入政策的调整和实行应在上述两种情况下发挥其应有的积极作用。

收入政策的理论依据来源于西方经济学的成本推进理论。成本推进型通货膨胀理论从商品和劳务的供给方面来解释物价总水平持续上涨的现象,并把产生通货膨胀的原因归结为商品成本的增加。而在成本增加中,工人工资收入的过快增长是基本的因素,即工资收入的增长率超过了劳动生产率的增长率。这一理论认为,用紧缩总需求的办法无法解决成本推进型通货膨胀问题,而只会产生大量失业,因而应采取严格的收入政策来抑制工资和物价上涨,从而抑制通货膨胀。

(二)收入政策的主要措施

一是制定工资—物价指导线:即由政府根据长期劳动生产率来确定工资和物价的增长标准,把工资和物价增长率限制在劳动生产率平均增长的幅度之内。

二是实行工资—物价管制:即由政府颁布法令对工资和物价实行管制,甚至暂时冻结,禁止工资和物价上涨。

三是企业和工会达成工资—物价协议:限制工资收入对企业有利而对工人

不利,限制物价对工人有利而对企业不利。有时企业与工会自愿达到某种工资和物价水平的协议,共同遵守,互相制约。

四是用税收政策来控制工资和物价的上涨:即以增税或减税作为惩罚或奖励来限制工资收入和物价上涨。例如,凡遵守规定的工资和物价增长界限的工人、企业和公司,可以得到优惠减税待遇;凡违背这一规定的,加重征税,或处以罚款。

另外,有时政府对特定的工资和物价形势进行"权威性劝说"或施加政府压力。这虽然没有法律约束力,但也能起到一定的效果。

（三）货币政策与收入政策的协调

从上述分析可见,控制工资收入增长以防止通货膨胀是收入政策的一个重要内容。工资货币收入的增加,意味着有支付能力的货币需求增加。假定在供给不变的情况下,工资性货币供给的增加,超过了国民收入和劳动生产率的增长,就会出现消费需求膨胀,必然导致整个社会的总供求的失衡,从而引发通货膨胀。如我国改革开放以来出现的几次通货膨胀,消费需求膨胀是其中的重要原因。而消费需求膨胀的形成,则是收入政策与整个宏观调控政策不协调的结果。

反之,如果工资性货币收入增加缓慢,在商品供给不变的情况下,也会导致社会总供求失衡,引发通货紧缩,产生社会消费需求不足,物价持续下跌,经济发展减缓,失业和下岗人员增加,社会投资需求下降等一系列问题。我国近年来出现的内需不足问题与我国的收入分配政策有着密切的关系。一方面,随着改革的深入,个人承担的社会福利性支出如医疗、养老、住房、子女入学等费用大量增加,但个人收入并没有相应增加;另一方面,我国的收入分配结构不合理,居民收入差距过大,导致社会消费需求不足。

治理通货膨胀,货币政策可发挥重要作用,但并不能解决所有问题。在紧缩性货币政策实施的过程中,企业作为主要的信贷对象,货币政策直接作用的是企业的投资需求,要发挥紧缩消费需求的效应,需要通过企业行为的改变才能间接达到。因此,实行对工资和价格进行管理的收入政策是必要的,如对某些商品实行价格管理,控制消费基金支出等。

要解决需求不足,防止通货紧缩,中央银行也可通过扩张性的货币政策来扩大社会总需求,包括消费需求、投资需求和出口需求。但扩张性货币政策也离不开收入政策的配合。近年来,我国政府陆续出台了一些增加个人收入的政策,如提高工人最低工资水平,推进垄断行业改革,加大对劳动技能和在职培训的公共投入,完善就业和社会保障制度等,增强了货币政策的实施效果。

总之,货币政策和收入政策必须配合进行。通常的配合方式是,在通货膨胀的情形下,实行紧缩性货币政策和管制严格的收入政策相配合;在通货紧缩的情形下,实行扩张性的货币政策和放松的收入政策相配合。

本章小结

货币政策效应是指货币管理当局推行一定的货币政策之后,社会经济运行所作出的现实反应和取得的最终实际效果。

根据货币政策能否对产出等经济变量产生影响,有货币中性论和货币非中性论之争。不同学派关于货币政策有效性的争论,主要有以下观点:古典学派的货币政策中性论、凯恩斯学派的货币政策有效论、货币主义学派的"短期非中性与长期中性论"、理性预期学派的货币政策无效论、新凯恩斯主义的政策有效论。

货币政策从制定到产生效果具有滞后性。从中央银行对经济活动中的变化有所反应,到货币政策工具的选择,再到货币政策工具对货币政策的操作指标发生作用,再到货币政策操作指标的变化波及货币政策的中介指标,由中介变量的变化再到对货币政策最终目标产生影响,每一个环节都需要占用一定的时间,这就是货币政策时滞。货币政策时滞是衡量货币政策传导有效性的重要指标。

其他因素如市场预期、货币流通速度、政治因素、金融创新以及经济金融全球化等都会对货币政策的效应产生影响。

要充分发挥货币政策作用,需要货币政策与财政政策、产业政策、收入政策等其他经济政策进行协调配合。

复习思考题

1. 简述货币政策效应的衡量标准。
2. 阐述关于货币政策有效性的理论争论。
3. 简述货币政策效应的主要影响因素。
4. 结合我国的实际,分析货币政策与财政政策的协调配合问题。

【参考文献】

[1]王广谦. 中央银行学[M]. 北京:高等教育出版社,2011.

[2]陈学彬. 中央银行概论[M]. 北京:高等教育出版社,2007.

[3]陈燕. 中央银行理论与实务[M]. 北京:北京大学出版社,2005.

[4]杜朝运. 中央银行学[M]. 厦门:厦门大学出版社,2010.

[5]付一书. 中央银行学[M]. 上海:复旦大学出版社,2013.

[6]张强,乔海曙. 中央银行学[M]. 北京:北京师范大学出版社,2003.

[7]刘斌,等. 货币政策与宏观经济定量研究[M]. 北京:科学出版社,2001.

[8]孔祥毅. 宏观金融调控理论[M]. 北京:中国金融出版社,2003.

[9]刘锡良,戴根有. 宏观经济与货币政策[M]. 北京:中国金融出版社,2001.

[10]任啸. 货币传导——中国货币政策传导的制度分析[M]. 成都:四川大学出版社,2005.

[11]张强,乔海曙. 金融学[M]. 北京:高等教育出版社,2013.

第十章

中央银行与金融监管

【本章结构】

- 中央银行与金融监管
  - 金融监管概述
    - 金融监管的含义
    - 金融监管的要素
  - 金融监管理论
    - 传统金融监管理论
    - 现代金融监管理论
  - 金融监管发展历程
    - 金融监管起步萌芽阶段
    - 金融监管发展强化阶段
    - 金融监管效率优先阶段
    - 金融监管全面改革阶段
  - 中央银行金融监管的内容与方法
    - 中央银行对金融机构的监管
    - 中央银行对金融市场的监管
    - 中央银行对金融机构监管的方法
  - 中央银行金融监管改革
    - 中央银行金融监管改革的必要性
    - 中央银行金融监管改革的内容
    - 中央银行金融监管改革的趋势

【学习目标】

1. 掌握金融监管的含义和要素
2. 熟悉金融监管理论
3. 了解金融监管的发展历程
4. 掌握中央银行金融监管的内容与方法
5. 了解中央银行金融监管改革的必要性、内容以及新趋势

【本章提要】

本章共分为五节：第一节是金融监管概述，包括金融监管的含义和金融监管要素；第二节是金融监管理论，包括传统金融监管理论和现代金融监管理论；第三节是金融监管发展历程，以20世纪30年代的经济大危机、70年代布雷顿森林体系的崩溃以及90年代频繁的金融危机为界，分为金融监管起步萌芽、发展强化、效率优先与全面改革4个阶段；第四节是中央银行金融监管的内容与方法；第五节是中央银行金融监管改革，分改革的必要性、改革的内容、改革的趋势三部分。

【关键术语】

金融监管　金融监管要素　传统金融监管理论　现代金融监管理论
市场准入监管　业务经营监管　市场退出监管　巴塞尔协议Ⅲ
金融宏观审慎监管

第一节　金融监管概述

一、金融监管的含义

金融监管是金融监督与管理的简称。金融监管有广义和狭义之分。狭义的金融监管是指金融监管当局依据国家法律法规的授权对整个金融业实施的监督管理。通常来说，一国的金融监管涉及金融的各个领域，如银行业、证券

业、保险业、信托业等。金融监管作为政府对金融行业的一种管理与约束行为，其性质是一种与市场自发运动相对应的政府行为。也就是说，金融监管是政府的“看得见的手”对市场的“看不见的手”的规范和管理。广义的金融监管除金融监管当局的监管之外，还包括了金融机构内部管理、同业组织的自律性监管、社会中介组织和舆论的社会性监管等。

现代各国的金融监管体系通常以政府监管为主，在广义的监管范畴下进行架构。

二、金融监管的要素

要加深对金融监管的认识，必须首先深入了解金融监管的要素。一般而言，金融监管由金融监管主体、金融监管对象、金融监管目标和金融监管手段四大要素构成。

（一）金融监管主体

金融监管的主体主要是政府，以及由政府授予权力的公共机构，有时还包括得到行业内普遍认可的非官方民间机构（如各种行业自律组织）。早期各国金融监管的主体大多是中央银行；20 世纪六七十年代金融监管主体出现分散化、多元化的倾向，诞生了专门监管商业银行、证券业、保险业的机构和组织；20 世纪末 21 世纪初，英国、日本等国的金融监管主体有了统一的趋势，全球的总体趋势是中央银行逐渐丧失金融监管权力，金融监管职能主要由中央银行以外的专门监管机构履行。而在 2008 年国际金融危机以后的全球金融监管改革中，中央银行的地位和作用得到加强。

（二）金融监管对象

金融监管的对象一般分为银行机构（主要是商业银行）、非银行金融机构、金融市场三类。早期监管对象集中在商业银行，但随着非银行金融机构的发展，监管主体加强了对非银行金融机构的监管。金融市场的频繁波动以及由此导致的“市场失败”，使监管金融市场、保护投资者利益的任务日益繁重。

（三）金融监管目标

金融监管目标是对金融业实施监管所要达到的目的，它是实现金融有效监管的前提和实施具体金融监管措施的依据。金融监管通常包括三大目标：安全性目标、效率性目标和公平性目标。金融监管的安全性目标要求把维护金融体系的安全和稳定作为首要任务，从而为社会经济的发展创造更好的金融环境。金融监管的效率性目标要求金融监管一方面需要通过各种手段促进金融业形成合理有序竞争，约束金融垄断和恶性竞争，来提高金融运行效率，另一方面也要求以最低的监管成本来实现金融监管目标。金融监管的公平性目标是出于保护金融业弱势群体的合法利益。存款人、投资者和保险单持有人作为金融业的参与者，在金融活动中在资金规模、经济地位、信息取得等方面处于弱势地位，利益容易受到侵害。因此，金融监管部门需要对这些社会弱势群体的利益提供特别的保护。

（四）金融监管手段

金融监管的手段有很多种，主要包括法律手段、经济手段、行政手段、技术手段等，在很多复杂的金融领域，如反洗钱，已经采用先进的信息技术加强监管的有效性。

其中，法律手段是指通过立法和执法，将金融市场运行中的各种行为纳入法制轨道。经济手段指监管当局采用间接调控方式通过经济利益影响金融活动和金融机构的经营行为。行政手段是金融监管部门通过发布文件、临时通知等命令形式，要求所有金融机构必须在文件有效期内无条件执行的管理方式。技术手段是指监管当局实施金融监管必须采用先进的技术手段，如运用电子计算机和先进的通信系统实现全系统联网，以扩大监管的覆盖面，提高监管效率。

第二节　金融监管理论

一、传统金融监管理论

传统上的金融监管理论主要包括公共利益理论、安全优先的金融监管理论、效率优先的金融监管理论及监管辩证法理论四类。

（一）公共利益理论

公共利益论又被称为市场调节失败论，该理论是在 20 世纪 30 年代大危机后出现的，是最早用于解释政府监管合理性的监管理论。该理论认为，监管是政府对公众要求纠正市场失灵的一种回应，监管目的是促进市场竞争、防止市场失败，追求全社会福利最大化。这些市场失灵包括自然垄断、外部效应和信息不对称。正因为政府的参与才能够解决市场的缺陷，所以政府可以作为公共利益的代表来实施管制以克服市场缺陷，而由此带来的公共福利将大于管理成本。

由公共利益理论,可以衍生出保护债权论。这一理论的观点是,为了保护债权人的利益,需要金融监管。所谓债权人,就是存款人、证券持有人和投保人等。银行等金融机构存在严重的逆向选择和道德风险等问题,投资者必须实施各种监督措施,但是由投资者来进行监督的成本是昂贵的,而且每个投资者都来实施相同的监督也是重复多余的。更为重要的是,很多投资者(如存款人)不了解银行的业务,没有实施监督的激励,由此形成了"自然垄断"性质,以上种种造成了搭便车的行为,使外部监督成为必要。存款保险制度就是这一理论的实践形式。

(二)安全优先的金融监管理论

1929~1933年的世界性的经济金融大危机表明金融市场是很不完全的,所谓"看不见的手"无所不能的能力并不存在。而且,由于金融业的巨大的外部性,一旦金融体系出现危机,将给经济和金融体系带来极大的冲击,甚至危及社会稳定的基础。

20世纪30年代大危机后,立足于市场不完全、主张国家干预政策的凯恩斯主义取得了经济学的主流地位,这也是当时金融监管理论快速发展的历史背景。在这一时期,金融监管理论主要以维护金融体系安全,弥补金融市场的不完全为研究的出发点和主要内容。在这种背景下,主张政府干预的思想占了上风,要求强化对金融体系监管的理论主张也受到推崇。主张政府干预,弥补市场缺陷的宏观政策理论,以及市场失灵理论和信息经济学的发展进一步推动和强化金融监管的理论主张。这段时期的金融监管理论研究成果认为,自由的银行制度和全能的金融机构具有较为明显的脆弱性和不稳定性,认为银行过度参与投资银行业务,并最终引发连锁倒闭是经济危机的导火索。

这一时期的金融监管理论,主要是顺应了凯恩斯主义经济学对"看不见的手"的自动调节机制的怀疑,为20世纪30年代开始的严格而广泛的政府金融监管提供了有力的注解,并成为第二次世界大战以后西方主要发达国家对金融领域进一步加强管制的主要论据。在凯恩斯主义宏观经济理论的影响下,中央银行的货币管理职能演变成制定和执行货币政策,并服务于宏观经济政策,金融监管之严厉甚至倾向于政府的直接管制,对金融机构的经营范围和方式进行全面的管制和干预,并且非常强调金融体系的安全性。

(三)效率优先的金融监管理论

对金融业的全面管制和干预引起了金融体系效率的巨大损失。20世纪

70 年代困扰西方国家的"滞胀"宣告了政府干预主义的破产，在金融领域，金融自由化理论逐步抬头。金融自由化理论以麦金龙和肖的"金融抑制"和"金融深化"理论为代表。这一理论认为，金融管制使金融机构和金融体系的效率严重受损，金融业发展受到抑制，另一方面，政府也会失灵。因此，金融自由化理论主张放松金融管制，特别是利率管制、经营范围限制、经营地域限制，以恢复金融业的竞争，提高金融业的活力和效率。该理论特别指出，"金融抑制"是导致发展中国家经济落后的主要根源。实际上，金融自由化理论也不是全面否认金融监管，它只是认为在金融体系比较稳定的情况下，金融体系的效率成为更重要的目标，因此，金融监管要充分考虑金融机构和金融体系的效率。

20 世纪 70 年代，学术界一方面对公共利益监管理论提出批评和质疑，一方面提出了相应的监管理论——监管经济学理论。该理论以斯蒂格勒（Stigler，1971）发表的著名文章为代表。斯蒂格勒在《监管的经济理论》一文中首先采用经济学的供求分析方法来探讨监管理论，将监管纳入西方经济学的供求分析范式，引入了经济学最基本的分析工具。其研究的是政治市场上的监管问题。其分析前提是：①国家是强制权的基本源泉，利益集团确信国家运用强制权能使该利益集团的处境得以改善；②政府选择使效用最大化的行为是理性的。该理论通过历史的观察和总结得出：行业的监管并没有建立在公共利益基础之上，而是建立在被监管集团的利益和损害消费者利益上。

（四）监管的辩证法理论

西方经济学认为，不仅存在市场失灵，而且也存在"政府失灵"的问题。但是根据公共选择理论，作为有特定利益目标的监管者来说，它不可能自动退出社会舞台，而是重新为自己寻找管制的新手段，制定新的游戏规则以加强管制。这样，被监管者又从管制者制定的新的游戏规则里面寻找漏洞，从而规避管制，使自己的利益最大化。监管者又根据新的情况，制定更新的游戏规则，监管者与被监管者的相互博弈可以无限期地进行下去。

爱德华·凯恩把上述思想运用于金融监管领域，创立了监管辩证法。该理论描述了一个在特定经济条件下受到许多旨在限制获利机会的监管的金融体系，当经济压力使这些监管措施具有约束力时，市场必须设法逃避监管以求得利润，这样就会发生市场与监管的冲突，从而促使市场金融创新。监管部门则根据金融机构的行为不断地作出反应，形成下列辩证的监管过程：监管→逃避→监管改革。

二、现代金融监管理论

传统监管理论从不同的角度阐明了金融监管的必要性,但是还远远没有达到完备的程度。随着金融业和金融监管实践的发展,包括金融风险控制理论、功能观的监管理论、监管激励理论、金融监管的效益与边界理论在内的现代金融监管理论也在不断向前演进。

(一)金融风险控制理论

金融风险控制论,又称"金融脆弱论",这一理论源于1982年Minsky提出的"金融不稳定假说",认为银行的利润最大化目标促使其系统内增加有风险的活动,导致系统内的内在不稳定性。因而Minsky及其追随者认为需要对银行的经营行为进行监管。Friedman和Schwartz(1986)、Diamond和Rajian(2001)对银行及金融机构的流动性方面的研究表明,银行及其他金融机构由于三方面的原因而存在较大脆弱性:①短借贷和部分准备金制度导致了金融机构内在的非流动性;②在资产负债表中,主要是金融资产而不是实物资产,主要是金融负债而不是资产净值,在全国范围内金融机构之间存在相互依赖的网络;③存款合同的等值和流动性形成在萧条时期提取存款的激励。Kaufman(1996)从银行体系的传染性和系统风险的角度分析认为,个别银行比其他企业更容易受到外界影响而失败,银行业也比其他产业更加脆弱、更容易被传染,而各种金融资产的可流通性又使得银行体系有着系统风险和风险的传导性,"多米诺骨牌效应"容易在金融体系中出现,所以金融业比其他行业具有更大的脆弱性和不稳定性。因此,通过金融监管来控制金融体系系统风险显得异常重要。

(二)功能观的监管理论

所谓功能观的监管(Functional Regulation and Supervision),即指依据金融体系基本功能而设计的金融监管体制,即一个给定的金融活动由同一个监管者进行监管。功能观金融监管的概念主要是来自有关金融体系的"功能观点"学说。其代表人物主要是Merton和Bodie(1993)等。实践中,Merton、Bodie等人的功能观点对美国的金融监管产生了很大的影响。1999年,美国国会通过《金融服务现代化法案》以取代《格拉斯—斯蒂格尔法》,是功能观点的一大成就。该法打破以前的限制,允许保险、银行和证券公司成为联营企业,亦允许三种金融业务混业经营。在法律的名称上,不提银行,而改称金融服务,就是要涵盖银行业和非银行业的全部金融活动。1995年,巴塞尔委员会在为银行设置全球性的证券资产组合的资本标准时采纳了功能观点。需要指出的是,作为一种理论模式,功能观的监管理论目前仍处于理论探讨阶段,现实当中很难找到完全与之相对应的例子。而且有不少的学者 Jackson(1999)、Giorgio 和 Noia(2001)担心由于该理论在实践中被滥用而导致监管成本上升、监管效率下降等负面效应。

在功能监管模式中,每一种金融服务都应受到独立于其提供者的权力机构的监管。因此,这一模式有一个重要的优点,即它要求对从事同种金融活动的中介使用相同的法规,尽管这些金融中介也许在法律上分属不同类别。举例来说,包括投资管理、集中存款、贷款以及投资于保险与退休基金的储蓄,都隶属于单个的权力机构设立的相同法规的管理。这一机构独立地监督这些活动,而不管金融中介的性质。这种方法鼓励在监管机构主导下的专业化经济,同时对于发达的、一体化的金融市场的监管也许是一个相当不错的解决方法。但是,它也并非没有缺点。这个模型预示着对同一个监管对象的重复监管,存在监管机构分工过细的风险。功能监管的另一个不足之处在于,导致金融机构破产的因素不是所从事的业务活动,而是该机构自身。在出现严重的稳定性问题时,确保对机构的保护和监督要比对其业务操作的监管更为重要。

(三)监管激励理论

在 20 世纪 80 年代以前,几乎所有的监管经济学研究都是集中于监管的经验研究,Laffort 和 Tirole(1991)系统地在微观经济学范畴内研究了监管理论。其研究突破了传统监管理论研究中监管制度外生的假定,揭示了被监管者的激励问题。将激励问题引入监管问题的分析中来,将监管问题当作一个最优机制设计问题,并对监管中的很多问题都尽可能地从本源上内生地加以分析,这是 Laffort 和 Tirole 研究的最大特点。它融合了资本监管、市场约束、机制设计、激励相容、信息显示和博弈论等深刻的经济学思想,代表了资本监管的最新发展方向,对金融监管的理念产生了深刻的影响。

(四)金融监管的效益与边界理论

尽管金融监管的效益,即成本与收益很难计量,大多数国家对监管机构的直接成本都有比较可靠的数据。但对可能更大的一块成本——施加于被监管对象所造成的额外负担却没有数据可利用。所以精确计算监管的成本和收益几乎是不可能的,而且区分哪些成本是金融机构为了自身风险控制和内部管理所必需的,哪些是由于监管制度所强加的也不是十分容易。但它的意义却是现实的:监管在任何时候都是在成本和收益的权衡中作出判断,所以偶尔的监管失灵是否可以视为监管体系(假使已经设计有效)的必要成本呢?增强监管的强度以消除所有出现的监管失灵是可行的还是会得不偿失呢?所有这些问题都值得分析。2007 年 11 月 7 日,美国金融服务圆桌组织(The Financial Services Roundtable)发表题为《提升美国金融竞争力蓝图》(The Blueprint for U. S. Financial Competitiveness)的报告,报告认为“美国的监管成本是非常昂贵的。2006 年,美国金融服务的监管成本高达 52.5 亿美元,大约是英国 FSA 的 6.25 亿美元的 9 倍,据估算,美国监管成本占被监管的银行非利息成本的 10% ~12%”。

(五)金融宏观审慎监管理论

2007 年,美国次贷危机爆发进而迅速蔓延全球,对世界各国的经济稳定和金融安全造成巨大的影响和冲击,引发了人们对传统的巴塞尔资本协议提出的以资本监管为核心的金融微观审慎监管思路的质疑和反思。事实表明,片面强调以个体金融机构偿付能力为基础、专注于单个金融机构稳健经营的监管理念和实践已不能适应当代金融安全的客观要求,尤其对系统性风险的监控和防范无能为力,迫切需要加以改进。

金融宏观审慎监管的概念于 20 世纪 70 年代由国际清算银行提出。Crockett(2000)首次把宏观审慎监管的概念界定为“是以整个金融体系为监管对象,整体上把握系统性风险的监管方式”。Claudio Borio(2003)首次提出宏观审慎监管框架的构建问题。此次全球金融危机的发生,使得人们认识到,引入逆周期政策(Counter-cyclical Policy),加强金融宏观审慎监管,来减轻金融机构和金融监管的顺周期行为势在必行。尽管存在许多分歧,但加强宏观审慎导向已成为共识,金融宏观审慎监管成为当前金融监管改革中的重要问题。

金融宏观审慎监管以系统性风险为监管对象和以金融稳定为监管目的,将金融系统看作一个整体,其中包括银行业、证券业和保险业,全面地权衡风险和收益。国际清算银行全球金融体系委员会(CGFS,2010)将宏观审慎监管的目标概括为:一是增强金融体系的抗风险能力(跨部门维度);二是通过实施逆周期调节,减轻金融周期的波动(时间维度)。根据宏观审慎管理的目标,将宏观审慎管理工具的研究分成跨部门维度和时间维度两个方面。

1.跨部门维度金融宏观审慎监管工具研究

针对系统性风险的集中和跨部门分布,关键问题是如何管理金融机构面临的共同风险敞口。同时,不同机构具有不同的系统重要性,对系统性风险有不同的影响,应根据个体机构对系统性风险的贡献调整宏观审慎监管工具,从而提高系统性风险相对于异质性风险的权重。目前，国内外文献研究的相关监管工具主要包括以下几个方面：增加监管的深度和覆盖范围，对具有系统重要性机构实施更审慎的监管，更好地计量和管理对手方风险等。

2. 时间维度金融宏观审慎监管工具研究

针对源于金融体系顺周期性的系统性风险，主要问题在于监管框架是否并且能在多大程度上抑制金融体系固有的顺周期性。因此，应在保证金融对经济发展的持续促进作用的基础上使用逆周期的宏观审慎管理工具。目前，许多学者研究的相关管理工具主要包括以下几个方面：逆周期资本要求，动态拨备，在会计准则、杠杆率和薪酬制度等金融制度安排中植入逆周期因素、流动性缓冲等。

第三节　金融监管发展历程

一、金融监管起步萌芽阶段

世界各国尤其是西方发达国家的金融监管，伴随经济金融的发展经过了长期的演变过程。第一次世界大战（1914～1919 年）以前是中央银行成立与发展的初期阶段，即 1694～1914 年的 220 年间，当时正值亚当·斯密“看不见的手”的理论盛行时期，是自由竞争资本主义发生、发展的鼎盛阶段。此时的中央银行，只要维持住银行券与黄金的自由兑换关系以及代理国库等活动就可以了，其他经济活动都可以在“看不见的手”的指导下自由、和谐地产生和运作。

1694 年，英国国会会议敕令设立英格兰银行，并赋予其垄断货币发行权和金融监管权，标志着中央银行金融监管制度的确立。随后，1782 年，北美第一家商业银行北美银行成立，1859 年，法国工商信贷银行成立，1873 年，日本第一国立银行成立。但是，由于受亚当·斯密“看不见的手”的理论的影响，中央银行金融监管并未受到足够的重视，仅在立法上有所体现：1844 年，英国通过《英格兰银行条例》，成为中央银行金融监管的第一部法律；1863 年，美国国会通过《国民通货法》，次年修改为《国民银行法》，成为美国中央银行金融监管的第一部法律，标志着美国开始建立统一的中央银行金融监管体系；1913 年，美国国会通过《联邦储备法》，确立了美联储的金融监管职权，从而标志着现代意义上中央银行金融监管的开端。

二、金融监管发展强化阶段

第一次世界大战之后至20世纪70年代初的近50年间，是资本主义经济发生急剧变化的半个世纪，资本主义从自由竞争阶段完全过渡到垄断阶段，垄断成为资本主义经济最显著的特征。在这一阶段，斯密的自由放任主义使资本主义长期和谐发展的梦想在20世纪30年代世界性经济大危机和40年代第二次世界大战面前彻底破灭了。金融危机打破了“市场万能”的神话，不久，英国财政部顾问凯恩斯顺应时代发展的要求，于1936年出版了著名的《就业、利息和货币通论》，主张政府干预，从而为各国中央银行金融监管的发展强化奠定了基础。

1929～1933年，世界经济危机爆发，大批金融机构破产倒闭，国际信用瓦解，货币制度崩溃，为了实现金融业的稳健、安全发展，各国纷纷通过金融立法来加强对金融业的严格监管，从而使这次经济危机成为金融业从自由发展走向全面管制的分水岭。美国先后出台了1932年《联邦住房放款银行法》、1933年《银行法》（其中第16、20、21和32条款组成《格拉斯—斯蒂格尔法》）和《证券法》、1934年《证券交易法》和《国民住房放款法》、1956年《银行持股公司法》、1960年《银行合并法》、1966年《利率管制法》。德国于1931年颁布《商业银行管理紧急法令》。瑞士和比利时于1935年颁布《银行法》。意大利于1936年颁布《银行法》，法国于1941年通过《关于建立银行监管机关的法令》。英国于1946年将英格兰银行国有化，授权英格兰银行对金融机构实施严格监管，并于1928年、1939年、1954年分别通过了《通货与钞票法》。

各国对金融监管制度的完善，对保护存款人、投资者和社会公众的利益，促进金融机构谨慎经营、维护金融体系稳定、防止大规模金融危机发挥了作用，从而使世界银行业经历了1940～1970年的稳定时期。

三、金融监管效率优先阶段

凯恩斯主义在一定程度上促进了资本主义经济的繁荣，但好景不长，至20世纪60年代末，资本主义就陷入了长达十年的通货膨胀和经济停滞并存的滞胀，随即布雷顿森林体系解体，国家干预经济的思想逐渐被弗里德曼的现代货币数量论所取代，各国开始不断增强中央银行的独立性，普遍开始推行浮动汇率制度，金融自由化浪潮开始盛行，金融监管的效率开始受到世界各国的重视。

随着金融自由化和全球化的加速发展，国际金融活动日趋复杂化和多样化,金融体系原有风险的放大和新的金融风险的衍生给原有中央银行金融监管的框架提出了新的挑战,为此,各国都采取了一些措施来放松金融管制。金融自由化趋势从20世纪60年代末开始,70年代初曾一度停顿,到70年代末又重新开始发展,80年代后期达到高潮。1975年,由英国等工业国组成的巴塞尔委员会通过了《对国外银行机构监督的原则》,并于1983年对其进行了修订,1988年,该委员会又正式通过了《关于统一跨国银行的资本计算和资本标准的报告》。1984年,日本大藏省公布了《金融自由化与日元国际化的状况与展望》。1995年,美国众议院银行委员会通过了针对《格拉斯—斯蒂格尔法》的银行改革法案,解除了商业银行经营证券业务的禁令。1999年,美国国会通过了《金融服务现代化法》,彻底打破了金融分业经营的界限,从此中央银行金融监管进入效率优先阶段。

四、金融监管全面改革阶段

进入20世纪90年代以来,以资本流动全球化、金融市场一体化和金融机构的全球扩张为特征的金融全球化已成为主导趋势。与此同时,世界经济金融形势也发生了剧烈的变化,国际金融市场先后经历了1991年国际商业信贷银行倒闭、1994年墨西哥金融危机、1995年英国巴林银行破产、1997年亚洲金融危机和2007年美国次贷危机。金融全球化环境中,一国或地区发生金融震荡,其他国家都不能置之度外。危机的爆发引起了人们对中央银行金融监管国际合作的再度重视,各国中央银行普遍意识到,有必要建立一个全球性和区域性的国际金融风险防范体系,并建立风险监控与预警机制。为此,巴塞尔委员会于1997年正式发布了《有效银行监管的核心原则》,中央银行对金融机构的审慎监管被提到了一个重要的高度。1999年,十国集团中央银行行长会议决定,成立全球金融体系委员会,以协调各国中央银行在促进金融监管与金融稳定中的努力。可以预计,未来中央银行金融监管的国际合作,在主体上将包括各种国际经济组织和各国监管当局,在范围上将覆盖所有的金融领域,在深度上将覆盖金融活动的各个环节。

由2007年美国次贷危机引发的全球金融危机及欧洲主权债务危机,使国际金融监管改革不断推进,各国中央银行越来越意识到,要关注整个金融体系的稳定,要从整个金融系统的角度加强金融风险的防范。在新阶段,国际社会和有关国家金融监管改革的核心内容体现在进一步完善系统性风险防范制度,建立宏观审慎管理制度框架上。

宏观审慎管理制度框架形成于2008年国际金融危机加剧之后。考虑到金融系统的顺周期性和系统重要性金融机构(SIFIs)带来的风险,国际清算银行(BIS)提出用宏观审慎的概念来概括导致危机爆发的顺周期性、大而不能倒、监管不足、标准不高等问题。这一概念逐渐被二十国集团(G20)及其他国际组织所采用。此后,金融稳定理事会(FSB)、巴塞尔银行监管委员会(BCBS)等国际组织和全球金融体系委员会(CGFS)、三十国集团(G30)都提出了加强宏观审慎管理的各种具体政策措施。

宏观审慎管理制度框架主要涉及对银行的资本、流动性、杠杆率、拨备等审慎性要求,对SIFIs的额外要求以及会计标准、信用评级、衍生产品交易集中清算、影子银行监管等方面内容。

2010年12月,BCBS发布《逆周期资本缓冲操作指引》,提出建立逆周期资本缓冲机制,将其作为银行业监管改革的一项重要内容,以降低整个银行体系的顺周期性。2010年10月,金融稳定理事会发布《降低系统重要性金融机构的道德风险》报告,从强化监管、提高损失吸收能力、完善处置机制以及保持各国政策一致性等方面提出SIFIs的政策框架。FSB和BCBS正在对SIFIs具体评估方法及提高损失吸收能力、提高监管有效性以及危机处置工作等问题进行研究,相关政策措施在2011年陆续出台。

第四节　中央银行金融监管的内容与方法

一、中央银行对金融机构的监管

中央银行对金融机构及其业务的监管,指中央银行或金融当局依据有关金融法规与政策,对金融机构进行监督、稽核、检查与指导的行为。其目的是为了确保金融机构经营的安全和取得盈利。

(一)中央银行对国内金融机构监管的内容

根据《中华人民共和国中国人民银行法》第五章金融监督管理的有关规定,中国人民银行依法监测金融市场的运行情况,对金融市场实施宏观调控,促进其协调发展。具体而言,中央银行的监管内容主要有:存款准备金、中国人民银行特种贷款、人民币管理、银行间同业拆借市场管理、银行间债券市场管理、外汇、黄金、国库、清算、反洗钱等内容。

（二）中央银行对涉外金融机构监管的内容

涉外金融活动的监管是指中央银行或金融监管当局对涉外金融机构、外债、外汇等内容的监督与管理。其目的是保障国家金融安全，促进一国的经济发展。具体而言，中国人民银行对外资银行监管的内容主要有：开业管理、资本管理、业务经营管理、机构数量及地域的限制、准备金和保证制度、利率限制、税收管理、外汇管理。

二、中央银行对金融市场的监管

中央银行对金融市场的监管，是指中央银行或金融管理当局对金融市场机构及其交易活动的监督与管理。其包含两层含义：一是金融市场管理机构的直接管理；二是中央银行运用各种手段进行的外部监督与管理。监管的目的在于充分发挥金融市场的各项功能。中央银行对金融市场监管主要包括对货币市场、资本市场、外汇市场等市场的监管。

（一）中央银行对货币市场的监管

中央银行对货币市场的监管主要包括：对票据市场的监管、对同业拆借市场的监管、对国库券市场的监管、对大额可转让存单市场的监管和有价证券回购的市场监管。货币市场监管主要是对同业拆借市场、短期国债市场、商业票据市场等建立预警指标体系，强化市场参与者的经营行为，以实现货币市场利率满足货币政策调控的目标。

1. 对货币市场主体的准入监管

货币市场准入监管主要包括三个方面：一是资本金监管，包括注册资本最低限额管理、金融机构股东资格管理；二是高级管理人员任职资格监管，是对拟任金融机构的董事长、总经理等高级管理人员的资格进行确认；三是业务范围管理，是对金融机构的业务范围进行严格的审核。

2. 对货币市场客体的监管

对货币市场客体的监管主要包括对货币市场交易对象及对清算方式的监管。为了保证货币市场工具的安全性，避免出现违约风险，中央银行须对在货币市场进行交易的金融产品进行监管。各国主管机构对被允许进入货币市场的金融工具有非常严格的限制，如对发行者信用等级、期限、面额以及发行程序等的限制。对货币市场清算方式的监管也是货币市场客体监管的重要内容。由于货币市场交易的相当部分是信用交易，因此，保证清算交割环节的顺利进行特别重要。中央银行必须对货币市场工具的清算交割进行有效监管。

3. 对货币市场交易行为的监管

对货币市场交易行为的监管主要包括交易期限和资金用途、交易价格和交易数量三个方面。对交易期限和资金用途的监管是由货币市场的基本性质决定的,属于合规性监管。货币市场是短期资金融通的场所,无论是票据贴现、国债回购还是银行同业拆借,都是不超过 1 年的短期交易。货币市场的交易价格是利率。货币市场不同子市场有不同的利率,如贴现市场利率、国债市场利率、银行同业拆借市场利率等。但不同子市场利率之间有密切联系,通过市场机制作用,所有各种利率变化呈趋同性。对货币市场交易数量的监管是对金融机构市场行为监管的重要内容。货币市场是金融机构调整短期资金余缺的场所。为了减少风险,中央银行一般会规定金融机构参与货币市场交易规模与其资产和负债的占比。

(二)中央银行对资本市场的监管

中央银行对资本市场的监管是调节资金供求、维护证券市场价格稳定的客观需要;是维持正常金融秩序,促进证券市场及投资活动健康、稳定发展的客观需要;是提高中央银行货币政策工具作用效果的客观需要。

国际上具有代表性的资本市场监管体制主要包括集中型、自律型和中间型三种。集中型监管体制是指政府通过制定专门的资本市场管理法规,设立全国性的资本管理监督机构,实现对全国资本市场的管理。在这种模式下,政府在资本市场监管中占据主导地位,而各种自律型的组织,如证券交易所与证券经纪人协会等则起协助政府监管的作用。集中型监管体制模式的代表是美国和日本。自律型监管体制模式是指政府除了一些必要的国家立法之外,很少干预资本市场,对资本市场的监管主要由证券交易所、证券商协会等自律型组织进行监管,强调证券业者自我约束、自我管理的作用。实行自律型监管体制模式的国家一般都未制定单一的资本市场法规,而是通过一些间接的法规来管理资本市场行为。英国是自律型监管体制模式的典型代表。中间型监管体制又称为分级管理型监管体制模式,既强调集中立法管理又强调自律管理,包括二级监管和三级监管两种子模式。二级监管是中央政府和自律型组织相结合的监管,三级监管是中央、地方两级政府和自律机构相结合的监管。中间型监管模式是介于集中型模式和自律型模式之间的一种监管模式,也是这两种监管模式相融合的产物,其既有政府监管的成分,又有自律管制的因素。中间型监管体制的典型代表是德国。

（三）中央银行对外汇市场的监管

中央银行对外汇市场的监管主要包括：实施外汇管理，监督管理银行间外汇市场；在公开市场上买卖国债、其他政府债券和金融债券及外汇。

1. 外汇管理

实行外汇管理的国家主要是对外汇资金流入、外汇资金流出、外汇的交易、银行外汇账户、汇率等进行管理。

贸易外汇收入是一个国家重要的外汇来源。实行外汇管理通常是采取一些鼓励性措施：政府出面对某些出口商品给予现款补贴；对某些出口商给予优惠贷款；对出口收入实行减免或允许推迟支付部分货款；以优惠利率贴现出口商品的票据，等等。非贸易外汇收入涉及的范围较广，包括运输费、保险费、佣金、利息、专利费、许可证费、版税、稿费、特许权使用费、技术劳务费、对外劳务工程承包费、旅游费等。外汇资金的流入、流出，都必须经过本、外币的兑换过程。根据国际货币基金组织（IMF）的有关规定，一国若能实现贸易账户和非贸易账户下的货币自由兑换，即不对经常项目下的国际往来的付款和资金转移施加限制，则该国货币可被列为可兑换货币。会员国政府保证通货的兑换权，是IMF规定的会员国政府对基金组织承担的义务。但由于外汇的短缺、金融秩序的混乱等原因，绝大多数国家在不同时期采取了程度不同的货币兑换管理。对银行外汇账户管理的主要方面有：外汇账户的开立，外汇账户上存款的支付、外汇账户存款的利息的支付等方面。汇率管理涉及汇率制度的管理、汇率水平的管理等。实行外汇管制国家一般禁止私人输出黄金，有的国家还禁止私人输入黄金，私人输出、输入黄金受到严格限制。由于国际收支关系需要输出、输入黄金时，只能由中央银行办理。实施外汇管理的国家，对本国现钞的输出都规定了最高限额。限额内可以自由携带出国，超过限额须经外汇管理机关审批。

2. 外汇衍生工具的监管

为了有效地利用外汇衍生工具发展经济，同时减少或避免因风险可能带来的损失，各国（地区）、各相关国际组织纷纷出台了一整套监管规定，形成了系统的监管制度。目前外汇衍生市场的主要交易分成场外交易和场内交易。场外交易的外汇衍生工具是金融机构根据客户的需要而提供的，合同要件往往各不相同，也没有保证金制度、指定清算机构最终结算等相关制度，因而各国对之监管有一定难度，未形成统一的体系。目前国际上场内市场衍生品交易发展很快，如英国伦敦国际金融期货交易所、美国芝加哥期货交易所等，各类外汇期货及外汇期权基本上都在场内交易。场内交易的主要监管体制有政府监管、行业自律、交易所管理的三元监管体制和政府监管、交易所管理的两元监管体制。

三、中央银行对金融机构监管的方法

中央银行监管金融机构的方法:一是非现场监督检查。这是通过金融机构的财务报表的分析及其他有关情况的稽核来实现金融监管的方法。二是现场监督检查。金融监管当局对金融机构的现场检查是金融机构监管过程的核心。这种方法是由金融监管当局派出检查小组,到各金融机构进行实地检查,将那些在非现场监督检查中发现的问题,作为不定期检查监督的重点。

第五节　中央银行金融监管改革

一、中央银行金融监管改革的必要性

(一)金融全球化——外在推动力

金融全球化是经济全球化的重要组成部分,是金融业跨国发展而趋于全球一体化的趋势。金融全球化实质上就是金融资本的全球化,有利于资本在全球范围内的优化配置,极大地促进了世界经济的跨越式发展。然而,金融全球化也是金融风险全球化的过程,一旦一个地区发生金融危机,将通过资本流动、贸易等渠道快速波及其他地区,最终演变成地域性或全球性金融危机,且金融全球化程度越高,金融风险的传染性就越强,1997 年东南亚金融危机和2007 年美国次贷危机就是典型的案例。

为应对金融全球化带来的金融风险扩散的影响,必须进行金融监管的改革。特别是对发展中国家来说,由于发展中国家金融体系相对脆弱、金融法规不够健全、金融监管水平相对滞后,在应对金融全球化带来的机遇和挑战时,要加强金融领域的建设,改革金融监管体制,实现金融业与金融监管的协调发展。在改革本国自身金融监管,使之适应金融全球化监管需求的同时,还要加强国际金融监管的协调与合作,解决金融全球化与金融监管属地化的矛盾。总的来说,金融全球化浪潮给金融监管带来了新的挑战,使之不得不进行监管改革以适应这股潮流,所以说,金融全球化是金融监管改革的外在动力。

（二）金融创新——内在驱动

金融创新在提高金融机构运行效率，促进金融市场一体化，推动经济发展的过程中，会产生新的金融风险，加大金融体系所面临的风险，降低金融体系的稳定性和金融监管的有效性，使得中央银行不得不进行金融监管改革，强化金融监管。即遵循金融业发展的运行规律：金融创新—金融发展—金融风险—金融监管—金融创新—金融发展……

金融创新是金融监管改革的内在驱动，主要表现在金融创新与金融监管对立统一的关系上。首先，金融机构为了提高金融效率，规避金融管制，就会推出新的管理制度、操作方式、产品和服务，进行金融创新。金融创新在推动金融发展、提高金融运行效率的同时，不断地对现存的金融秩序、金融监管的制度造成冲击，为金融体系带来了很多的不确定因素，甚至破坏金融安全。金融监管当局为防范金融风险，维持金融秩序，确保金融体系的稳定运行，会采取种种措施和手段来管制金融创新，这是二者之间对立的一面。其次，金融创新与金融监管在对立中实现统一，最终促进金融发展。在适度的金融监管下进行金融创新，会促使金融体系在改革中发展。推陈出新的金融创新会打破旧的金融监管制度和秩序，为金融监管带来新的课题，促进金融监管的改革，从而推动金融监管水平的不断提高。而在新的监管空间下，会为金融创新带来更广阔的空间和动力。这种良性循环的最终结果，就是金融机构的竞争力和创新能力得到增强，监管当局的监管调控能力得到提高，整个金融系统的效率提高，安全性增强，金融市场得到极大的发展。

（三）金融危机——加速器

金融危机是金融监管改革的加速器。每一次金融危机的爆发，随之而来的是金融监管改革的加速进行。

1997 年东南亚爆发金融危机，许多金融机构濒临破产，对亚洲经济乃至世界经济造成巨大损失，这促使巴塞尔委员会在 2001 年出台了《新巴塞尔资本协议》，首次将资本充足率、监管约束和市场约束并列为银行监管的三大支柱，利用市场机制压缩成本，提高监管效率。其突出特点有：一是政府监管与市场约束的协同合作，强调市场约束（Market Discipline）的作用；二是注重借用银行内部的力量加强风险防范——除继续保留外部评级方式外，更强调银行自身以市场为基础衡量风险状况，建立内部风险评估体系。

2007 年美国次贷危机爆发，并逐步演变成国际金融危机。各国为应对金融危机，都进行了相应的金融监管改革。在美国，2008 年 3 月 29 日，美国财政部公布了《现代金融监管构架改革蓝图》(Blueprint for a Modernized Financial Regulatory Structure),并计划进行改革。2009 年 6 月 17 日,奥巴马政府公布《金融监管改革——新基础:重建金融监管》方案,并于 12 月 11 日获得美国国会众议院通过。该方案是美国自 20 世纪 30 年代经济大萧条以来改革力度最大、最彻底的金融监管改革方案,主要是扩大美联储的监管权限及加强对系统性风险的监管。在英国,2009 年 2 月,英国议会通过了《2009 年银行法案》(Banking Act 2009),2009 年 7 月 8 日,英国财政大臣达林公布了《改革金融市场》(Reforming Financial Markets)白皮书,对金融监管进行改革。在欧盟,2009 年 6 月 19 日,欧盟理事会通过了《欧盟金融监管体系改革》,成立了欧盟系统风险委员会(European Systemic Risk Board,简称 ESRB),作为宏观谨慎监管部门,控制系统性风险;建立欧洲金融监管系统 (European System of Finance Supervisors,简称 ESFS),强化欧盟的微观金融监管和协调机制,实现宏观与微观金融监管的有机结合。

2010 年 12 月,BCBS 发布《逆周期资本缓冲操作指引》,提出建立逆周期资本缓冲机制,将其作为银行业监管改革的一项重要内容,以降低整个银行体系的顺周期性。2010 年 10 月,金融稳定理事会发布《降低系统重要性金融机构的道德风险》报告,从强化监管、提高损失吸收能力、完善处置机制以及保持各国政策一致性等方面提出 SIFIs 的政策框架。FSB 和 BCBS 正在对 SIFIs 具体评估方法及提高损失吸收能力、提高监管有效性以及危机处置工作等问题进行研究,相关政策措施在 2011 年陆续出台。

二、中央银行金融监管改革的内容

自 20 世纪 70 年代初布雷顿森林体系解体、实施浮动汇率制度以来,国际金融活动日趋复杂化,金融自由化和全球化浪潮席卷全球,金融创新工具不断涌现。金融创新工具以其规避风险、保值增值功能,促进了金融业的蓬勃发展,但同时也使金融监管面临更大的挑战。进入 90 年代以来,震动全球的国际商业信贷银行倒闭、墨西哥金融危机、英国巴林银行破产、日本大和银行事件、1997 年的东亚金融危机和 2007 年美国次贷危机令人触目惊心,加快中央银行的金融监管改革以及加强金融监管的国际合作引起人们的重视,并成为国际金融界的共识。1997 年巴塞尔委员会发布的《有效银行监管的核心原则》、2004 年的新巴塞尔协议等都凸显了进行金融监管改革与加强监管的趋势。同时,各国为加强中央银行的金融监管实行了一系列的举措。

(一)美国中央银行的金融监管改革

20 世纪 70 年代末,美国开始进行金融监管改革,一度放松了金融监管。1991 年底,美国国会通过《1991 年联邦存款保险公司改进法》,据此强化了金融监管。1999 年,美国通过《金融服务现代化法案》,该法确立了美国金融业混业经营的制度框架。美国金融监管机构为此进行了调整:由美联储(FRS)作为混业监管的上级机构,对混业经营的主要组织机构金融持股公司实行统一监管;货币监理署(OCC)等监管机构对商业银行、证券公司和保险公司进行专业化监管。这样,美国形成了美联储综合监管和其他监管机构专业监管相结合的新体制。

2007 年美国次贷危机爆发后,美国政府以及欧洲等国际社会普遍认为落后的监管系统已经无法跟上金融创新步伐,金融监管出现严重漏洞。为解决现有金融监管系统上的问题,2008 年 3 月 29 日,美国财政部公布了《现代金融监管构架改革蓝图》(Blueprint for a Modernized Financial Regulatory Structure),并计划进行改革,其内容扩大了美国联邦储备委员的监管权限,使其成为“市场稳定监管者”。美联储除监管商业银行外,还将有权监管投资银行、对冲基金等其他可能给金融体系造成风险的商业机构。为加强对系统性风险的监管,奥巴马政府在 2009 年 6 月 17 日公布的《金融监管改革——新基础:重建金融监管》方案中赋予美联储更大的监管权限。监管范围扩大到所有可能对金融稳定造成威胁的企业。除银行控股公司外,对冲基金、保险公司等也将被纳入美联储的监管范围,并通过维持较高的资本充足率,限制高风险投资和过多提高杠杆率等措施,维护金融市场的稳定。此外,还赋予美联储监督金融市场支付、结算和清算系统的权力。在扩大了美联储的监管权限的同时,也要求美联储在行使紧急授权、提供资金救援陷入困境的银行之前,必须获得美国财政部的批准,但目前美联储可以独立行使这一授权。

2010 年 7 月美国《多德—弗兰克华尔街改革和个人消费者保护法案》(Dodd-Frank Wall Street Reform and Consumer Protection Act)正式出台。这是美国自 1929 ~ 1933 年“大萧条”以来最庞大的金融监管改革法案,也是最严厉的金融监管改革法案。在该法案中,美国政府明确提出了建立一个有效的防范系统性风险的宏观审慎监管框架。这项厚达 2 300 页的法案将美国金融机构置于更为严厉的监管之下,对消费者权益进行了适度保护,加强了政府在金融监管方面的权力,政府、金融机构、消费者、投资者的关系被重新安排。新法案主要强调了注重宏观审慎监管、严格金融监管标准、扩大监管覆盖范围以及强化机构协调监管四方面的内容:第一,加强宏观审慎监管。为防范系统性风险,需要创建一个权威性的监管机构对金融体系的风险进行全覆盖的监测和监管,金融服务监督理事会正是为实现这一目的而创建的。第二,扩大监管覆盖范围。第三,严格金融监管标准。第四,强化机构协调监管。

(二)英国中央银行的金融监管改革

英国传统上是自律监管的国家,1979 年之前并无正式的金融监管机制,对银行及非银行金融机构并无法定审批要求。1979 年和 1987 年英国两次颁布银行法,赋予并完善了英格兰银行的监管权力。英格兰银行与证券和投资委员会(SIB)、个人投资局(PIA)、贸易与工业部的保险董事会(IDDTT)、房屋互助协会委员会(BSE)等 9 家监管机构共同对金融活动进行监管,是一种集中的分业监管框架。

20 世纪 90 年代,英国爆发了一连串影响国际金融秩序的重大金融事件(如国际商业信贷银行破产、巴林银行倒闭、国民西敏寺银行危机等),最终迫使英国政府于 1997 年将英国兰银行等不同监管与自律机构的监管职能合并,成立了一个新的超级金融监管机构——金融服务局(FSA)。并在 2000 年 6 月通过《金融服务和市场法》,从法律上确认了上述金融监管体制的改变。根据该法,金融服务局负责对银行、投资基金管理机构、保险公司、证券与期货交易机构、住房信贷合作社等金融机构与金融活动的监管。英国金融服务局的设立,意味着金融监管职能与中央银行的分离,金融监管远离中央银行但更直接地服从于政府。

2007 年美国次贷危机引发的国际金融危机促使英国政府对现有监管体系进行修补与微调,同时将重点放在了国际金融监管合作方面,以体现英国的利益诉求,巩固伦敦国际金融中心地位。2009 年 2 月,英国议会通过了《2009 年银行法案》(Banking Act 2009),2009 年 7 月 8 日,英国财政大臣达林公布了《改革金融市场》(Reforming Financial Markets)白皮书,此次英国金融监管改革的内容主要体现在这两份文件中,主要包括设立专门机构,强化对系统性风险的监管,以及明确监管当局在危机银行处置中的权限和程序。其中,《2009 年银行法案》明确规定了英格兰银行作为中央银行在金融稳定中的法定职责和所处的核心地位,并强化了相关的金融稳定政策工具和权限。该法案要求在英格兰银行理事会下面成立金融稳定委员会(Financial Stability Committee,FSC),与英格兰银行已有的货币政策委员会(MPC)平级。此举将强化英格兰银行的金融监管职能。同时,《2009 年银行法案》建立了特别处理机制(Special Resolution

Regime,SRR)来干预和处置问题银行。在该机制中,财政部、英格兰银行和金融服务局三大机构分别承担着不同职责,共同协调采取相应措施。首先由金融服务局确定是否对问题银行启动特别处理机制。一旦 SRR 启动后,则由英格兰银行负责问题银行的整个处理程序,并协调财政部、金融服务局以及金融服务保险计划公司采取流动性支持等相应的具体措施。《改革金融市场》白皮书则提出建立一个新的金融稳定理事会(Council for Financial Stability,CFS),全面负责监控金融业的风险和稳定,同时,要求加强保护金融消费者利益,并强化国际和欧洲监管合作。

2010 年 7 月 26 日,英国卡梅伦政府在其公布的金融监管改革方案征求意见稿中提出,计划于 2012 年废除 FSA,将英国的中央银行——英格兰银行作为唯一的金融监管机构,负责全面的金融监管。

2012 年英国出台《2012 年金融服务法案》,彻底改革英国金融监管体系。该法案于 2013 年 4 月 1 日正式生效。新法案将建立三个新的金融服务管理机构,其中两个设在英格兰银行内部。这三个机构中权力最大的一个是“金融政策委员会”(Financial Policy Committee),将会承担金融管理责任、监督金融部门对于整个国家经济的风险,对另外两个新建的金融监督机构有监督和指导权。其规划的监管的职能分工如下:在英格兰银行董事会下设立金融政策委员会(Financial Policy Committee,FPC),负责系统性风险和金融稳定工作;在英格兰银行内部设立审慎监管局(Prudential Regulation Authority,PRA),负责对金融机构的监管工作;成立消费者保护和市场监管局(Consumer Protection and Markets Authority,CPMA),负责消费者保护和对金融机构商业行为的监管。

在新的金融监管改革方案中,英国将根据宏观审慎监管所关注的两个维度即跨行业维度和跨时间维度分别设定审慎监管方案。宏观审慎监管的跨行业维度主要关注的是大型金融机构在金融体系中的系统重要性,即其出现财务困难时给金融体系所带来的威胁。而宏观审慎监管的跨时间维度则关注的是金融体系的顺周期性问题。从这两个维度入手,英国未来的宏观审慎监管将对系统重要性金融机构和金融体系的顺周期性制定较为有效的监管政策。在对系统重要性的金融机构的监管上,新的金融监管方案的主要政策有:对金融机构的总杠杆比率设定最高上限;对银行资本的数量和质量将实施更高的要求;对交易账户的资本金要求增加,并进行严格审查。在对顺周期性的监管上,新的金融监管方案的主要政策有:建立逆周期的资本缓冲机制;在对银行信贷的风险评估上,用“全周期”法取代“时点”法对信贷风险进行评估;抵消在公布账户中的亲周期效应;采用压力测试等方法加强对流动性的监管。

（三）欧盟中央银行的金融监管改革

欧元的诞生、《欧盟委员会金融服务行动计划》(The Financial Services Action Plan of the European Commission)等一系列欧盟金融市场一体化政策的出台,客观上促进了欧盟金融监管的一体化。2000 年,欧盟启动莱姆法路西框架(Lam falussy Framework),该框架成为欧盟进行金融监管协调的主要依据(表 10 - 1)。起初仅对证券业有效,2003 年开始该框架的内容也适用于银行业和保险业,使欧盟层面的金融监管方法更加灵活、有效。2003 年 11 月,按照莱姆法路西框架建立了欧盟监管体系,共分为 4 个层次:第一层是框架性立法权,第二层是准规则制定权,第三层是桥梁性协调层,第四层是执行层。欧洲中央银行与各成员国中央银行在第一、二层次起到了重要的作用。

表 10 - 1　莱姆法路西框架

	欧盟金融监管机构	相应职责
第一层次	欧洲理事会、欧盟委员会、欧洲议会	由欧盟委员会提出立法建议,理事会、委员会和议会三方共同决策
第二层次	欧洲银行委员会(EBC)、欧洲证券委员会(ESC)、欧洲保险和职业养老金委员会(EDPC)、欧洲金融集团委员会	建议、确定和决定有关对第一层次指令和条例的实施细则,解决法律的实施程序问题,建立一套法律规章制度
第三层次	欧洲银行监管者委员会(CEBS) 欧洲证券监督者委员会(CESR) 欧洲保险和职业养老金监管者委员会(CEIOPS)	作为一个联系欧盟委员会和国家监管机构的平台和桥梁,促进国家间监管者的信息交流,推动监管趋同
第四层次	各会员国金融监管机构	各国监管机构执行实施欧盟指令、条例,负责对本国金融机构实行日常的微观审慎监管

次贷危机加速了欧盟金融监管改革进程,2009 年 6 月 19 日,欧盟理事会通过了《欧盟金融监管体系改革》,这是国际金融危机以来欧盟最为重大的改革事件。综合其他重要监管改革措施,欧盟改革主要包括以下内容:首先,根据 2010 年 9 月通过的《泛欧金融监管改革法案》,欧盟成立了欧盟系统风险委员会(European Systemic Risk Board,简称 ESRB)作为宏观谨慎监管部门,控制系统性风险。欧盟系统风险委员会在欧盟层面上负责宏观审慎监管,监控和评估在

宏观经济发展以及整个金融体系发展过程中出现的威胁金融稳定的各种风险，识别并对这些风险进行排序，出现重大风险时发出预警并在必要时向政策制定者提供包括法律方面的各种建议和措施。

其次，欧盟理事会通过建立欧洲金融监管系统（European System of Finance Supervisors，简称 ESFS）的决议，根据 2010 年 9 月通过的《泛欧金融监管改革法案》，目前负责欧盟成员国间金融监管协调的银行、证券和保险的三个监管委员将分别升格为欧洲银行局、欧洲证券与市场局和欧洲保险与职业养老金局，共同构成欧洲监管局，从微观层面对整个欧盟金融市场进行审慎监管。强化了欧盟的微观金融监管和协调机制，提高了各国监管能力，实现对跨国金融机构的有效监管。总的来说就是成员国内监管当局仍然负责金融机构的日常监管，欧盟监管层负责整体经济风险预警和协调各成员国遵守泛欧金融监管标准，特别是协调对跨境金融集团的监管。欧盟监管层对统一监管标准及对成员国间的协调都将具有法律约束性。

《欧盟金融监管体系改革》同样在微观监管方面提出一系列改革举措。第一，加强对银行资本监管改革，进一步完善巴塞尔新资本协议，对交易账户、跨境机构流动性监测及特殊投资等加以改进。第二，加强对银行的交易账户监管，要求银行增加额外资本缓冲，增强违约风险管理，制定交易账户下证券化头寸的风险加权要求。第三，加强对银行证券化业务监管，提高银行对诸如交易账户中资产证券化风险敞口的信息披露。第四，大大强化对于银行再证券化业务的资本金要求，对银行从事复杂的再证券化投资业务加以一定的限制。第五，提出关于流动性风险管理的 30 项原则性建议。第六，提出对金融机构的薪酬政策的规定，赋予各国监管机构审查银行薪酬政策的权力，并对不符合新的资本金要求的薪酬政策给予处罚。第六，加强对评级机构监管，发布关于信用评级公司监管立法草案，拟对该类公司在注册、治理结构、评级方法、透明度等方面采取比国际证券业协会（IOSCO）原则更为严格的监管。

（四）日本中央银行的金融监管改革

传统的日本金融监管是以大藏省为主、日本银行为辅长期共同行使金融监管权。1978 年，日本开始金融自由化改革，但一直以来主要集中在利率市场化以及放松金融管制方面。1998 年 4 月 1 日生效的新的《日本银行法》被认为是金融改革重心转向金融监管的重要标志。1998 年 6 月 22 日，日本成立了单一的金融监管机构——日本金融监督厅，原由大藏省行使的民间金融机构监督与检查职能、证券交易监督职能移交给金融监督厅。2000 年 7 月，在金融监督厅的基础上成立金融厅；2001 年 1 月进一步升格为内阁府的外设局，全面负责金融监管工作。财务省（原大藏省）仅保留与金融厅一起对存款保险机构的协同监管权，以及参与金融机构破产处置和危机处理的制度性决策（重点放在确保决策的顺利实施方面）。

日本银行作为日本的中央银行，根据《日本银行法》的规定，拥有对所有在日本开设账户、与日本银行存在交易的金融机构进行检查的权力。当然这种检查主要着眼于金融机构的流动性，目的是为了执行货币政策，同时还有义务向金融厅出示检查结果。

（五）中国的金融监管改革

我国现行金融监管模式是单层多头监管，由中国银行业监督管理委员会、中国证券监督管理委员会、中国保险业监督管理委员会分别对银行业和非银行金融机构、证券业、保险业实行分业监管。在银监会成立之前，对银行业和非银金融机构的监管是由中国人民银行进行的，2003 年银监会正式成立之后中国人民银行就将绝大部分监管职能分离出去，目前只享有在特殊情况下间接监管的权力。《中国人民银行法》第 34 条明确规定，"当银行业金融机构出现支付困难，可能引发金融风险时，为了维护金融稳定，中国人民银行经国务院批准，有权对银行业金融机构进行检查监督"，该条款从分析风险性质及严重程度这一角度出发，赋予中国人民银行为化解金融风险而享有的检查监督权。对证券业和保险业的监管从中国人民银行统一监管中分离出来，分别由中国证券监督管理委员会和中国保险监督管理委员会负责，形成了由中国人民银行、证监会和保监会三家分业监管的格局。2003 年，中国银行监督管理委员会正式组建，接管了中国人民银行的银行监管职能，由此我国正式确立了分业经营、分业监管、三会分工的金融监管体制，而中国金融监管也形成了现行的多元化监管体制。

（六）《巴塞尔协议Ⅲ》的推出

2010 年 9 月 12 日，金融危机后首个全球范围内的重磅监管改革产物——《巴塞尔协议Ⅲ》核心框架亮相。《巴塞尔协议Ⅲ》是针对银行资本充足率和流动性的一项综合银行监管指标方案，包括银行在信贷高速增长、系统性风险增加的情况下，计提逆周期资本缓冲，计提资本数量为风险加权资产的 0 ~ 2.5%。其中，各方就一级资本充足率和基本资本缓冲资金已达成一致，但当时就有关在全球范围内实施逆周期资本缓冲要求一项尚有分歧。

1. 第一支柱的改进

围绕着第一支柱下资本约束这一主要内容，巴塞尔委员会从监管指标、资本质量和规模、流动性监管和风险计量模型这四个角度对监管标准和实施方法进行了深化和细化。

首先，将杠杆率设定为风险资本要求的可靠的补充措施，基于适当的评估和校准将其纳入第一支柱框架。其次，对监管资本质量的要求更高、覆盖范围更广，要求一级资本中的普通股权益的质量和一致性要提高，二级资本进行简化，取消三级资本，同时要提高资本的透明度。提出了对交易对手信用风险资本监管的加强以及逆周期资本充足制度的建立。

再次，流动性监管地位提升，建立了两个适用于国际活跃银行的全球流动性最低标准，分别为流动性覆盖比率和净稳定融资比率。

最后，关于风险衡量模型的补充和改进，压力测试以及新增风险计提(IRC)方法的设计原则和指引都是危机后风险模型创新的重点。

2. 第二支柱的改进

第二支柱下的修订围绕着宏观审慎监管的引入、监管水平和范围的提高以及激励机制的完善三方面进行。宏观审慎监管与微观审慎监管的结合，系统性风险监管水平和标准的提高、系统重要性机构的监管是第二支柱下修订的重点。

3. 第三支柱的改进

对于第三支柱的相关修订突出银行对于市场参与者的信息披露责任，目前正在积极从以下几个方面提高透明度：第一，关于资本质量，要求一级资本的所有构成必须完全对外披露，并披露缓冲资本的情况；第二，对于流动性风险的状况，要求定期公开披露其风险状况和管理方面的定量和定性信息；第三，对于证券化、表外风险暴露和交易账户下的信息披露要求给予详细的指引，以降低资本市场业务给银行资产负债表带来的不确定性；第四，对于银行的薪酬发放也需要更加清晰和及时的信息披露。可以说，新资本协议的修订反映了全球金融业风险管理与监管改革的新趋势，对于推动全球金融监管的演变将产生极为深远的影响。

金融危机后国际金融界陆续发布的金融衍生品监管改革方案，焦点集中在加强对场外衍生产品市场的监管，重中之重是对系统性风险的事前检测防范和事后的危机处理，透明度的提高和衍生品的标准化是监管改革的主要方向。

三、中央银行金融监管改革的趋势

（一）“全面覆盖”的金融监管理念

“全面覆盖”的监管理念是金融监管发展的潮流，不论是较早改革的英国、日本还是危机过后的美国，其金融改革都明显地反映出这种趋势。“全面覆盖”的金融监管理念体现在场内市场和场外市场（OTC）的监管全覆盖；也体现在对所有进行金融产品交易的金融机构的监管全覆盖，力图消灭监管中存在的死角；同时还体现在对金融产品和服务的全面监管，所有金融衍生产品交易都要按规定保存记录并定期汇报，且所有的标准化金融衍生品产品服务需要在透明且接受监管的场所完成，并在监管之下进行集中清算。“全面覆盖”监管理念力图监控所有非系统性风险与系统性风险。

需要指出的是，全面覆盖的监管理念并不意味着用单一的标准去对待所有的监管对象。例如在美国的改革方案中，对于具有“系统重要性”的机构，其适用的监管标准要明显高于同类金融机构，而对于对冲基金和其他私募期货基金等新型金融机构，则只要求在美国证券交易委员会（SEC）注册而没有进一步的监管限制措施。

（二）加强中央银行与其他监管机构的协调与合作

现代金融业呈现出越来越明显的混业经营趋势，跨越银行、证券、保险的交叉性金融产品和金融创新亦层出不穷。这些都涉及不同监管机构的协调和合作问题，靠单一的监管机构都无法实现有效监管，容易出现交叉监管、重复监管以及监管的空白地带和灰色地带。金融监管当局协调配合不力被认为是此次金融危机产生及蔓延的主要原因之一，此次各国金融监管改革都强调要加强监管协调与合作。

加强中央银行与其他监管机构的协调与合作主要做好两个方面：一是构建信息联通与共享平台。现代金融体系的运行伴随着大量信息的产生、传递与处理，但是如何有效获取真实且符合监管需要的信息，尤其是涉及金融体系稳定的信息，仍然是一个难题。构建信息联通与共享平台，整合央行与其他监管机构的信息系统，使金融监管当局充分掌握金融体系与实体经济部门的相关信息，对于进行宏观审慎性监管，防范系统性风险，实现金融稳定具有重要的意义。各国可以通过建立监管机构多方联席会议制度以及信息互享平台来交流金融信息，有利于防范风险，增强金融体系的稳定性。二是成立实体化、法治化的监管协调机构，保障金融监管协调合作的顺利执行。在时机成熟的情况下，我国可以考虑在中国人民银行组建有明确法律权限、有实体组织的金融监管协调机构，以监督指导金融监管工作。

（三）加强中央银行金融监管的国际间协调与合作

注重金融监管国际合作，加强金融机构跨境监管是金融监管改革的新趋势。金融全球化也是金融风险的全球化，防范与处置金融风险将越来越多地依赖于国际金融监管的协调与合作。根据巴塞尔协议的相关规定，对于跨境银行，母国监管当局和东道国监管当局应该进行合理的监管分工和合作。通常，母国监管当局负责对其资本充足性、最终清偿能力等实施监管，东道国监管当局负责对其所在地分支机构的资产质量、内部管理和流动性等实施监管；同时，两国监管当局要就监管的目标、原则、标准、内容、方法以及实际监管中发现的问题进行协商和定期交流。在金融全球化条件下，为了有效监管本国商业银行的境外业务以及外国银行在本国的金融业务，进一步加强跨国间的监管合作已经变得越来越迫切和越来越重要。

本章小结

1. 金融监管的有关学者从金融监管的必要性出发，发展了公共利益理论、金融监控理论、监管经济学理论、监管的辩证法理论等传统金融监管理论；并运用制度经济学、信息经济学、微观经济学等多学科知识，借鉴统计学、计量经济学等多种工具，发展了包括金融风险控制理论、功能监管理论、监管激励理论、监管效益与边界理论在内的现代金融监管理论谱系。

2. 中央银行金融监管的发展历程以 20 世纪 30 年代的经济大危机、70 年代布雷顿森林体系的崩溃以及 90 年代频繁的金融危机为界，分为中央银行金融监管起步萌芽、发展强化、效率优先与全面改革四个阶段，其发展演变过程是在特定的经济背景下进行的，符合当时的经济情况，能够解决当时的经济问题。

3. 中央银行金融监管内容包括中央银行对金融机构的监管，中央银行对金融市场的监管。其中对金融市场的监管包含对货币市场、资本市场、外汇市场的监管。中央银行金融监管的方法主要有非现场监督检查和现场监督检查两种。

4. 中央银行金融监管改革主要是由金融自由化浪潮席卷全球、金融创新工具不断涌现、金融危机不断引起的。目前，加快中央银行的金融监管改革，加强金融监管的国际合作得到人们的重视，成为国际金融界的共识。美国、英国、欧盟、日本都进行了相应的金融监管改革,以适应金融业发展的需要。美国次贷危机过后,“全面覆盖”的金融监管理念、国内金融监管协调和国际金融监管合作已成为金融监管改革的新趋势。

复习思考题

1. 简述传统的金融监管理论。
2. 简述现代的金融监管理论。
3. 简述金融监管理论的演变。
4. 简述中央银行金融监管的发展背景及各阶段的理论基础。
5. 中央银行金融监管的主要内容有哪些?
6. 简述美国、英国、欧盟、日本的金融监管改革。

【参考文献】

[1]王广谦.中央银行学[M].北京:高等教育出版社,2011.

[2]陈学彬.中央银行概论[M].北京:高等教育出版社,2007.

[3]陈燕.中央银行理论与实务[M].北京:北京大学出版社,2005.

[4]杜朝运.中央银行学[M].厦门:厦门大学出版社,2010.

[5]付一书.中央银行学[M].上海:复旦大学出版社,2013.

[6]张强.金融学[M].北京:高等教育出版社,2013.

[7]白钦先,张荔.发达国家金融监管比较研究[M].北京:中国金融出版社,2003.

[8]德沃特里庞,泰勒尔.银行监管[M].石磊,王永钦,译.上海:复旦大学出版社,2002.

[9]李成.金融监管学[M].北京:高等教育出版社,2007.

[10]全先银,闫小娜.美国的金融监管改革[J].中国金融,2009(17).

[11]胡滨,尹振涛.英国的金融监管改革[J].中国金融,2009(17).

[12]汤柳,尹振涛.欧盟的金融监管改革[J].中国金融,2009(17).

[13]李扬,全先银.危机背景下的全球金融监管改革:分析评价及对中国的启示[J].中国金融,2009(17).

第十一章

金融危机的处理

【本章结构】

- 金融危机的处理
  - 金融危机的机理
    - 金融危机的概念
    - 金融危机的分类
    - 金融危机成因理论
  - 金融危机的外在表现
    - 1929~1933年美国金融大危机
    - 1994~1995年墨西哥金融危机
    - 1997~1998年亚洲金融危机
    - 2001~2002年阿根廷金融危机
    - 2007~2009年全球金融危机
  - 金融危机的影响
    - 金融危机对金融体系的影响
    - 金融危机对经济增长的影响
    - 金融危机对社会稳定的影响
  - 金融危机的防范与治理
    - 金融危机的日常防范
    - 金融危机的应急管理
    - 金融危机的中长期治理

【学习目标】

1. 掌握金融危机的概念与分类
2. 了解金融危机成因理论
3. 了解金融危机的外在表现
4. 掌握金融危机的影响
5. 掌握金融危机的防范与治理策略

【本章提要】

随着世界经济全球化、一体化的发展,一个国家或地区在金融领域出现危机后,不仅会对本国或本地区经济、金融造成重创,还会对其他国家乃至全球造成严重冲击。如何在保持市场活力的同时规避风险,如何防范金融危机,以及危机之后如何在恢复经济增长的同时避免通货膨胀,已经成为各国政府和国际金融组织亟待解决的重要课题。通过本章学习,我们应了解金融危机的机理、危机外在表现,以及发生国际金融危机会给国际金融体系、经济增长及社会带来的影响。最后,也是至关重要的一点,我们应全面系统掌握金融危机的防范与治理策略。金融危机的防范与治理是一项复杂的系统工程,主要包括三个重要方面:金融危机的日常防范、金融危机的应急管理和金融危机的中长期治理。

【关键术语】

金融危机　货币危机　银行危机　债务危机　危机应急管理

第一节　金融危机的机理

一、金融危机的概念

金融危机是金融风险积聚到一定程度后的总爆发。在《新帕尔格雷夫经济学词典》中,金融危机被定义为:全部或大部分金融指标,如短期利率、资产(证券、房地产和土地)的价格、企业破产数和金融机构倒闭数等急剧和超周期的恶化,并且已对社会经济发展造成了灾难性影响。该定义集中表现为金融系统运行过程中发生的金融资产价格等金融指标在短期内急剧变化的现象,这些金融指标包括货币汇率、短期利率、证券资产价格、房地产的价格、金融机构倒闭数目等。

金融危机是金融风险的集中体现和“极限效应”,但金融危机并不同于金融风险。金融危机指社会金融系统运转失灵和金融状况的全面恶化。金融风险是指经济主体从事经济活动时,由于结果与预期偏离而造成资产或收入损失的可能性。当金融风险累积到一定程度,在外部因素的冲击和干扰下,社会金融系统本身原有的信用链中断,人们对当前经济和金融状况失去信心,特别是产生强烈的货币及各种金融资产贬值预期,导致经济和金融恐慌。金融危机使金融风险的可能性损失变为现实的损失,并且这种损失同时涉及外汇市场、证券市场和信贷市场等多个领域,对整个国民经济和人民生活都产生重大的冲击。可见,金融风险与金融危机密切相关,两者的区别在于可能性和现实性。金融风险是金融危机发生的可能性,狭义的金融风险是指金融机构经营失败和倒闭的可能性,广义的金融风险指发生系统性的或全局性金融危机的可能性。

二、金融危机的分类

根据国际货币基金组织在《世界经济展望(1998)》中的分类,金融危机按性质可分为以下四大类:货币危机、银行危机、债务危机和系统性金融危机。其中系统性金融危机主要是指货币危机和银行业危机造成的双重危机。

(一)货币危机

货币危机,又称货币市场危机、国际收支危机。广义的货币危机是指一国货币的汇率变动在短期内超过一定幅度,狭义的货币市场危机是指市场参与者通过外汇市场的操作导致该国固定汇率制度崩溃和外汇市场持续动荡的事件。具体而言,在实行固定汇率制或带有固定汇率制度色彩的钉住汇率安排的国家,由于国内经济变化没有配合相应的汇率调控,导致其货币内外价值脱节,反映为本币汇率高估,而由此引发投机者冲击,人们因失去信心而在外汇市场大量抛售本国货币,进而形成本币贬值的巨大压力。当货币当局运用大量国际储备或大幅度提高国内利率干预市场无效时,本币的大幅度贬值会进一步造成金融资产缩水、企业经营困难、金融机构倒闭乃至社会经济的混乱。如 1997 年东南亚金融危机中的泰国危机。

（二）银行危机

银行危机，是指银行过度涉足房地产、金融等高风险领域，从而导致资产负债严重失衡、呆账负担过重，使资本运营呆滞而破产倒闭的危机。银行危机具有多米诺骨牌效应，因为资产配置是商业银行等金融机构的主要经营业务，各金融机构之间因资产配置而形成复杂的债权债务联系，使得资产配置风险具有很强的传染性。一旦某个银行类金融机构资产配置失误，不能保证正常的流动性头寸，单个或局部的金融困难就会演变成全局性的金融动荡。如在2007年美国次贷危机中，随着贝尔斯登和雷曼宣布破产、美林被并购，金融系统的信用链条断裂，使华盛顿互助银行、美国国际集团等金融机构财务状况也日益恶化，更多银行类金融机构濒临危机，整个美国银行体系几乎瘫痪。

（三）债务危机

债务危机是由于债务人不能按时偿付债务而引起的恐慌和危机。由于经济形势和市场行情变化，众多的债务人不能按期支付利息和本金，这就会危及债权人的资产安全和正常收益。债权人因此对债务人失去信心，不愿对旧的债务展期或提供新的信贷，即使债权人愿意提供更多的贷款，也会附加苛刻的条件，结果使众多债务人的资金链断裂，直至破产倒闭，酿成灾难性的后果。如20世纪80年代拉美债务危机，1998年俄罗斯外债危机等。

（四）系统性金融危机

系统性金融危机往往表现为上述几种危机的混合体。现实中常常是一种危机的爆发带动其他危机的爆发，比如亚洲金融危机就是货币危机首先爆发，随后资本市场危机、金融机构倒闭接踵而至，危机迅速波及有关国家的整个金融市场和金融体系，形成系统性金融危机。系统性金融危机一方面会严重损害相关国家的经济金融利益，另一方面也在一定程度上暴露出危机国所面临的深层次结构问题，且极易升级为社会动荡和政治危机。

银行危机、债务危机和货币危机往往是相互关联、互为因果的。当一国的银行面临大规模挤兑时，银行很可能因此无力偿付到期的债务，国内外的债务人很可能会对该国银行的资信感到忧虑，从而引发债务危机；若此时国内债务人为了偿付国外银行的贷款，纷纷要求将本币兑换为外币，同时国内的一般储户也因对本币缺乏信心而增加对外币的需求，在外币市场上本币就会大幅度贬值，这又引发货币危机。从另一方面看，发生货币危机后，本币贬值又增加了债务人偿还外债的成本，由此可能形成债务危机；在债务危机的压力下，储户对本国银行失去信心，这又引发了银行危机。

三、金融危机成因理论

当代世界经济和金融体系的迅猛发展伴随着国际金融危机的频发。由于危机的破坏性和全球性，一经爆发便会引致国际经济、金融界的广泛关注。国际货币基金组织、世界银行以及许多学者都对危机产生的原因、机制进行了研究，主流观点有如下几种。

（一）货币危机理论

1. 财政赤字论

财政赤字论又称第一代货币危机模型，是美国经济学家克鲁格曼于 20 世纪 70 年代提出的。克鲁格曼认为，货币危机根源于国内经济政策和固定汇率之间的矛盾，即国内扩张性货币政策（通过发行货币来为预算筹资）同维持固定汇率目标之间，存在着根本性不协调。典型的情况是：政府预算存在着一个持续的财政赤字，为了弥补财政赤字，中央银行发行了大量的货币，从而导致国内物价的持续上涨。当国内通货膨胀率高于国外水平时，本国货币就面临贬值的压力。为了维持固定汇率，中央银行唯一的办法就是动用外汇储备。一旦外汇储备接近耗尽，投机者就会发动一场攻击。大规模的抛售本币浪潮在迅速消耗掉本国外汇储备之后，就迫使中央银行放弃按固定汇率兑换外币的承诺，货币危机随即爆发。

2. 自我实现论

自我实现论又称第二代货币危机模型，它最早由奥布斯特菲尔德提出，它同第一代模型在分析机理上实质相同，都将爆发货币危机的原因归结于国内经济政策同维持固定汇率的对外经济政策的矛盾上，差别仅在于：第一代模型注重财政政策，而第二代模型注重货币政策。自我实现论认为，货币当局维持固定汇率有利于国际贸易和吸引跨国投资，但当维持固定汇率的成本过高时，货币当局经过利弊权衡会放弃对固定汇率的坚守，而其他经济当事人（主要是投机者）会预测货币当局的行为，并据此决定是否采取抛售本币的行动，即公众心理预期会发生“自我实现”式的调整，从而触发危机。

3. 第三代货币危机理论

第三代货币危机模型是由麦金农和克鲁格曼首先提出，该模型强调了第一、二代模型所忽视的一个重要现象：在发展中国家，由于政府对企业和金融机构的隐性担保，以及政府同这些企业和机构的裙带关系，使得发展中国家普遍存在着道德风险问题。这会导致在经济发展过程中的投资膨胀和不谨慎，大量资金流向股票和房地产市场,形成金融过度,之后产生经济泡沫,当泡沫破裂或行将破裂时会导致资金外逃,引发货币危机。例如在1997年亚洲危机中,东亚各国为保持经济的高速增长,政府对一些大的企业或金融机构存在着隐性或显性的担保,即保证在企业或银行面临困境时给予财政上的援助,这种扭曲的激励机制产生了严重的不良后果:公司投资低效与金融中介“过度借贷症”。1996年韩国30家最大的财团中有20家资本投资的回报率低于资本成本,同时金融中介大量举借短期外债对国内公司发放本币贷款,使其汇率风险和利率风险明显上升,金融脆弱性明显增加。

(二)银行业危机理论

1. 金融不稳定假说

金融不稳定假说认为,以商业银行为代表的信用创造机构和借款人相关的特征使金融体系具有天然的内在不稳定性,即不稳定性是现代金融制度的基本特征。该理论把金融危机很大程度上归结于经济的周期性波动,但金融的内在不稳定性使得金融本身也是金融危机产生的一个重要原因,即银行本身具有的脆弱性以及经济周期发展的内生性是金融危机爆发的根源,且银行和经济运行的周期变化是市场经济的自我调节,因而政府干预不能从根本上消除银行脆弱性,经济发展周期和经济危机也不是由外来冲击或是失败性宏观经济政策导致的,而是经济自身发展必经之路。

2. 银行体系关键论

银行体系关键论的核心思想是:银行体系在金融危机中起着关键作用。在企业过度负债的经济状态下,经济、金融扩张中积累起来的风险增大并显露出来,银行可能遭受损失,所以银行为了控制风险,必然提高利率、减少贷款。银行的这种行为会使企业投资减少或引起企业破产,从而直接影响经济发展,或者使企业被迫出售资产以清偿债务,造成资产价格急剧下降。这种两种状况会引起极大的连锁反应,震动也极强烈,使本来已经脆弱的金融体系崩溃得更快。

(三)债务危机理论

债务危机理论将金融危机和经济危机归于企业过度负债和通货紧缩。它认为,在商业循环的上升阶段,由于商品市场和资产市场兴旺,投资获利的机会增多,企业和个人进行大规模的资本投资,也进行狂热的资本市场投机。随着投资和投机的发展,企业和个人投资、投机资本中银行信贷支持的部分大为增加。借贷投资、投机有双重作用,一方面推动了经济扩张:贷款增加,货币供应增长,物价上涨,经济膨胀;另一方面推动了过度负债:物价上涨减少了债务的实际价值，抵消了名义债务的增长，刺激了进一步的借款，导致了普遍的过度负债。在商业循环上升时期形成的过度负债问题，在商业循环的下降时期爆发。银行为避免危机而收缩信贷，结果加剧了企业倒闭并引发金融危机。

（四）金融危机成因理论的新进展

2007 年底以来，美国次贷危机逐步演变成 20 世纪大萧条以来最严重的国际金融危机。这场危及全球的金融危机，引发了学者们对金融危机成因的新探讨。

1. 世界货币体系缺失论

世界货币体系缺失论，将此次危机归结于美元发行机制的变化所引起的世界货币供应量的增加，以及由此造成的市场创新过度和国际金融风险的膨胀。在金本位下，由于世界货币发行受到黄金储备数量的约束，因此即使是向世界提供货币来源的国家，最多只能在承担世界货币发行功能的同时收取数量有限的"铸币税"。但在管理纸币本位制度下，由于世界货币的供应没有黄金储备的约束，所以世界货币的供应国可以通过增加货币发行量来谋求本国利益，当世界货币供应国脱离实体经济产出超额增加货币发行量时，就必定会造成全球经济的泡沫化。在泡沫形成过程中，美国有关管理当局纵容市场过度创新，缺乏有效监管，利用其世界货币供给者的特殊地位——美元的超量发行——保持经济繁荣，而让全世界承担美元超量发行的成本。超量发行的美元寻找到的"投资机会"，即金融市场的"创新"。当全球性金融泡沫形成后，美国不是从控制风险着手来阻止房地产、金融泡沫的进一步膨胀，比如设法限制没有偿债能力的行为当事人进入房地产市场，或者降低投资银行和对冲基金的金融杠杆比率等，而是非常错误地采用了提升利率的做法，其结果必定是导致那些没有偿债能力的当事人陷于破产的境地，从而导致泡沫的破灭与全球性的金融危机。

2. 金融制度缺陷论

在美国，相当多的银行迫于竞争压力，为了扩大市场份额，而突破商业银行的基本管理原则去发放房贷，并且在放贷中没有坚持"3C"原则：即对借款人特征（Character）、还贷能力（Capability）和抵押物（Collateral）进行风险评估。对金融机构的过度逐利行为缺乏约束；一些高管人员为追求个人短期的高薪酬不顾职业操守，为获取经济利益放松风险管控，运用复杂的数学模型，设计出晦涩难懂的金融衍生产品，不断放大资金的杠杆效应；交易信息不透明，且相应的风险控制体系缺失，造成金融风险不断积累和扩大。资产证券化把原本集中于金融机构的信用风险，不只分散到了美国的整个资本市场，而且扩散到全球资本市场。而金融监管部门极力鼓吹金融自由化,在金融衍生品交易上放弃了监管,是导致金融衍生工具泛滥的直接原因。次贷危机中第三方风险表现得尤为显著,特别是信用评级公司扮演了极其重要的角色,在结构性衍生信贷市场中,由于信息高度不对称,投资者严重依赖评级公司的报告作出决策。信用评级机构对整个宏观经济的错误判断和对次贷市场过分乐观的估计,都会给投资者带来巨大的风险。美国信用评级市场主要存在评级机构监管缺失,信用评级机构和证券发行人、承销商之间存在严重利益关联,以及信用评级行业由于缺乏竞争导致道德风险等问题。

第二节　金融危机的外在表现

从1348年意大利的巴尔迪银行和佩鲁齐银行倒闭以来,世界范围内大大小小的金融危机就没有停息过。20世纪以来发生了几次重大金融危机,给相关国家乃至世界造成了严重的经济损失,为了更深入地了解金融危机的外在表现,本节按时间顺序介绍如下。

一、1929～1933年美国金融大危机

在1929年以前的近十年,可以说是美国经济发展的黄金时期。美国利用其国家的科技优势在第一次世界大战期间获取了巨额财富,经济实力不断扩张。战争结束后美国利用战争积累的财富进行技术研发、扩大生产规模,以汽车、化工等为代表的产业迅速发展。1920～1929年,美国的工业总产值增加了50%,人们消费观念和生活方式都发生改变,“消费信贷”的出现引领了美国社会提前消费的风潮。这种乐观的狂热气氛在这轮经济繁荣中表现得非常抢眼,尤其是在股票市场和房地产市场。终于在1926年,房地产泡沫破裂,1929年,华尔街股市崩盘。此次危机来势凶猛,其深度和广度都是历史上空前的,爆发后迅速从证券市场蔓延到整个金融体系,又迅速波及其他经济领域,发展成为一次空前的经济危机,给美国经济造成了沉重的打击。危机很快席卷了所有的资本主义世界国家,整个资本主义世界工业生产降低了40%,退回到比1913年还低10%的水平。同时,经济危机还摧毁了西方国家的金本位制和金汇兑本位制。这场金融劫难给美国和世界经济以极为沉重的打击,致使整个20世纪

30 年代都被冠以"大萧条"的称呼。一直到 1939 年,第二次世界大战的爆发再次搅乱了世界的经济和政治秩序,美国的衰退才被打断,此后美国国民生产总值才开始慢慢恢复并超过危机前的水平。

二、1994 ~ 1995 年墨西哥金融危机

1988 年,墨西哥在国内计划实行"爬行汇率制",希望通过稳定汇率来促进墨西哥对美国的贸易,同时降低本国通货膨胀。但这项政策的致命弱点在于墨西哥和美国两国通货膨胀率的差别很大,比索对美元被长期高估。墨西哥长期经常项目逆差严重,为了平衡国际收支,不得不大举外债。一方面在国内大量发行以美元来计价的短期债券,另一方面又大力发展本国股市,吸引外国投资者来投资。新政府上台后,为了刺激萧条的国民经济,在 1994 年 12 月 21 日宣布其货币比索对美元汇率贬值 40%。但货币贬值时机没有选择好,引起了投资者对货币进一步贬值的强烈预期。面对大规模的资本外逃,政府当局不得不放弃固定汇率制。比索大幅贬值又引起输入性通货膨胀,这样,为了稳定货币,墨西哥大幅提高利率,结果导致国内经济条件进一步恶化,市场需求减少,企业大量倒闭,失业率剧增,从而爆发了金融危机。这场危机同时也给其他拉美国家以及一些新兴市场经济国家带来了负面影响,投资者大量抛售拉美国家的证券,引发拉美股市猛跌。在国际援助和墨西哥政府的努力下,墨西哥的金融危机在 1995 年以后才开始缓解。这场金融危机暴露了墨西哥经济与金融政策的失误,也反映了墨西哥经济的脆弱性和国际金融市场对其的影响。

三、1997 ~ 1998 年亚洲金融危机

从 20 世纪 60 年代开始到 90 年代,在西方各国的经济逐渐走向衰退之时,东南亚的经济一片繁荣。这种增长方式只是一种依赖于外延投入的增加,并且市场上已经出现了经济过热、通胀严重等危机先兆。这场危机发生的基本原因是区域内货币同美元挂钩,当 1996 年区域经济增长速度显著放缓之际,其币值随美元的升值而持续上升,导致了币值被高估。此外这些国家缺乏有效的外资监管机制,外汇储备也相对不足,在短期游资大量涌入的时候极易引发危机。1997 年 7 月 2 日,泰国宣布以浮动汇率制代替固定汇率制。当天,泰铢兑换美元的汇率下跌 17%。在泰铢波动的影响下,菲律宾比索、印度尼西亚盾、马来西亚林吉特、新加坡元等货币汇率也相继下跌,成为国际炒家的攻击对象,东南亚外汇及其他金融市场一片混乱。1998 年印度尼西亚再次遭遇金融风暴,虽是受

"传染"最晚的国家,但受到的冲击最为严重。接着,东亚的韩国也爆发金融风暴,韩元危机也冲击了在韩国有大量投资的日本金融业。同时,日本经济陷入困境,日元汇率一路下跌。随着日元的大幅贬值,国际金融形势更加不明朗,于是,东南亚金融风暴演变为亚洲金融危机。1998 年俄罗斯金融危机的爆发,意味着亚洲金融危机已经超出了区域性范围,具有了全球性的意义。这场由某国货币贬值引发,最终超越区域范围的大规模危机是各国经济模式的弊端和经济过热造成的泡沫破裂,同时也有国际金融炒家的疯狂渔利。危机发生后,各国对金融机构进行了整顿和重组,并采用紧缩性货币政策来治理危机。一直到 1999 年,金融危机才基本结束。

四、2001 ~ 2002 年阿根廷金融危机

进入 2001 年以后,受世界经济不景气影响,阿根廷已持续数年的经济衰退进一步恶化,失业率攀升,出口增长大幅下降,财政状况恶化,到期外债剧增,利率急剧上升,货币贬值压力增大银行储蓄迅速减少。下半年,阿根廷金融市场不断出现剧烈动荡,股市连连暴跌,外资纷纷抽逃。2001 年 7 月,酝酿已久的债务危机终于一触即发,短短一个星期内证券市场连续大幅下挫。国内商业银行为寻求自保,纷纷抬高贷款利率。11 月 1 日,德拉鲁阿总统宣布,阿根廷将实施重新谈判外债、调整税收、支持困难企业、发行新债券等一揽子经济调整措施,以克服金融危机。但这些措施并未得到积极的反应,相反出现了 7 月以来最大的动荡。2001 年底,阿根廷危机演变成了震撼世界的经济金融危机和政治动荡。外国资本纷纷抽逃,出现严重的银行挤提风潮,仅 11 月 30 日一天,阿根廷全国就有 7 亿美元流往境外,境内私人存款创下一周流失 70 亿美元的纪录。受此影响,纽约摩根银行评定的阿根廷国家风险指数突破 2 500 点大关,从而该国面临着历史上最大的一次金融危机。经济、金融层面的危机已经造成了政治层面的社会动荡,阿根廷国内几度爆发大规模社会骚乱。

从阿根廷危机得到的教训是,政府债务的结构要合理,规模必须与政府的偿还能力相适应,举债权限必须集中到中央政府,以避免地方政府行为短期化导致的债券市场混乱。

五、2007 ~ 2009 年全球金融危机

这场金融危机起源于美国的次贷危机。次贷即"次级按揭贷款"(Subprime Mortgage Loan),指一些贷款机构向信用程度较差和收入不高的借款人提供的

贷款，这种贷款利率相应地比优质抵押贷款(Prime Mortgage Loan)高很多。在2006年之前的5年里，由于美国住房市场持续繁荣，加上前几年美国利率水平较低，美国的次级抵押贷款市场迅速发展。2007年开始，随着美国住房市场的降温和短期利率的提高，次贷还款利率大幅上升。这种局面直接导致大批次贷的借款人不能按期偿还贷款，引发了次贷危机。2008年9月，以美国两大住房抵押贷款融资机构房利美和房地美被美国政府接管、美国雷曼兄弟公司破产倒闭为标志，挣扎一年之久的次贷危机从美国蔓延至欧盟、东欧、亚洲、南美洲等，演变成一场波及全球的金融危机。其根源是华尔街投资银行不顾金融道德风险，将过度金融创新的次级抵押贷款证券化，再加上对冲基金和信用评级公司的推波助澜，使得非理性的金融杠杆不断放大。最终泡沫破裂的灾难性后果超出了金融体系所能承受的临界点，进而引发银行危机、信用违约危机、债务危机、美元危机等一系列连锁反应。最近几次的金融危机都发生在美国之外的新兴经济体或经济转型国家，主要原因是这些国家的金融体系脆弱，金融机制、汇率机制不完善、缺乏灵活性或债务负担沉重及宏观经济结构失衡等。而发源于美国的这次金融危机，是发生在一个金融体系和金融机制完善、金融实力强大的经济大国。这表明金融危机不但会发生在经济弱小的穷国，经济金融实力强大的大国同样也会发生金融危机。也正是由于美国作为一个经济大国和美元作为国际储备货币的特殊地位，使这次危机的波及范围更大，破坏性更强，影响也更加深远。

第三节　金融危机的影响

一、金融危机对金融体系的影响

首先，金融危机会影响汇率制度的形成和演变。20世纪30年代的美国金融大危机宣告了国际金本位制的灭亡，随后诞生以固定汇率下的“双挂钩”为特征的布雷顿森林体系。70年代的美元危机后，牙买加体系取代了布雷顿森林体系。进入90年代以来，国际金融危机爆发的频率更高，原因也更为复杂，浮动汇率制也并没有像设想的那样自动实现内外均衡。建立适合本国经济金融发展的汇率制度的难度越来越大。其次，金融机构在危机冲击下其资产质量和盈利能力会面临显著下滑。2007 年美国次贷危机引发的金融风暴不仅对美国银行机构造成重创,对其他各国也形成了巨大的冲击,世界主要经济体都出现了金融机构遭受巨额损失、停止经营或者破产的消息(见表 11－1)。在亚洲,日本数家大型银行也在美国次贷市场遭受巨额投资损失。最后,危机会导致证券市场、外汇市场和期货市场等金融市场大幅震荡。次贷危机会导致市场信心的极度匮乏,为了避免损失,投资者加速赎回或抛售,造成全球股市、汇市动荡。此外,由于人们普遍担心金融危机会造成一国乃至全球经济放缓,致使市场对原油、金属等大宗商品的需求减弱,商品市场也会因此疲软。

表 11－1 次贷危机后美国、欧洲的破产及遭受损失银行(部分)

破产时间	银行名称及事件
2007 年 10 月 30 日	瑞士银行亏损达 8.3 亿瑞郎
2008 年 2 月 18 日	英国诺森罗克银行收归国有
2008 年 3 月 17 日	美国摩根大通收购贝尔斯登
2008 年 7 月 11 日	美国印地麦克银行破产
2008 年 7 月 25 日	美国第一遗产银行破产
2008 年 8 月 22 日	美国哥伦比亚银行与信托公司破产
2008 年 9 月 12 日	德意志银行收购德国邮政银行
2008 年 9 月 15 日	美国雷曼兄弟申请破产保护
2008 年 9 月 18 日	英国哈利法克斯银行被并购
2008 年 9 月 25 日	美国华盛顿互惠公司倒闭
2008 年 10 月 4 日	美国迈阿密山谷银行破产
2008 年 10 月 5 日	德国地产融资抵押银行被注资 500 亿欧元
2009 年 3 月 6 日	美国自由银行破产
2009 年 5 月 1 日	美国城市社区银行破产
2009 年 5 月 21 日	美国联邦银行破产
2009 年 8 月 14 日	美国殖民银行破产

资料来源:城市金融研究所宏观经济金融数据库(ICBC)

二、金融危机对经济增长的影响

金融危机对世界经济造成消极影响的路径主要有:首先,对外出口下降。以中国为例,由于危机导致美国和欧洲的进口需求疲软,中国出口增长下降。

其次,危机会引发全球性的通胀。当前,许多国家面临着通货膨胀和经济增长趋缓的双重压力,无论是处于经济周期由高到低的发达国家,还是在经济周期持续上扬的新兴市场国家,无论是处于降息通道的美国,还是按兵不动的欧盟和日本,甚至在实施稳健货币政策的中国,通货膨胀都随处可见;最后,次贷危机还加大了汇率风险和资本市场风险,进一步对经济构成深层冲击。1929 ~ 1933 年的金融危机使整个资本主义世界的工业水平下降了 37.2%,其中美国下降40.6%,主要国家的经济状况退回到了 19 世纪末 20 世纪初的水平。而 2007 年爆发在美国的次贷危机,对全球经济体都造成了严重的影响。美国经济总量占全球 GDP 的 28%,同时美国又是世界最大的消费品市场,美国经济在 2007 ~2008 年出现的负增长使世界经济的增长都蒙上阴影。

三、金融危机对社会稳定的影响

金融危机爆发后,通常都伴随着居民生活水平的迅速下降和社会问题的急剧恶化,具体体现在通货膨胀率上升、真实工资下降、资产价格缩水、失业率上升、贫困问题恶化、社会发展指标下滑等方面,对社会稳定造成不同程度的冲击。

2001 年阿根廷金融危机,使阿根廷积累多年的社会问题集中爆发,劳动力工资的购买力急剧下降,贫困人口大规模增加;出现全国罢工、游行示威、哄抢超市,造成社会危机;政府内阁被迫频繁更换,两周内五任总统更迭,政局的动荡反过来加剧了经济金融危机。2007 ~2009 年全球次贷危机发生后,亚洲、非洲、拉丁美洲的一些发展中国家消费物价指数(CPI)出现不同程度的上升,导致资产价格缩水、人们财富水平下降,引发世界贫困人口激增、居民生活水平下降等一系列严重问题。这场金融风暴让全世界在短期内迅速陷入难以承受的衰退泥潭,黑暗和恐惧笼罩着全球,经济动荡引发的社会动荡层出不穷。中国也出现了居民财富缩水、消费需求下降、企业大批亏损、失业率增加等一系列社会问题。具体表现为:第一,通货膨胀率上升。2007 年 11 月,我国物价上涨率达到 6.19%,创 11 年来新高;2008 年 1 月和 2 月,物价上涨率更是高达 7.11% 和 8.17%。第二,股市大跌,金融资产大幅贬值,进一步加剧了财富缩水。从 2007 年 10 月开始,上证 A 股指数由 6 000 多点跌至最低的 1 600 多点,深圳 A 股指数由 20 000 多点跌至 6 000 多点。虽然从 2008 年年底中国股市开始曲折回升,但也很难恢复到金融危机之前的水平。

第四节　金融危机的防范与治理

金融危机对金融市场和经济、社会都造成了破坏性的影响,那么,该如何防范与治理金融危机呢?金融危机的防范与治理是一项复杂的系统工程,具体而言,包括三个方面:金融危机的日常防范,金融危机的应急管理,金融危机的中长期治理。

一、金融危机的日常防范

(一)金融系统稳定性评估

在经济金融全球化深入发展的背景下,金融部门的稳定性对一国宏观经济的健康发展至关重要。近几年来,各国政策制定者都把维护金融体系稳定、促进经济恢复增长作为经济工作的重中之重。对金融部门稳定性评估有助于一国(地区)识别金融体系的脆弱性,进一步推进金融改革,增强金融体系稳定性。国际金融危机的频繁爆发更加凸显了对一国金融体系进行全面评估的迫切需求。

金融稳定的目标是:实现金融业稳健发展,保障金融安全,优化金融结构,不断提高金融效率。大部分国家的中央银行自成立以来就有一定的金融稳定职能。在我国,《中国人民银行法》赋予我国央行防范和化解金融风险、维护金融稳定的职责。我国央行是根据以下的框架来维护金融稳定的(图 11 - 1),此框架中包含三个方面:第一,对金融风险进行检测,密切跟踪和分析宏观经济环境、金融机构、金融市场、金融基础设施和金融生态环境;第二,按照有关评估标准和方法,评估和判断这些方面对金融稳定的影响;第三,根据评估和判断的结果,采取相应的措施。

中央银行维护金融系统稳定的前提和基础就是对金融系统稳定性进行监测分析与评估判断。2005 年,中国人民银行在北京首次发布《中国金融稳定报告》,对中国金融体系的稳定状况进行了全面评估。之后中国人民银行每年都按年度编写和发布《中国金融稳定报告》,该报告将与《中国人民银行年报》、《中国货币政策执行报告》共同成为中央银行对外发布的三大重要报告。报告一般从宏观经济、银行业、证券期货业、保险业、金融市场和金融基

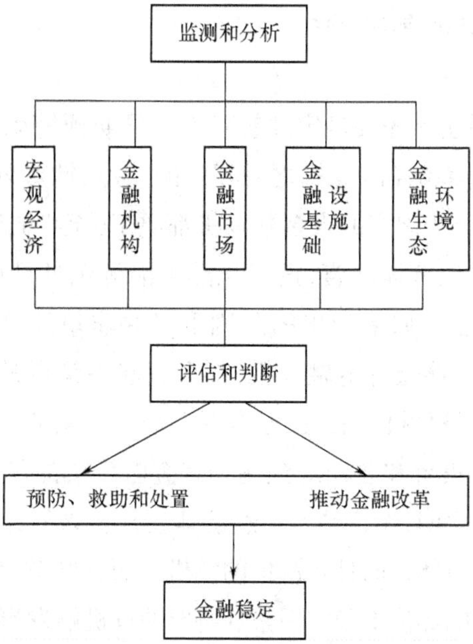

图 11-1　中国维护金融稳定框架①

础设施建设等方面，对我国金融领域潜在风险、维护金融稳定面临的挑战进行阐述和分析。

国际货币基金组织（IMF）和世界银行于 1999 年 5 月联合推出了"金融部门评估规划"（Financial Sector Assessment Program，简称 FSAP）评估，旨在加强对 IMF 成员国（含地区，下同）金融脆弱性的评估与监测，减少金融危机发生的可能性，同时推动成员国的金融改革和发展。经过多年的发展和完善，FSAP 评估已成为国际社会广泛接受的金融稳定评估框架。截至 2009 年年末，已有 125 个国家完成了首次 FSAP 评估。对于发达国家而言，FSAP 评估由 IMF 负责执行；对于发展中国家和新兴市场国家，则由 IMF 和世界银行联合执行。IMF 关注的焦点是金融体系的稳定性和脆弱性，世界银行关注的焦点是金融部门发展。2009 年 8 月，国际货币基金组织和世界银行对中国进行首次 FSAP 评估。经中国人民银行、发展改革委、财政部、银监会、证监会、保监会、外汇局等 12 个部门和国际货币基金组织、世界银行中国 FSAP 评估团近三年的努力，评估工作圆满完成，取得了丰硕的成果，主要评估报告的英文版已于 2011 年 11 月和 2012 年 4 月分两批次在国际货币基金组织和世界银行网站全文公布。

① 资料来源：陈学彬. 中央银行概论[M]. 2 版. 北京：高等教育出版社，2006.

（二）金融危机的早期预警

1.确定预警事件

开发早期预警系统首先要确定预警事件。早期预警系统（简称 EWS）是在20 世纪 90 年代新兴市场经济危机之后开发的，重点针对外部事件——资本流入的突然停止，因为这些国家的大多数危机都源于（至少同时伴随着）资本流动的急剧逆转。对发达经济体而言，危机虽然可能源于外部因素，但更有可能集中于其金融部门。此外，如果产出的急剧下降并非单纯地由周期性波动所导致，那么无论它们是否伴随着金融危机，都会引起决策者的重点关注。20 世纪 90 年代新兴市场的经济危机之后，已经有近十个年头风平浪静，但当前的全球金融风暴再次燃起了决策者和公众对预测未来金融危机的早期预警系统的兴趣。过去金融危机的经验表明，无论是发达经济体还是新兴的经济体，都要为经济危机付出高昂的代价。虽然这两种经济体的危机经历在细节上有所不同，但是几乎都反映出了一些潜在的经济不稳定因素和特定的危机触发事件（表11－2）。前者通常是信贷或资产价格泡沫，资产负债表的错配（以超短期的期限或在资本不足的情况下过度借贷外币），而后者几乎可以是任何事件：政治动荡、贸易冲击、从其他国家蔓延而来的危机或次级抵押贷款市场的崩溃（如次贷危机）。

表 11－2　金融危机的各种隐患与触发事件①

金融危机	隐　患	触发事件
挪威（1988 年） 芬兰（1991 年） 瑞典（1991 年）	信贷和房地产价格的繁荣和过热，银行资本化比率低，贷款敞口集中，国内贷款外币化，在没有加强审慎监管的情况下放松金融监管，个别银行的风险管理水平薄弱	货币政策收紧，与经济互助委员会贸易的崩溃，汇率贬值
墨西哥（1994 年）	政府的短期外债和外汇计价的负债	美国收紧货币政策，政治冲击
泰国（1997 年）	金融和非金融公司部门的对外负债，金融公司在房地产市场有集中敞口	贸易条件恶化，资产价格下跌
印度尼西亚（1997 年）	企业对外负债，银行体系的资产集中于房地产/物业有关贷款；公司的高债务—股权比率	从泰国蔓延的危机，银行业危机
土耳其（2000 年）	政府短期债务，银行系统的外汇和到期日错配	经常账户赤字增加、实际汇率升值、贸易条件冲击，政府进行金融部门改革的政治意愿具有不确定性
美国（2007 年）	信贷和房地产价格上涨，薄弱的金融监管导致杠杆比例扩大及对风险的错误定价	次级抵押贷款市场的崩溃

① 资料来源：Ghosh 等（2008），以及 Drees 和 Pazarba sio glu（1998）。

2. 制定预警方法

确认了危机预警事件,下一步是制定适当的预警方法。预警方法主要有两种:一种是传统的概率分析法,即根据所构造的模型,将各种指标数值同时代入来计算危机发生的概率。这种方法具有结论明确的优点,但它不能说明导致危机的宏观经济问题何在,严重程度如何,因而不利于对危机的监控与预防。另一种是近期由国际货币基金组织工作人员卡明斯基等人提出的信号分析法。

信号分析法是通过监测一套指标来预测货币危机发生的可能性,它一般分为两步:

第一步,通过研究货币危机发生的原因来确定哪些变量可能用于货币危机的预测。卡明斯基等人认为,货币危机发生的原因大体包括三类:一是基本经济因素的变化,这可称为引致型危机;二是由于政府更关注其他经济变量,这可称为选择型危机;三是完全由外汇市场运作或外来冲击而导致,这可称为自发型危机。可用于衡量引致型危机是否发生的变量是国内信贷扩张、财政赤字、贸易逆差、国内利率、实际汇率、短期资本流动、本国储蓄率、金融机构坏账率等。与选择型危机有关的变量可能是利率水平、GDP 增长率、失业率、政府债务规模、银行资产状况等。可用于自发型货币危机预测的相关变量是外汇市场价格波动、与危机发生国经济的相似性、自然灾害等。

第二步,运用历史上的数据进行统计分析,确定变量中哪些与货币危机有显著联系,以此作为货币危机发生的先行指标,并计算出该指标对危机进行预测的阈值。

识别隐患除了在技术上的困难之外,对任何 EWS 来说,最大挑战是如何说服决策者采取行动。EWS 不仅需要发布明确和公正的早期警告,还需要通过全面分析对此加以证实。这些分析需要描述隐患的根源、可能导致隐患扩散的冲击,以及这些冲击可能沿着怎样的途径传播。最后,早期预警必须附有一套明确的政策选择,强调权衡处理不同类型的风险,并强调国际政策协调的必要性。

二、金融危机的应急管理

金融危机的应急管理,是指在金融危机过程中,一国或地区的政府及货币当局为了及时化解危机而采取的制度安排和宏观政策。其主要包括中央银行化解危机的制度安排、宏观经济政策配合和国际援助与协调三大支柱。

(一)中央银行化解危机的制度安排

由于债权人及存款者与金融机构间的信息不对称,货币贬值和问题金融机构极易引起金融恐慌,加剧挤兑和资本外逃,导致更多问题金融机构出现,进一步加深金融危机。因此,在金融危机期间,化解的重点是避免金融恐慌和确保市场的流动性,以控制金融危机蔓延。大体来看,中央银行在金融危机紧急应对阶段的化解制度安排包括以下方面:

1. 汇率和股市稳定制度

当汇率遭受国际投机资本攻击时,中央银行通常会运用外汇储备入市干预,以稳定汇率。为稳定股价和防止股市大幅动荡,中国香港等地曾针对爆发财务危机的个股采取"暂停交易"的办法,或者是由政府动用股市稳定基金等财政资金,以及引导机构投资者进场护盘等。

2. 最后贷款人制度

中央银行提供的各种形式紧急流动性支持,帮助流动性暂时出现困难的金融机构化解支付危机、消除存款人及其他债权人的心理恐慌,控制金融危机的蔓延,但流动性支持并不能为金融机构重组提供资本。

3. 金融机构关闭制度

为防止"多米诺骨牌"效应出现,避免更多损失和防止中央银行流动性支持增加,通常要关闭严重资不抵债、因资本枯竭而无法继续经营的问题金融机构,以防止流动性危机的扩散。

4. 紧急行政性制度安排

当经济手段仍无法控制金融危机,市场依然存在严重的恐慌心理,挤兑和资本外逃仍在继续,政府和中央银行通常会宣布对存款和债权实行有限担保或全面担保。尤其是全面担保,有助于恢复公众信心,稳定银行负债和银行体系,同时也为组织实施金融重组提供了宝贵时间。若担保仍不能制止挤兑和资本外逃,央行和外汇管理机构通常会采取紧急管制措施,对存取款和资本流出实行管制。

(二)宏观经济政策配合

金融危机的应急制度,需要一系列宏观经济政策的协调配合,通常包括以下三个方面。

1. 采取冲销政策回笼货币

中央银行的紧急流动性支持,可能导致过多的货币投放,加大通货膨胀压力。而且过多的本币投放,也不利于本币汇率的稳定和阻止资本外逃,不仅不能阻止货币危机,而且会进一步威胁经济稳定。因此,中央银行在为市场提供紧急流动性支持的同时,需要通过冲销政策来回笼货币。

2. 努力恢复信贷

金融机构倒闭、资本外逃及呆账准备增加等，导致银行信用扩张能力减弱，加之借款者信誉下降，金融危机的爆发通常会出现信贷下降问题。为减轻信贷下降对经济的影响，尽快恢复经济增长，许多国家在化解金融危机的过程中采取了诸如道义劝告、中小企业的特别信贷便利、信贷担保等信用扩张措施。

3. 协调财政政策

危机爆发初期，一些国家通常会采取紧缩性财政政策以提高政府储蓄和改善经常性项目的状况。虽然紧缩性货币政策和财政政策短期内对防止资本外流及维持汇率稳定具有一定作用，但在长期内可能导致需求不足，经济增长难以恢复。从长期看，在紧缩货币政策的同时配套实行扩张性的财政政策和结构性改革，在增加国内需求和促进经济增长方面显著成效，但实行扩张性财政政策的重要前提是保持良好的财政状况。

（三）国际援助与协调

随着经济全球化和国际资本全球流动，应对金融危机需要各国中央银行的政策协调。全球性的危机使得各国央行面临共同的、类似的挑战，而美联储等地位重要央行的政策具有明显的外部性，如量化宽松等政策会对全球的资本市场产生明显效应。因此，各国央行应对危机的过程中体现出来的政策出台时间上的一致性、政策措施上的趋同性以及政策决策间的相关性都是高效解决危机的关键。在危机救助的过程中，受到金融危机影响的各国央行可以一致降息，同时向金融市场注入流动性，安排多种形式的货币互换等，共同提振全球主要经济体的信心。

长期以来，国际货币基金组织（IMF）在应付各种金融和经济危机中扮演了“危机防范者”、“危机贷款人”和“危机管理者”这三种角色。当一国加入了IMF之后，必须在捐助配额账户内存入资金。这些资金将以SDR的形式加以分配，并构成一笔共同基金，这样IMF可以从中提取款项以供其向成员国发放贷款。在亚洲金融危机发生后，东亚五大受灾国中的菲律宾、泰国、印尼、韩国都先后选择向IMF求援。但IMF的“危机管理者”角色面临着这样一个难题：由于IMF要求贷款必须与一揽子条件挂钩，如财政紧缩，各国只有到了危机无法控制时才向其求助，由于贷款条件苛刻，IMF的作用也受到质疑。在1997～1998年亚洲金融危机IMF与印度尼西亚签署协议时，不仅要求其削减财政开支、紧缩通货、扩大开放金融市场，同时还要求其政府实行政治体制改革，最终加剧了印度尼西亚社会大动荡，甚至加速了苏哈托政权的倒台。

三、金融危机的中长期治理

（一）金融主体自我防范

历次金融危机的爆发都有一个重要原因，这就是金融机构的内在缺陷。金融机构的风险管理、资产负债管理不够，贷款的期限和类别配比不当，资产损失准备金不足。道德风险使得金融机构过度放款投资于房地产、金融等高风险领域，金融泡沫破灭之日便是危机爆发之时。因此，在金融危机管理中，金融机构的自我防范则是其根本点。金融机构的自我防范，指金融机构主要从自身利益出发，运用既经济又适用的方法对所面临的金融风险进行识别、评估和控制的过程，其目标是最大限度地减少金融风险可能对其造成的损失。

金融机构的自我风险防范体现在两个方面：一是在总体经营及制度的制定上，金融机构应注意改善经营，增强自我御险能力，更应建立和健全内部控制制度，如严格实行资产负债比例管理、注意对衍生金融工具交易的稽核、通过完整的指标系统达到对风险的事前控制等；二是在具体的金融活动过程中，金融机构应注意灵活应用各种风险管理工具，对具体的金融活动中的金融风险进行管理。

（二）国家宏观风险管理

稳定的宏观经济环境是金融体系得以正常运转的基础。现代市场经济存在着内在的不稳定性，要求政府加以适当的干预。一国内部的宏观金融风险管理是指政府和中央银行等权力机构通过宏观经济金融政策和立法、执法等工作，以法律法规的形式约束一国国内的金融行为，包括培育和发展良好的信用环境和改善社会经济环境，使整个社会的交易活动和债权债务关系契约化、规范化等。在宏观管理过程中，应突出强调中央银行对金融业的宏观调控和依法监管。针对当前国际金融危机发生的特点，各国的宏观金融政策的制定应加强金融监管和稳定金融秩序、完善金融体系和国家政策。具体而言，监管机构要不断健全金融法律法规框架，使金融市场运行和金融交易主体有法可依，有明确的经营准则与边界；实施市场准入的审查，对金融机构的资质、业务种类以及高级管理人员进行考察与审批；对金融机构的经营风险和财务能力的监控，特别是对在资本充足率、资产流动性、风险管理等方面未达标准的金融机构进行告诫与处罚；强化信息披露制度以及查处金融交易中的违法和不正当行为等。同时，要不断完善金融体系和国家政策，合理控制金融自由化进程，以加强对金融危机的抵御和防范能力。

（三）国际金融监管协作

随着全球市场的形成和大型跨境金融机构的不断涌现，金融业正在变得日益国际化。理想状态是让金融中介在所有主要国家中接受高质量的统一监管。这会提升金融安全性，降低监管套利的机会，避免引起高昂而重复的监管成本，从而推动建立公平竞争的环境。实现此目标最简单的办法是构建单一的全球金融监管机构，但由于监管责任事关国家主权，在可预见的将来，这个想法还不能实现。因此在实践中，监管协作必须依靠相互谅解和同行压力的原则通过国际机构来实现。在次贷危机发生之后，国际监管协作取得了一定的进展，2008年3月28～29日，七国集团（G7）金融稳定论坛在罗马召开，并发布了“采取措施加强市场和金融机构的风险应对能力”报告，报告建议国际金融监管协作措施应重点从以下三个方面着手。

1. 强化资本、流动性和风险管理

强化资本、流动性和风险管理，要加强对新巴塞尔协议约束条款的执行，特别是对于证券化项目、表外业务及对 OTC 衍生品。具体而言，是要提高对于结构化信贷产品（如担保或抵押的资产证券化）、表外项目的资本充足率要求；对银行的信贷头寸、证券公司的交易账户提出附加的资本要求；强化对表外流动性便利的资本要求；要求监管者评估和决定是否需要额外的资本要求。同时，监管者要监管银行和证券公司加强风险管理和资本充足率的执行，并提高前瞻性，特别是对表外业务。

2. 提高透明度和估值水平

次贷危机期间的混乱和非透明性已经充分显示了与结构性产品及表外机构有关的可靠估值和有价值的风险揭示对市场信心的重要作用，因此，金融机构要在风险暴露、估值、表外业务及涉及的法规方面，作更多的、有意义的、持续的定量和定性的信息披露，以重塑市场信心。国际会计准则理事会（IASB）应尽快改革资产估值方法和信息披露标准，以正确反映因信贷危机导致流动性大减的资产价值以及它们给金融机构带来的风险，并与其他部门合作，推动标准的国际融合。

3. 强化对金融体系危机的处理安排

要加强对危机银行的处理计划，进行信息共享，将跨国问题进行分类，以决定如何解决发现的问题；监管机构应当在存款保险上确认一套国际性原则，以此检讨国内的存款保险安排，并强化所需要的安排；对于最大的跨国金融机构，最直接的监管者应与央行共同成立监管小组，以专门负责跨国性危机处理安排;监管机构应共享关于危机处理的国际经验和教训,并从中吸取危机处理的基本素材。

本章小结

金融危机是全部或大部分金融指标,如短期利率,证券、房地产和土地等资产的价格,企业破产数以及金融机构倒闭数等急剧和超周期的恶化,并且已对社会经济发展造成了灾难性影响。根据金融危机的性质,金融危机大致可分为以下四大类:货币危机、银行危机、系统性金融危机和债务危机。金融危机的成因理论中,研究较为成熟的有货币危机理论、银行危机理论、债务危机理论。美国次贷危机的爆发,引发了学者们对金融危机成因的新探讨,主要观点有世界货币体系缺失论和金融制度缺陷论。

20世纪以来发生了几次重大金融危机:1929~1933年美国金融大危机、1994~1995年墨西哥金融危机、1997~1998年亚洲金融危机、2001年阿根廷金融危机、2007~2009年全球金融危机。过去历次的金融危机大都发生在新兴经济体或经济转型国家,主要原因是这些国家的金融体系脆弱,金融机制、汇率机制不完善,缺乏灵活性或债务负担沉重及宏观经济结构失衡等原因。而最近发源于美国的次贷危机,说明了金融危机不但会发生在经济弱小的穷国,经济金融实力强大的大国同样也会发生。

危机的发生对金融体系、经济增长及整个社会都造成了严重的冲击。首先,金融危机会影响金融体系,造成国际货币体系的更迭,全球股市、汇市动荡;其次,会对经济增长产生消极影响,造成出口额下降,消费需求缩减;最后,金融危机会使社会稳定性下降,失业率上升,贫困人口激增。

防范和治理金融危机已经成为各国政府和国际社会的重要职责。金融危机的防范与治理是一项复杂的系统工程,具体而言,包括三个方面:金融危机的日常防范,即对金融系统的稳定性进行评估,建立早期预警系统;危机发生时要启动金融危机的应急管理,主要包括中央银行的制度安排、宏观经济的政策配合和国际援助与合作;加强金融危机的中长期治理,主要从金融主体自身、国家金融风险防范和国际金融监管协作三个层面展开。

复习思考题

1. 金融危机按性质可分为哪几类?
2. 试述金融危机的成因有哪些?
3. 金融危机对金融体系的影响有哪些?
4. 试述 2007 ~2009 年全球金融危机爆发的主要原因。
5. 试述金融危机的防范与治理策略。
6. 中国应如何防范金融危机?

【参考文献】

[1] Atish R Ghosh, Jonathan D Ostry, Natalia Tamirisa. 预期下一次危机[J]. 金融与发展,2009(9).

[2]财政部财政科学研究所课题组. 化解金融危机的制度安排与财政政策研究[J]. 经济研究参考,2009(7).

[3]陈江生. 国际金融危机论[M]. 北京:中国财政经济出版社,2004.

[4]多米尼克·巴顿(Dominic Barton),罗伯托·纽威尔(Roberto Newell),格雷戈里·威尔逊(Gregory Wilson). 险象环生的市场:如何应对金融危机[M]. 北京:中国金融出版社,2005.

[5]欧永生. 金融危机问题研究[M]. 北京:中国人口出版社,2004.

[6]Andrew. 重塑金融体系:如何加强金融调控与监管? [J]. 金融与发展,2009(9).

[7]李文和. 国际金融理论与实务[M]. 北京:中国时代经济出版社,2007.

[8]吴勤学,王晓芳. 2008 全球金融危机成因综述及简评[J]. 北京联合大学学报:人文社会科学版,2009(5).

[9]唐旭. 论建立中国金融危机预警系统[J]. 经济学动态,2002(6).

[10]乔海曙,张贞乐. 银行危机的蝴蝶效应、负外部性及其防治[J]. 金融论坛,2006(11).

[11]景学成. 亚洲金融危机风云录[M]. 北京:中国金融出版社,2005.

[12]杨斌. 阿根廷的金融开放与银行危机[J]. 财贸研究,2003(6).

[13]石俊志. 金融危机生成机理与防范[M]. 北京:中国金融出版社,2001.

[14]司正家. 当代资本主义经济研究[M]. 北京:中国经济出版社,2007.

[15]黄瑞玲,黄忠平.国际贸易与国际金融[M].哈尔滨:黑龙江人民出版社,2008.

[16]中国人民银行金融稳定分析小组.中国金融稳定报告2013[M].北京:中国金融出版社,2013.

[17]刘锡良,周轶海.中央银行的金融危机管理[M].北京:中国金融出版社,2011.

[18]王俊峰,钟震,蔡晓谦.危机透视:次贷危机的前生今世[M].北京:清华大学出版社,2010.